1500 gestes & astuces

le guide malin

pour tous les jours

Femme actuelle

1500 gestes & astuces

le guide malin

pour tous les jours

Sommaire

Santé

Enfants

Soins du corps

Vêtements & accessoires

Animaux

Jardin & plantes

Bricolage

Loisirs

Maison

Cuisine

La Javel récure les casseroles

Vous avez oublié votre casserole sur le feu et le fond a brûlé ? Au moment de la laver, versez un mélange d'eau et d'eau de Javel dedans (3/4-1/4), et portez à ébullition. Après quelques minutes, la Croûte Noire se décollera miraculeusement et viendra nager à la surface.

Pour des plats en verre transparents

Un dépôt marron foncé pollue les parois de l'un de vos plats en verre. Vous avez déjà tenté d'éliminer cette pellicule ? Abandonnez le plat en question une nuit dans votre évier après l'avoir rempli d'un mélange d'eau, de Javel et de quelques pincées de sel. Le lendemain matin, le nettoyage se fera sans problème.

Une carafe nickel !

Vous savez nettoyer un biberon ? Avec les carafes, c'est pareil. On se sert aussi d'un goupillon et lorsqu'elles sont ternies, on y met du gros sel. Si le fond de la carafe garde des traces de vin rouge, on y met du vinaigre blanc ainsi qu'une tasse de riz cru et on secoue énergiquement. Transparence et brillance assurées.

Des verres étincelants

Pour obtenir des verres transparents comme l'eau claire, il existe un moyen : il suffit de les laver dans de l'eau chaude et vinaigrée et de les essuyer avec un torchon en fil.

Un verre incassable

Pour qu'un verre n'éclate pas lorsque l'on verse un liquide très chaud dedans, il suffit d'y déposer une petite cuillère au préalable. Ainsi, l'échange de température s'effectue par le biais du métal.

Nettoyer le bec d'une théière

Étant donné que le bec de nos théières est exigu et qu'un goupillon de cette dimension n'existe pas, utilisez donc un cure-pipe pour le nettoyer. À défaut, munissez-vous d'un Coton-Tige et à l'attaque.

Rafraîchir le réfrigérateur

Il ne sent pas bon quand vous l'ouvrez ? Placez-y tout de suite un verre de lait. Celui-ci absorbera toutes les mauvaises odeurs. Autre solution : une coupelle avec deux cuillerées à soupe de café moulu à l'intérieur. Elle aura le même effet désodorisant.

Un glaçon testeur de température

Le moyen le plus sûr d'être au courant d'une coupure d'électricité dont vos surgelés auraient pu souffrir, c'est de placer un glaçon dans une pochette en plastique transparente. S'il a fondu, le contenu de votre congélateur a été altéré. C'est un indicateur parfait.

Dégivrage minute

Pour dégivrer le freezer en un clin d'œil, il suffit de faire bouillir de l'eau dans une casserole. Mettez le réfrigérateur hors tension, placez la casserole directement sur la glace. La chaleur fera fondre le givre accumulé sur les parois en un temps record.

Le grand nettoyage du frigo

Lavez l'intérieur avec de l'eau chaude et du bicarbonate de soude (les détergents habituels laissent une odeur qui peut contaminer les aliments). Pendant le nettoyage du freezer, enveloppez les aliments dans des sacs isothermes.

Thermostat mode d'emploi

Ne mettez jamais dans le réfrigérateur des aliments encore chauds. Votre appareil consommerait alors un maximum d'énergie. Apprenez à vous servir correctement du thermostat. En hiver, laissez-le au minimum, en été, mettez-le sur une position moyenne. N'utilisez la position maximale que s'il fait vraiment très chaud.

Sortir facilement les bacs à glaçons

Les bacs à glaçons sont souvent difficiles à décoller. Pour ne plus avoir ce problème, frottez le dessous du bac avec une bougie avant de mettre les glaçons à congeler.

Cocotte impeccable

Votre casserole a attaché ? Versez une tasse d'eau, une demi-tasse de vinaigre et deux cuillerées à soupe de bicarbonate de soude. Laissez bouillir 10 minutes. Nettoyer ensuite le récipient sera un jeu d'enfant.

Cocotte noircie

Si l'intérieur de votre cocotte a tendance à noircir quand vous y faites cuire des légumes, ajoutez quelques gouttes de citron à l'eau de cuisson.

L'ammoniaque pour la soupape

Pour nettoyer la soupape de votre cocotte, faites-la tremper dans de l'eau ammoniaquée. Rincez soigneusement.

Ravoir une casserole sans frotter

Le matin, les yeux encore embués de sommeil, on oublie souvent la casserole de lait sur le feu. Et si l'on n'a pas d'eau de Javel à faire bouillir dedans, on perd du temps à la gratter. Il suffit pourtant de récupérer du marc de café, d'en imprégner du papier roulé en boule et d'en frotter les parties concernées. On rince à l'eau tiède et voilà. Maintenant, vous pouvez oublier votre lait sur le feu !

De la prêle dans la cuisine pour les casseroles

Cette plante sauvage qui pousse dans les terrains humides est très utile pour nettoyer les casseroles. Elle contient en effet de la silice, un abrasif naturel. Ramassez quelques tiges de prêle et faites-les sécher. Elles vous seront très utiles pour récurer vos casseroles.

Sel ou cendres au secours des casseroles

Votre casserole a attaché ? Couvrez le fond d'une bonne couche de sel et laissez agir pendant 2 heures. Ou faites bouillir 1 l d'eau avec une poignée de cendres de bois.

Poêle standard

Ce type de poêle très robuste a l'inconvénient « d'accrocher », contrairement aux revêtements antiadhésifs. Nettoyez avec du vinaigre, puis frottez avec un demi-citron. Rincez et séchez avec un torchon doux. Enfin, passez à l'intérieur un chiffon imbibé d'huile propre.

Un four propre sans effort

Quoi de plus pénible que de frotter, à quatre pattes par terre et la tête dans le four ? Pour écourter ce calvaire, trempez un vieux torchon dans de l'ammoniaque et laissez-le reposer toute une nuit à l'intérieur de votre four. Le lendemain, vous le nettoierez rapidement avec une éponge humide et du produit vaisselle. Plus besoin d'huile de coude !

Un évier bien brillant

L'excès de calcaire dans l'eau a rapidement raison de l'aspect rutilant des éviers en Inox. Vous lui redonnerez son lustre d'origine en le frottant avec un chiffon imbibé d'alcool à brûler.

Des canalisations qui sentent bon

Pour soigner les tuyaux de votre évier, voici ce qu'il vous faut : deux cuillerées à soupe de marc de café (ne vous inquiétez pas, vous ne boucherez pas vos canalisations) et beaucoup d'eau du robinet pour le faire circuler. En un clin d'œil, fini les mauvaises odeurs. C'est magique !

Le vinaigre attaque la saleté des brûleurs

Pour que les brûleurs de votre cuisinière retrouvent leur couleur d'origine, essayez le vinaigre d'alcool. Laissez-les tremper plusieurs heures. Rincez puis séchez. C'est radical.

Une cuisinière propre

Cuire quelque chose à la poêle revient à consteller de gras sa cuisinière. Au lieu de perdre votre temps à réparer les dégâts, mettez plutôt du sel fin sur le beurre avant de le faire fondre dans la poêle. Il devrait rester en place.

Une argenterie brillantissime

Pour redonner du brillant à votre argenterie, l'eau de cuisson des pommes de terre épluchées n'a pas son pareil. Autre astuce : on peut aussi frotter l'objet avec de la chair de pomme de terre cuite.

L'argenterie brillante plus longtemps

Vous retarderez l'oxydation de votre ménagère en argent si vous placez à côté une boule de camphre.

Acier, on se voit dedans

Les objets en acier sont souvent ternes. En utilisant un tampon de papier journal, frottez-les avec de la cendre de cigarette humectée de quelques gouttes d'huile de table. Polissez ensuite avec du papier absorbant et terminez au chiffon doux. Ils brilleront de tous leurs feux.

Des éponges toujours d'attaque

Synthétiques ou non, il faut les laver pour qu'elles conservent leurs qualités. Faites-les tremper dans 1 l d'eau tiède à laquelle vous aurez ajouté deux cuillerées à soupe de bicarbonate de soude. Laissez-les pendant 2 heures, en les essorant de temps en temps puis rincez. Vous verrez la différence.

Détergent pour un fouet électrique

Remplissez un verre à moitié d'eau chaude avec un peu de détergent. Faites fonctionner le fouet dans cette eau, il se nettoiera tout seul.

Étiquettes spéciales bouteilles

Les étiquettes qu'on pose sur les bouteilles peuvent s'imperméabiliser avec un truc maison : il suffit de passer dessus une solution de blanc d'œuf et d'eau (1 dose de blanc d'œuf pour 2 doses d'eau). Repassez-les au fer chaud en intercalant une feuille de papier blanc entre le fer et l'étiquette.

Étiquettes pour le grand froid

Les étiquettes destinées aux conditionnements placés au congélateur ne tomberont plus si vous les collez avec un peu d'œuf battu.

Détartrer le lave-vaisselle

Ce qui est bon pour votre lave-linge l'est aussi pour votre lave-vaisselle ! Versez 5 litres de vinaigre blanc dans votre machine et faites un cycle à vide. Le vinaigre blanc est un agent efficace contre le calcaire !

Détartrer une bouilloire électrique

Remplissez-la d'un mélange à parts égales d'eau et de vinaigre. Portez à ébullition puis laissez reposer pendant toute une nuit. Rincez soigneusement votre bouilloire avant de la réutiliser.

Plus d'odeur dans les poêles et casseroles

Comment débarrasser la poêle de son odeur d'oignons quand on veut y faire cuire des œufs ? Faites simplement chauffer un peu de vinaigre, puis rincez. Vous pouvez aussi essayer une autre méthode : frottez-la avec des feuilles de thé infusées encore humides. Elles absorberont toutes les odeurs des cuissons précédentes.

Neutraliser l'odeur du chou

Le chou a de nombreuses qualités mais il a surtout l'inconvénient d'avoir une odeur de cuisson à la fois prenante et persistante... Pour la neutraliser d'emblée, recouvrez le couvercle de la casserole d'un linge imprégné de vinaigre d'alcool. Vous pourrez faire une potée au chou incognito !

Spécial odeur de cuisine

Certaines odeurs de cuisine, comme celles du poisson ou du chou-fleur, sont insupportables ! Pour les faire disparaître, faites brûler quelques fleurs de camomille sur une assiette.

Lait contre poisson

Pour faire disparaître de la poêle l'odeur persistante du poisson, remplissez-la de lait et portez-le à ébullition.

Plafond taché dans la cuisine

Le plafond de la cuisine est souvent taché de graisse. Pour l'éliminer, passez une feuille de papier absorbant imbibé de white-spirit, il enlèvera les taches les plus rebelles. Pensez à ouvrir en grand les fenêtres, ne fumez pas pendant l'opération et vérifiez que la cuisinière est bien éteinte avant de procéder.

Plateaux en métal

Les plateaux en métal se tachent à la moindre goutte d'eau, il faut donc les nettoyer souvent avec un produit spécifique. Pour simplifier leur entretien, commencez par les nettoyer à fond, puis frottez-les avec un chiffon imbibé d'alcool à brûler. Une fois sec, appliquez une couche de vernis spécial métaux. Ils garderont leur éclat.

... en plastique

Ceux en matière plastique se lavent à l'eau et au savon, en ajoutant un peu d'ammoniaque. Une fois propres, faites-les briller avec un produit pour meubles.

Du plastique comme neuf

Avec le temps, le plastique finit par jaunir. Faites tremper l'ustensile toute une nuit dans de l'eau additionnée de jus de citron. Le lendemain, séchez-le bien. Il est prêt à servir de nouveau.

Serpillière, mise en service

Si elle est neuve, laissez-la tremper quelques minutes dans de l'eau bouillante : les fibres seront plus résistantes et absorberont mieux l'eau. Votre serpillière vous fera plus d'usage.

Pour nettoyer votre Thermos...

Ajoutez des grains de riz cru à de l'eau savonneuse, puis agitez votre Thermos comme un shaker. Les parois seront parfaitement récurées.

... et la stocker

Si vous n'utilisez pas votre thermos pendant une longue période, mettez un morceau de sucre à l'intérieur. Il absorbera les odeurs de renfermé.

En finir avec le tartre des robinets

Ils s'entartrent souvent et des taches apparaissent autour des robinets. Vous les enlèverez avec du vinaigre d'alcool chaud. Pensez aussi à dévisser et nettoyer les filtres, le tartre s'y accumule aussi. Pour finir, nettoyez l'écoulement. Évitez d'employer des produits trop corrosifs, préférez un mélange d'eau chaude avec une demi-tasse de bicarbonate et du vinaigre.

Le robinet qui goutte

S'il est usé, changez le joint. Pour cela, fermez l'arrivée d'eau. Protégez le robinet avec un chiffon et dévissez-le à l'aide d'une clé anglaise. Enlevez le joint usé en vous aidant éventuellement de la pointe d'un couteau. Replacez le joint neuf, revissez le robinet, puis ouvrez de nouveau l'arrivée d'eau. Si vous ne pouvez pas changer le joint tout de suite, mais que le bruit de l'eau qui goutte vous insupporte, attachez une ficelle autour du robinet : l'eau coulera le long de la ficelle et ainsi vous ne l'entendrez plus.

Couteaux bien affûtés

Si vous n'avez pas d'aiguiseur à disposition, utilisez un pot dont la base en terre cuite n'est pas vernie (comme les pots de yaourt à l'ancienne, par exemple). Frottez plusieurs fois la lame de biais, toujours dans le même sens. En revanche, n'aiguisez pas vous-même les couteaux à dents : c'est un travail qui doit être réservé aux seuls professionnels.

Vaisselle en bois ou en argent

Lavez très rapidement vos couverts en argent : ils se terniraient s'ils restaient en contact prolongé avec les restes d'aliments. Laissez tremper les fourchettes et les cuillères (jamais les couteaux) 10 minutes dans une bassine tapissée de papier aluminium et remplie d'eau bouillante mélangée à 45 g de bicarbonate de soude. Pour les plats en bois, évitez les grandes eaux. Contentez-vous de les rincer à l'eau chaude puis, une fois qu'ils sont secs, passez dessus quelques gouttes d'huile d'olive avec un chiffon doux.

Couverts en inox étincelants

Vous voulez être sûre d'avoir des couverts impeccables... Essuyez-les tout de suite après les avoir lavés.

Ambiance

Bougies à petit feu

Pour ne pas finir votre soirée dans le noir le plus complet, placez quelques grains de gros sel à la base de la mèche de vos bougies. Elles se consumeront alors bien plus lentement.

L'encens contre les mauvaises odeurs

Si vous faites brûler un plat ou si le chat s'est oublié au salon, l'encens sera plus efficace que les désodorisants d'ambiance. N'en abusez pas, car en excès, il risque d'être désagréable et peut devenir entêtant. Une fois qu'il s'est consumé, aérez les pièces et vérifiez toujours que le bâtonnet est bien éteint.

Encens relaxant ou énergisant

C'est vous qui constaterez s'il vous aide à vous sentir mieux, si son parfum vous détend... N'oubliez pas que certaines odeurs peuvent entraîner des allergies. Il est notamment important de savoir que les personnes qui souffrent d'asthme ne doivent pas respirer directement la fumée d'encens.

Atmosphère, atmosphère !

Allumez le bâtonnet d'encens avant que la fête commence, ou avant de faire des exercices de relaxation ou de yoga, de prendre un bon bain ou pour un dîner romantique. Choisissez le parfum selon les circonstances.

Parfum d'ambiance

Pour parfumer la maison, déposez sur les ampoules quelques gouttes de parfum d'ambiance ou d'huile essentielle avant de les allumer.

Ça sent si bon dans la maison !

Profitez du ventilateur pour parfumer votre maison. Vous n'avez qu'à placer devant l'appareil en marche votre stick déodorant habituel. En 5 minutes, toute la maison sentira bon !

Une armoire sans odeur

Vous venez d'acheter une armoire, ou votre placard sent encore la peinture fraîche... Placez sur les étagères deux verres de lait bien chaud. Fermez les portes, et ne les ouvrez que lorsque le lait aura refroidi. Les mauvaises odeurs se seront volatilisées.

De belles flammes

Quand on allume un feu dans une cheminée, on a parfois du mal à le faire démarrer. Il faut aussi faire en sorte que les belles flammes durent. Pour qu'il brûle bien, jetez une poignée de gros sel dans les premières flammes.

Des bouchons pour sauver le feu

Une autre façon de raviver un feu qui s'éteint, c'est d'y jeter quelques vieux bouchons en liège bien secs.

Un coup de séchoir et le feu repart

Vous n'avez pas de soufflet pour faire démarrer un feu ? Si vous avez un sèche-cheveux sous la main, n'hésitez pas à l'utiliser. Vous pouvez aussi vous servir de votre pompe à vélo, c'est tout aussi efficace !

Abat-jour en paille...

Les abat-jour en fibre naturelle (raphia ou paille) attirent la poussière... Pensez à passer l'aspirateur de temps en temps sur toute leur surface.

... en vélin

Nettoyez-les avec une éponge imbibée d'un mélange composé d'une part d'eau tiède, d'une part de savon en paillettes et de deux parts d'alcool à brûler.

... en parchemin

Enlevez la poussière à l'aide d'un plumeau et retirez les taches tout simplement avec une gomme.

... en tissu

Passez sur ces abat-jour la petite brosse à dépoussiérer de l'aspirateur. Ne les lavez surtout pas, car le tissu pourrait rétrécir et l'armature s'oxyder. Si l'abat-jour est vraiment très sale, laissez ce travail à un professionnel.

... en cristal

Si vous devez nettoyer un lustre très ancien, une lampe en cristal ou encore une applique à pampilles, passez sur chaque élément un chiffon doux imprégné d'alcool à brûler. Laissez sécher.

Les lanternes japonaises

Nettoyez-les avec un chiffon à poussière en insistant particulièrement sur les plis. N'utilisez jamais d'eau, car l'abat-jour se déformerait. Leur grand avantage, c'est qu'ils sont très économiques. Changez-les quand ils sont trop abîmés.

Lumières, variez les plaisirs

Pensez à installer des variateurs de lumière qui permettent d'augmenter ou de diminuer l'intensité de vos lampes. Ils sont très pratiques pour passer d'une ambiance de travail à une atmosphère intime. Les lampes halogènes en sont d'ailleurs généralement pourvues.

Des ampoules qui donnent bonne mine

Pour voir la vie en rose, il faut troquer les ampoules ordinaires contre des ampoules teintées. Le rose est à notre avis la plus chaleureuse et la plus seyante des couleurs. Il estompe les imperfections de la peau en donnant l'illusion d'un teint hâlé.

trucs malins

NETTOYER UN BOUGEOIR

Vous n'avez pas mis vos bougies au réfrigérateur et la cire a inondé le bougeoir. Mettez-le dans l'évier et faites couler de l'eau bouillante dessus. La cire fondra comme neige au soleil et il sera propre en un clin d'œil.

PHOTOPHORES MAISON

Rien de plus simple : choisissez un joli verre ou un mini-vase et remplissez-le d'eau, de sable, de cailloux, de riz, de lentilles... Déposez-y votre bougie. C'est original et pratique ; les nappes sortiront indemnes des repas.

Des flots de lumière

Si vous voulez qu'une pièce semble plus claire et plus lumineuse, il suffit de doubler l'intérieur de votre abat-jour avec une feuille de papier d'aluminium. La lumière sera plus intense sans que vous ayez à mettre des ampoules plus fortes. N'utilisez cependant pas des ampoules de plus de 40 watts.

La bonne ampoule

Essayez différentes ampoules jusqu'à ce que vous arriviez à créer l'ambiance que vous désirez. Argentées, halogènes, colorées... ou encore néon et ampoules de basse consommation, le choix est grand. Au moment de les acheter, n'oubliez pas que des murs foncés absorbent beaucoup plus la lumière que des murs clairs.

Modulez l'éclairage

Adaptez l'éclairage à l'usage des pièces. Dans une salle de bains, par exemple, méfiez-vous des plafonniers en verre dont la lumière blanche donne mauvaise mine. Préférez les spots et les suspensions. Autour du miroir, multipliez les ampoules comme dans une loge de théâtre, afin d'éviter les ombres sur le visage.

Dans les autres pièces, créez différentes ambiances avec des abat-jour de couleur. Ils focalisent l'attention sur le coin d'une pièce ou un renfoncement mais ne sont pas conseillés en éclairage principal car ils fatiguent l'œil. Dans une pièce multi-usage, comme un salon avec un coin bureau, adaptez la luminosité avec un variateur d'intensité. Pour changer rapidement d'ambiance, le plus simple est d'utiliser des éclairages éphémères comme des photophores, lanternes ou bougies, que l'on dispose en masse, ou à éparpiller en fonction de la situation.

Variez les hauteurs de lumières

Dans une pièce comme le salon, privilégiez l'éclairage indirect et multipliez les sources de lumière. C'est plus reposant et chaleureux qu'un plafonnier. Utilisez les lampes pour recentrer l'espace, par exemple au-dessus d'une table basse. Il faut penser à les disposer sur différents niveaux. L'une orientée vers le plafond, une autre posée sur une console, et une dernière sur le sol. Le but est de mettre en valeur les volumes d'une pièce, afin de souligner les reliefs d'une corniche à l'aide d'un spot, ou la ligne d'un escalier avec un chemin lumineux, par exemple.

Décoration

Laquer les fleurs séchées

Lorsque l'on déplace des bouquets de fleurs séchées, ils s'émiettent. En les laquant, vous pourrez les bouger sans faire de dégâts : un geste à renouveler régulièrement.

Fleurs séchées

On vous a offert un joli bouquet et vous voulez le garder longtemps ? Enveloppez-le dans du papier journal pour qu'il ne prenne pas la poussière et accrochez-le, tête en bas, dans une pièce peu éclairée et bien aérée. Attendez quelques jours : vous aurez un superbe bouquet de fleurs séchées.

Une taie de traversin chouchoutée

Pourquoi ne pas nouer les extrémités de votre taie de traversin avec des chouchous comme ceux que l'on utilise d'ordinaire pour s'attacher les cheveux ? Ils sont mignons, de toutes les couleurs et transformeront votre traversin en bonbon géant. Et le traversin ne pourra plus s'échapper de sa housse. Une idée doublement bonne : pratique et décorative !

Une housse de couette unique

Au lieu de vous ruiner, faites des économies et beaucoup d'effet. Prenez deux draps de votre choix, assemblez-les à la machine à coudre et vous obtiendrez une splendide housse de couette bon marché. Vous pourrez marier les couleurs, les motifs... Une chose est sûre : votre housse sera un modèle unique !

Une teinture naturelle

Le marc de café peut donner une teinte plus soutenue à vos meubles clairs si vous les astiquez avec un chiffon qui en est imprégné. Suivez le sens des rainures du bois. Mieux vaut effectuer une touche d'essai dans un coin avant de commencer.

Faire disparaître une fêlure

Un élément de votre service de porcelaine est fêlé ? Faites-le doucement bouillir dans du lait pendant trente minutes en veillant à ce qu'il ne se cogne pas contre les rebords de la casserole. La fêlure disparaîtra comme par enchantement !

Les conseils de l'encadreuse

Un verre pour ce qui est souple

Un cadre sert avant tout à protéger les papiers de la lumière et de la chaleur. En règle générale, tout ce qui est souple a besoin d'un verre de protection. Pour l'acrylique et la peinture à l'huile sur châssis, un cadre suffit. Les dessins, les pastels et les aquarelles sont mis sous verre mais pas en contact direct, car le verre conduit la chaleur. D'où l'utilité du passe-partout qui éloigne le dessin du sous-verre.

Une photo en noir et blanc a besoin de lumière

Avec un passe-partout blanc et un cadre noir, vous êtes certain d'éviter la faute de goût mais aussi d'éclairer correctement l'image en noir et blanc. En effet, il faut savoir que la résonance de la lumière est importante et que si vous utilisez un passe-partout sombre, vous risquez d'étouffer le sujet. En ce qui concerne les tirages modernes, l'idéal est de choisir un blanc pur. Cela dit, rien n'empêche d'opter pour du crème s'il est question de photos plus anciennes.

La forme du cadre obéit à celle de l'œuvre

Si l'œuvre est verticale, le mieux est de choisir un cadre aux proportions similaires. On peut bien sûr ignorer cette règle mais le danger est de tomber dans le décoratif trop présent.

Soulignez une perspective avec une marie-louise

Laissez des marges plus larges que le cadre et créez une perspective en superposant des passe-partout. Monochrome ou non, ce jeu de profondeur doit répondre à l'image, en soulignant par exemple les lignes d'un escalier ou les différents plans d'une composition.

Un accrochage en oblique

Avec deux pitons reliés par une ficelle on peut jouer sur l'orientation de l'accrochage. Très tendue, la ficelle va coller le tableau au mur. Plus souple, elle convient aux poses en oblique, qui évitent les reflets de lumière.

La bonne hauteur pour un tableau

Le centre du tableau doit se trouver à la hauteur des yeux. Si vous l'accrochez dans le salon, évaluez sa place par rapport à une personne assise dans le canapé. Dans l'entrée ou un couloir, prenez en compte le fait qu'on le regardera debout. Si vous avez plusieurs tableaux à disposer, il faut que les œuvres placées le plus bas soient à la hauteur des yeux, jamais au-dessous.

On n'assortit pas un cadre à ses rideaux

Pour choisir un cadre, il faut faire abstraction du contexte. D'abord, parce qu'on doit pouvoir facilement changer de lieu d'accrochage. Ensuite parce qu'un cadre est comme une ouverture, une fenêtre qui a une vie propre et indépendante du reste de la pièce.

Salon, jouez avec les sols

Créez des espaces différents dans un salon-salle à manger en jouant sur la diversité des matériaux pour le sol : marbre, bois, moquette, plancher surélevé... Tous ont leurs atouts. Ainsi, dans le salon, vous opterez pour une moquette, plus épaisse. Dans la salle à manger, un parquet surélevé de 30 cm. L'espace que vous aurez ainsi créé vous permettra d'y glisser de grands tiroirs, qui vous offriront d'appréciables rangements supplémentaires.

Un plan facilite la disposition des meubles

Il existe rarement plusieurs aménagements possibles d'une pièce. Pour trouver à la fois le plus pratique et le plus esthétique, travaillez sur un plan. En prenant une échelle de 2 cm pour 1 m, faites un plan réduit de votre appartement. Découpez ensuite des rectangles à la dimension réduite de vos meubles et placez-les en tenant compte des prises, surtout pour les lampes. Ce système vous évitera bien des efforts inutiles.

ZOOM

Agrandir un petit espace : c'est possible !

• *Repoussez les murs*

Les couleurs sont vraiment capables de bluffer l'œil. Ainsi les teintes froides – le vert, le bleu, le violet – donnent l'impression que les murs reculent.

On s'en sert pour rétablir les proportions d'une pièce ou donner une impression de largeur à une entrée très étroite. On peint alors le plafond dans une teinte plus soutenue que la longueur du couloir.

Ce truc d'illusionniste est idéal pour les petites pièces à haut plafond. Plus clairs que le plafond, les murs semblent s'éloigner les uns des autres.

• *Arrondissez les angles*

On peut créer une fausse perspective en floutant les angles d'une pièce. Peignez un premier mur en blanc et, au lieu de vous arrêter à l'angle, dépassez sur le mur suivant sur une largeur de 5 à 20 cm pour un effet plus déco. Poursuivez sur ce même mur avec une autre teinte et dépassez, de la même façon, sur le troisième mur. Faites ainsi le tour de la pièce. Au final, l'œil ne perçoit plus les angles, et la fausse perspective procure une vraie sensation d'espace.

• *Meublez à la bonne taille*

Proportionner le mobilier à la taille des pièces, ça paraît tout bête mais on se fait pourtant souvent avoir. Exposé dans l'espace immense d'un magasin, un meuble paraît plus petit qu'il n'est. Il faut toujours mesurer la taille de la pièce et, mètre en main, visualiser en boutique l'encombrement du meuble.

Faites bien vos calculs, quatre petits fauteuils valent souvent mieux qu'un grand canapé qui empêche de circuler.

Testez l'effet de la couleur sur un mur

Si vous avez envie de couleur sans oser vous lancer, colorez un mur et gardez les trois autres dans une teinte neutre, blanche ou crème. Vous pouvez également jouer avec vos corniches anciennes et leur donner un coup de jeune en les peignant en bandeau d'une couleur vive.

Meubles

Un tiroir qui coulisse mal

Vous n'arrivez plus à fermer ou ouvrir facilement un tiroir ? Il accroche et grince... Pour qu'il glisse mieux, frottez les glissières et les chants avec du savon sec, de la paraffine ou de la cire de bougie.

Un meuble rayé

Utilisez du vernis, de l'huile de foie de morue ou de la cire naturelle. Si vous optez pour le vernis, diluez-le au préalable dans un peu d'alcool méthylique. Appliquez-le ensuite en plusieurs fois sur la rayure à l'aide d'un petit pinceau ; laissez sécher la première couche avant d'appliquer la seconde. Si le vernis fait une épaisseur, polissez doucement avec un papier de verre très fin, puis posez une fine couche de vernis avec un chiffon doux. Si vous utilisez de l'huile de foie de morue, mettez-en un peu dans la partie creuse et laissez-la pénétrer le bois. Avec la cire, procédez de la même façon : faites-la fondre et versez-en un peu dans la rayure. Cette technique est plutôt recommandée dans le cas de traces profondes.

Mettez votre literie à l'abri

Lorsque vous fermez votre maison de campagne pour l'hiver, enveloppez vos matelas dans du papier journal, ou bien placez entre le sommier et le matelas des sachets remplis de talc ou de farine de moutarde. Dans les armoires et dans les chambres, laissez aussi des petites coupelles de farine de moutarde pour absorber l'humidité et ses odeurs.

Votre lit grince...

Le talc est un moyen imparable de lutter contre les grincements du bois (lit, mais aussi parquet, meubles...). Glissez-en un peu entre les jointures du lit. Autre option :

badigeonnez-les d'un peu de vaseline ou de glycérine. Vous pourrez alors vous tourner et vous retourner sans réveiller tout le monde !

Entretien du bois

Frottez vos meubles de temps en temps avec un chiffon et de l'huile de lin. Ils seront plus brillants si, avant de les cirer, vous les frottez avec un chiffon imprégné d'un peu de vinaigre blanc. Pour les décaper et enlever les vieilles couches de cire, frottez-les avec un chiffon imbibé d'alcool à brûler. Il vous restera ensuite à cirer de nouveau.

Marques de coups sur un meuble

Appliquez un chiffon humide sur la zone abîmée et appuyez doucement avec un fer à repasser chaud. En général, la vapeur suffit à regonfler les fibres du bois. Au besoin, recommencez cette opération plusieurs fois. Si ça ne marche pas, râpez le vernis avec une lame de rasoir. Puis appliquez un morceau de ouate imbibé d'eau chaude (pour ne pas vous brûler, maintenez la ouate en place avec un chiffon sec). Séchez aussitôt et, au besoin, recommencez. Si le coup a été porté sur une partie verticale, placez un chiffon sous la ouate pour empêcher l'eau de couler : elle pourrait tacher le meuble.

Décaper le vernis sur un meuble

Passez soigneusement le meuble à la ponceuse, dans le sens des veines du bois. Peaufinez à la main à l'aide d'une cale de bois recouverte de papier de verre, maintenu avec des punaises sur les côtés. Plus vous avancerez dans le travail, plus votre papier de verre devra être fin. Dépoussiérez à l'aspirateur. Enfin, passez une éponge d'eau de Javel diluée puis laissez complètement sécher le bois. Vous pouvez alors cirer votre meuble en trois couches, en laissant bien sécher entre chaque. Puis frottez avec un chiffon doux.

Retirer la cire

Zut ! Vous préférez les meubles vernis mais celui que vous venez de chiner dans une brocante est ciré... Frottez-le avec un chiffon imbibé d'alcool à brûler afin d'en ôter toute la cire.

Rénover un vieux meuble

Vous avez déniché aux Puces un petit buffet ravissant, mais il n'a pas été entretenu depuis des lustres : poussière, taches diverses, bref la bonne affaire nécessite quelques heures de rénovation. Mouillez une éponge de ménage d'eau additionnée d'eau de Javel (1 verre pour 5 l d'eau) et lavez le meuble de fond en comble. Rincez et essuyez, puis laissez sécher complètement. Vous pourrez ensuite le cirer. Si le meuble présente des rayures, passez un crayon khôl d'une teinte proche du bois puis frottez avec un chiffon en laine.

Un placage décollé

Il est possible d'aplatir un placage décollé en posant un fer à repasser très chaud sur les légères boursouflures, protégées par un tissu de soie. Avec la chaleur, la colle qui a servi à tenir le placage va fondre et le recoller.

Combler une fente dans le bois

Avec le temps, le bois a tendance à jouer et parfois à se fissurer... Vous pouvez faire illusion en comblant la fente avec de la cire d'abeille dont la teinte se rapproche de celle du bois. Ramollissez-la avec les doigts avant de l'utiliser. Ôtez l'excédent à l'aide d'une spatule.

Porte-parapluies

Placez un petit morceau de mousse au fond de votre porte-parapluies afin d'absorber toute l'eau égouttée.

Gomme anti-eau

Vous effacerez les traces d'eau sur un meuble ciré en frottant avec un bouchon en liège. Pour le bois sombre, flambez légèrement le bouchon avant. Cirez pour protéger l'endroit abîmé.

Art de la table

Dîner aux chandelles

À l'occasion d'un anniversaire ou d'un dîner intime, vous avez décidé de vous éclairer à la lueur des bougies ? Laissez-les 12 heures avant dans le réfrigérateur, elles dureront plus longtemps. Autre avantage, elles ne couleront pas et ne feront pas de taches sur la nappe.

Comment disposer les couverts à table ?

Le bon placement est l'ordre selon lequel vous allez les utiliser : à droite de l'assiette, le couteau et la cuillère à soupe ; à gauche la fourchette ; entre les verres et l'assiette, le couteau à fromage, manche vers la droite. Le fil du couteau doit être dirigé vers l'assiette.

Où placer les invités ?

Quand vous recevez à dîner, même si ce sont des amis, n'oubliez pas de préparer votre plan de table. Les hôtes prennent place face à face, en bout de table. L'invité d'honneur, qui peut être le plus âgé, ou le dernier ami en date, s'assied à la droite de la maîtresse de maison. En plaçant les invités, pensez à alterner hommes et femmes. S'il y a plusieurs enfants, le mieux est encore de les installer à une table à part, ils seront bien plus à l'aise.

Linge de maison

Évitez de teindre les nappes anciennes

Vous vouliez donner une seconde vie à la nappe ou aux draps hérités de votre grand-mère. Pourquoi ne pas les teindre ? Sachez toutefois que ces cotons épais, avec leurs broderies raffinées, ne retiendront pas la couleur. Au fur et à mesure des lessives, la teinte s'estompera. De plus, après un dîner, la nappe risque de devenir un champ d'auréoles multiples, le traitement des taches effaçant lui aussi la couleur. Mieux vaut utiliser ce genre de nappes anciennes teintées comme sous-nappe. En général, teindre un vêtement relève un peu de l'amour du risque. Il se peut, en effet, que le fil (des boutonnières et des ourlets) et le tissu ne soient pas de même nature. Si le coton réagit normalement à la teinture, votre fil, souvent synthétique, peut réagir de manière complètement imprévisible. Ainsi un fil synthétique blanc teint en noir peut ressortir... jaune !

Nappes propres

Versez quelques gouttes de produit de lavage spécial lave-vaisselle sur les taches de graisse de votre nappe avant de la mettre à la machine à laver. Elles partiront plus facilement.

Des napperons au lait

Les napperons seront ravis de prendre un bain de lait froid. Essorez-les puis repassez-les avant qu'ils ne sèchent. Ils seront parfaitement amidonnés.

Dentelles, en toute délicatesse

Les dentelles anciennes sont fragiles. Pour les laver, enroulez-les sur une bouteille et faites-les tremper dans de l'eau savonneuse tiède 3 à 4 heures. Rincez plusieurs fois à l'eau tiède, sans les enlever de la bouteille. Une fois rincées, déroulez-les et faites-les sécher à plat sur un linge pour éviter les déformations. S'il reste une tache, faites tremper de nouveau dans de l'eau savonneuse. Sans frotter, car elles pourraient se déchirer. Pour donner un peu plus de tenue à ces tissus fins, sucrez légèrement l'eau du dernier rinçage.

Laver un coussin sans le déformer

Un peu de fil et une aiguille vous permettront de garder comme neuve la garniture synthétique d'un coussin ou d'un oreiller qui avait besoin d'un passage à la machine. En cousant grossièrement une sorte de bâti tout autour du coussin, le garnissage ne se déformera pas. Ensuite, vous n'aurez plus qu'à couper les fils.

Parfumer son linge

Et si vous versiez quelques gouttes d'eau de rose en plus de l'eau habituelle dans le réservoir de votre fer à repasser avant qu'il ne discipline votre linge ? Votre repassage sera on ne peut plus raffiné.

Une couette bien lavée en machine

Sans être contorsionniste, votre couette peut rentrer dans le tambour de votre machine à laver. Il suffit de la plier en accordéon. Et si vous ajoutez 3 ou 4 balles de tennis, en tournant, celles-ci frapperont la couette et empêcheront les gros amas de duvet de se former.

Oreiller tout en plumes

Pour éviter que le duvet ne s'échappe de la housse de l'oreiller, vaporisez dessus de l'eau amidonnée. Vous pouvez aussi frotter votre oreiller avec un peu de savon sec : les plumes ne viendront plus vous chatouiller le nez.

Les oreillers au lavage !

Les oreillers de plumes, comme ceux en mousse, peuvent se laver à la main ou en machine. Ceux en polyester se contentent d'une eau à 30° et doivent sécher à l'air libre. Mieux vaut ne pas les essorer. Cependant, si vous préférez éliminer l'excès d'eau, programmez un essorage court.

Serviettes rugueuses ?

Comment adoucir vos serviettes de toilette devenues rêches ? Mettez-les à tremper pendant 8 ou 10 heures dans une solution d'eau chaude et de vinaigre. Elles seront de nouveau toutes douces.

Des torchons comme neufs

Pour éliminer toutes les taches rebelles sur les torchons, laissez-les tremper toute une nuit dans de l'eau additionnée de bicarbonate.

Du goudron sur du tissu

Si au retour de la plage votre serviette a une tache de mazout, vous pouvez l'enlever en la frottant avec du dissolvant incolore pour vernis à ongles. Si elle est importante, retirez tout ce que vous pouvez en raclant avec un bout de carton, puis passez du dissolvant et laissez pénétrer. Lavez ensuite à l'eau savonneuse, et saupoudrez de talc. Laissez sécher et brossez.

Pauvre nappe

Vous avez sorti votre plus jolie nappe qui n'a pas échappé à une vilaine tache de café ! Appliquez-y du jus de citron, puis lavez-la avec votre lessive habituelle.

Taches récalcitrantes

Les taches de carotte sont souvent difficiles à enlever sur une nappe ou un torchon. Si malgré plusieurs lavages, elles ne partent pas, essayez ce truc : frottez avec un chiffon imbibé d'alcool ménager. Soyez certaine qu'il n'y aura plus de trace.

Taches de chocolat

Ce n'est pas toujours facile de faire partir une tache de chocolat. Il reste souvent une auréole impossible à enlever. Pour la faire disparaître, mélangez quelques gouttes de glycérine avec un jaune d'œuf et frottez la zone tachée, puis rincez bien à l'eau tiède.

Voilages

Plus de repassage pour les rideaux

Le lavage des voilages se fait en machine en suivant les recommandations d'entretien. Après un essorage doux, vous n'aurez qu'à les raccrocher ; ils sécheront en place et sans faux plis : du travail en moins et de la place en plus sur le fil à linge.

La blancheur aux fenêtres

Traités au régime fumée de cigarettes et feux de cheminée, les voilages deviennent rapidement jaunes. Vous leur rendrez leur blancheur des premiers jours en ajoutant à l'eau de rinçage 3 paquets de levure chimique.

Des fronces nettes sans couper le cordon

Pour froncer la tête de vos voilages, nouez les cordons de fronçage de chaque côté du rideau puis tirez-les par le milieu du ruban fronceur. Faites un nœud avec ce supplément de cordon et répartissez le tissu de part et d'autre. Le fil en surplus sera dissimulé. Pas besoin de le couper.

Des anneaux qui coulissent bien

Parfois, les anneaux de bois ont du mal à circuler sur leur tringle. Pour y remédier, il suffit de frotter régulièrement cette dernière avec un peu de paraffine : les anneaux glisseront plus facilement.

Rideaux impeccables

Avant de laver vos rideaux de dentelle, faites-les tremper 1 heure dans de l'eau froide additionnée de sel. Cela permettra de les débarrasser des premières salissures. Ne vous inquiétez pas, le sel ne laissera aucune trace au lavage.

Voilages : la nuit porte conseil

Avant de passer vos voilages en machine, placez-les une nuit entière dans la baignoire remplie d'eau tiède et de lessive. Cela permet d'ouvrir les fibres du tissu et d'optimiser ensuite le lavage en machine.

Nettoyage

Moquette : une tache de café...

Dépêchez-vous d'absorber le liquide avec du papier essuie-tout puis, avec un torchon, tamponnez la tache (sans la frotter) avec un mélange de vinaigre blanc et d'eau froide à parts égales. Rincez à l'eau froide. Si vous n'êtes pas satisfaite, recommencez avec un mélange (à parts égales) de vinaigre blanc et d'alcool à 90°.

... du pipi de chat

L'eau minérale gazeuse est très efficace pour effacer les traces d'urine de chat ou de chien sur la moquette.

... une brûlure de cigarette

Prélevez dans un coin peu visible de la pièce (sous un meuble, par exemple) un petit morceau de moquette intacte. Collez-le à la place de la brûlure en respectant bien le sens des poils.

... des traces de meubles

Vous avez déplacé vos meubles et ils ont laissé leur empreinte de pieds sur la moquette. Passez dessus votre fer à repasser en intercalant un linge propre, puis brossez dans le sens opposé des poils.

De la suie sur le tapis

Avant tout, pas de coup de balai sur de la suie. Recouvrez la surface tachée avec du gros sel et attendez une demi-journée. Sel et suie s'en iront facilement.

ZOOM

L'entretien dans la maison

Redonner de l'éclat aux meubles et aux bibelots n'est pas une mince affaire : à chaque matériau correspond une technique spécifique.

• ARGENTERIE

Entretenez-la en l'astiquant avec un chiffon doux imprégné d'un mélange de blanc d'Espagne et d'alcool à 90°. Rénovez-la et éliminez les taches noires dites « argenterie piquée » en la plongeant pendant une quinzaine de minutes dans du vinaigre chaud.

Les trucs :

• Espacez les nettoyages en plaçant une boule de camphre à proximité de l'argenterie.

• Évitez l'oxydation rapide en l'enveloppant dans du papier de soie ou du papier journal.

• Pour la nettoyer, faites-la tremper toute une nuit dans de l'eau froide, préalablement bouillie avec des pelures de pommes de terre.

Le lendemain, frottez-la simplement avec une peau de chamois.

• BOIS

Bois blanc

Faites une pâte avec du savon noir et de l'eau bouillante. Une fois refroidie, étalez-la sur le bois blanc et laissez poser 1 heure. Ensuite, frottez avec une brosse de chiendent trempée régulièrement dans de l'eau javellisée, puis rincez à l'eau pure. La force du jet d'un pommeau de douche ou celle d'un tuyau d'arrosage est idéale pour le rinçage (selon le lieu).

Bois ciré

Térébenthine, alcool ménager ou vinaigre mélangé à de l'eau : faites votre choix parmi ces trois produits qui remettent à neuf un bois ciré. Appliquez, laissez sécher et cirez.

Bois doré

À traiter sans brusquerie avec un chiffon imprégné d'alcool ménager. Vous pouvez ensuite appliquer du blanc d'œuf battu en neige puis passer un chiffon doux. Votre bois brillera comme un sou neuf.

Bois vernis ou laqué

Deux recettes à appliquer au chiffon : une solution d'une mesure de térébenthine et d'une mesure d'huile de lin ou 25 cl d'eau mélangé à 100 g de blancs d'œufs. Remèdes miracles pour entretenir ce matériau.

• BRONZE

Nettoyez-le avec de l'eau savonneuse. Rincez-le soigneusement, puis séchez-le avec un chiffon doux. Rénovez-le avec une brosse souple trempée dans un mélange d'alcool ménager et d'ammoniaque à parts égales.

Les trucs :

• S'il se ternit, frottez-le avec une brosse à dents trempée dans le jus d'un citron.

• Contre le vert-de-gris, nettoyez-le avec une pincée de sel dissoute dans une cuillerée à soupe de vinaigre d'alcool ou carrément dans un bain de vinaigre. Rincez à l'eau pure dans les deux cas.

• S'il est poussiéreux, lavez-le avec 4/5 d'eau et 1/5 d'alcool à brûler. Rincez, puis essuyez. Peau de chamois de rigueur.

• Si votre bronze est doré ou verni, frottez-le avec un chiffon doux imbibé de vin rouge chaud. Rincez-le ensuite à l'eau claire, puis essuyez-le avec une peau de chamois.

• Cuir

Clair

Tamponnez-le avec du blanc d'œuf battu en neige, puis lustrez avec un chiffon de laine. C'est propre et brillant.

De couleur

Frottez avec 2/3 de térébenthine et 1/3 de cire d'abeille molle mélangés en pâte. Après séchage, astiquez.

Verni

Appliquez un peu d'huile d'olive et frottez avec un chiffon.

Les trucs :

• Ne frottez pas trop fort et évitez de trop humidifier.

• Il déteint : frottez-le doucement avec un chiffon imprégné d'alcool à brûler.

• Il est taché : une éponge humide et du savon de Marseille feront merveille mais du savon glycériné et de l'eau rempliront tout autant cette fonction. Faites un test sur une petite tache avant de vous attaquer à toute la surface.

• Il est taché de gras : posez sur la tache de la terre de Sommières. Massez puis laissez reposer pendant 15 minutes. Brossez délicatement et recommencez l'opération jusqu'à ce que la tache ait définitivement disparu.

• Cuivre

Il se nettoie avec de la lessive de soude, pure ou diluée à raison de 1/2 verre par litre d'eau ou avec une pâte élaborée à partir de farine, de sel et de vinaigre. Laissez reposer 1 heure sur le cuivre. Rincez, puis faites briller.

• Étain

Entretenez-le en passant une brosse humidifiée avec de l'eau savonneuse. Tout simplement. Rénovez-le avec du papier journal imprégné de blanc d'œuf battu en neige et mélangé à 2 cuillerées à soupe d'eau de Javel ; frottez. Lorsque l'objet est sec, enduisez-le de vaseline pour mieux le protéger.

Le truc :

• S'il se ternit, ravivez-le avec de la bière chaude ou du marc de café. Polissez.

• Laiton

Ravivez-le avec un détergent ou, s'il est vraiment sale, avec un mélange d'ammoniaque et d'eau. Rénovez-le avec un demi-citron et du sel fin ou une pâte élaborée avec de la farine, du vinaigre et du sel. Rincez soigneusement à l'eau claire.

Le truc :

• Il brillera de mille feux si vous le frottez avec un chiffon imprégné de quelques gouttes d'huiles essentielles.

• Marbre

Détachez-le avec de l'eau savonneuse ou du savon noir. Rénovez-le avec une pâte faite à base de 2/5 de blanc d'Espagne, 1/5 de cristaux de soude dilués dans 2/5 d'eau. Appliquez en couche épaisse et laissez reposer pendant 1 heure. Rincez à l'eau et cirez avec de la cire incolore.

Les trucs :

• Sur un marbre très sale, n'employez pas d'acide mais plutôt du gros sel mouillé.

• Sur les taches de fruits, de café ou de nicotine, mettez de l'eau ammoniaquée, puis rincez à l'eau pure.

• Sur une tache d'encre, déposez un mélange de quelques gouttes d'ammoniaque et d'eau oxygénée à 20 volumes. Une fois sec, polissez avec un chiffon doux.

• Sur une tache de graisse (loin de toute source de flammes !), tamponnez au coton avec de l'essence.

• Une tache de rouille s'enlève avec de l'eau oxygénée.

• Le marbre jauni se récupère avec de l'eau savonneuse mélangée à un jus de citron et un peu de sel fin.

• Osier

Lavez-le en le frottant avec une brosse trempée dans 2 cuillerées à café de bicarbonate de soude mélangées à 1 l d'eau tiède.

Rénovez-le avec un chiffon trempé dans de l'eau javellisée. Frottez et laissez sécher, de préférence au soleil.

Le truc :

• Graissez les jointures avec un peu d'huile de paraffine si l'osier grince.

• Plastique

Plexiglas ou Altuglas

Ne dépoussiérez jamais à sec sous peine de rayures. En revanche, de l'eau savonneuse et un coup de peau de chamois feront l'affaire.

Stratifié

Il s'entretient avec une éponge humide et un chiffon.

Les trucs :

• N'utilisez jamais d'acétone ni de benzine sur les taches tenaces mais du white-spirit, en prenant soin de faire un petit essai sur une tache hors de portée de vue.

• Taché de nicotine ou d'encre : un chiffon imprégné d'alcool ménager suffit.

• Rotin

Entretenez des chaises cannées avec une brosse et de l'eau savonneuse. Rincez à l'eau claire et séchez rapidement avec un chiffon ou, mieux, un sèche-cheveux.

Un dépoussiérage régulier est un gage de bon entretien. Si le cannage s'affaisse, retournez la chaise et lavez à l'eau savonneuse. Rincez à l'eau claire et procédez à un séchage express. Rénovez-le en le décrassant avec 100 g de lessive Saint-Marc dans 1 l d'eau et quelques gouttes d'ammoniaque. Séchage rapide, puis frottez avec un chiffon bien imprégné de cire d'abeille ou d'huile de lin.

Le truc :

• Il est impératif de sécher rapidement le rotin, soit au soleil, soit au séchoir à cheveux, soit dans un courant d'air afin qu'il ne se déforme pas.

• TERRE CUITE

Nettoyez-la avec de l'eau savonneuse, puis rincez-la à grande eau. Et n'oubliez pas : toutes les terres cuites sont poreuses. Rénovez-la et donnez-lui une patine en lui passant une cire incolore après son nettoyage.

• VERRERIE

Astiquez-la régulièrement en ajoutant du vinaigre d'alcool à l'eau de rinçage. Rénovez-la en remplissant d'eau vos verres ou autre verrerie et de quelques petits morceaux de pomme de terre. Agitez régulièrement, puis rincez.

Les trucs :

• Redonnez à un cristal toute sa transparence en le frottant avec de l'alcool ménager.

• Lavez tous vos objets de verre dans une solution d'eau très chaude et d'ammoniaque ou de cristaux de soude.

• Des verres coincés l'un dans l'autre se débloquent en plongeant le verre inférieur dans de l'eau chaude et en remplissant celui du dessus d'eau froide.

• Nettoyez les ampoules tous les 3 mois avec un chiffon imprégné d'alcool ménager.

• Frottez vos vitres avec du papier journal et de l'alcool à brûler. C'est étonnant !

Nicotine sur le tapis

Nettoyez la tache de nicotine avec une éponge imbibée d'une solution d'eau et de glycérine à parts égales, puis rincez à l'eau claire.

Balai en fibres plastique

Un balai en fibres plastique accumule la saleté. Pour qu'il reste en bon état, lavez-le de temps en temps dans un seau d'eau chaude à laquelle vous ajouterez un peu d'ammoniaque et de produit de lavage spécial lave-vaisselle. Il ressortira impeccable et vous servira plus longtemps.

Balai super performant

Faites tremper le balai toute une nuit dans de l'eau froide salée. Le lendemain, vaporisez dessus un peu de produit spécial vitres, il nettoiera encore mieux.

Balai en paille plus résistant

Avant d'utiliser un balai en paille de riz pour la première fois, laissez-le tremper quelques heures dans de l'eau salée. Laissez sécher complètement avant de l'utiliser. Il durera davantage.

Stop au calcaire sur une bouteille

Pas facile de nettoyer une bouteille en verre... Pour venir à bout du tartre, remplissez-la d'eau chaude et ajoutez-y un verre de vinaigre blanc. Laissez agir une nuit avant de rincer abondamment.

Vieilles bouteilles, un bon nettoyage

Vous avez chiné quelques belles bouteilles mais elles sont tachées à l'intérieur... Remplissez-les d'eau javellisée, puis rincez. Si certaines taches persistent, remplissez-les alors à moitié d'eau additionnée de trois grosses cuillerées de sable. Secouez ensuite énergiquement.

Aspirateur bouché !

Si le tube de votre aspirateur est bouché, servez-vous d'un cintre en métal pour le déboucher (c'est très facile de le démonter pour obtenir une longue tige de métal). Une sage précaution : avant de passer l'aspirateur, prenez l'habitude de ramasser boutons, aiguilles, feuilles de plantes, allumettes, bref, tout ce qui risque de faire un bouchon.

Du citron et vos cuivres brillent !

Les objets en cuivre se nettoieront très bien avec un demi-citron fraîchement tranché ou un chiffon imbibé d'une solution de vinaigre et de sel fin. Séchez avec un chiffon doux. Appliquez ensuite un peu de cire et faites briller.

En guerre contre l'oxyde sur les cuivres

Si le métal est oxydé, plongez l'objet dans 1 l d'eau additionnée d'une poignée de cristaux de soude et une autre de gros sel. Faites chauffer jusqu'à ce que la solution commence à bouillir. Rincez à l'eau tiède et séchez.

Cuivre, état de saleté avancé

Commencez par préparer le mélange suivant : dans un saladier, versez un demi-verre de vinaigre, le jus d'un citron et une poignée de farine. Ajoutez 500 g de gros sel et deux blancs d'œufs. Mélangez de façon à former une pâte. Elle vous servira à frotter vos objets en cuivre. Pour terminer, faites briller avec un chiffon sec.

Cuivre oxydé par le vert-de-gris

Le vert-de-gris est très toxique, c'est de l'oxyde de cuivre. Autrefois, on se servait beaucoup de casseroles et bassines en cuivre, plus maintenant, en partie à cause de ce problème. Ces objets ne sont plus guère utilisés qu'en déco. Pour enlever les vilaines traces verdâtres, frottez, en mettant des gants, avec un peu de gros sel dissous dans du vin chaud, rincez à l'eau. Pour finir, frottez avec un produit pour métaux du commerce. Vos cuivres seront rutilants !

Étain, une seconde jeunesse

Pour raviver vos bibelots sans trop vous fatiguer, faites chauffer de la bière et utilisez-la sur un coton pour nettoyer vos objets en étain. Un vrai truc de pro !

Mise en beauté de vos étains

Vous venez de dénicher aux Puces des bibelots en étain ? Pour les remettre à neuf, battez un blanc d'œuf avec une cuillerée à soupe d'eau de Javel. Enduisez-les de ce mélange, laissez agir, puis ajoutez de l'huile de table. Au bout de 30 minutes, lustrez avec un chiffon doux.

Fauteuil, un nettoyage s'impose

Les meubles tapissés sont plus fragiles. Pour que vos fauteuils se salissent moins, brossez-les avec une brosse humidifiée dans un peu d'eau vinaigrée.

Plus de poils

Chiens et chats adorent s'installer dans les fauteuils, mais nous aimons moins les poils qu'ils y laissent. Pour en venir à bout, passez sur le tissu une éponge synthétique légèrement humide.

Nettoyage de canapé en velours

Ce genre de tissu ayant une fâcheuse tendance à accumuler la poussière, brossez votre canapé à l'aide d'une éponge imbibée, à parts égales, d'ammoniaque et d'eau. Frottez à rebrousse-poil, puis laissez sécher. Passez, pour finir, une peau de chamois neuve.

Mousse nettoyante maison

Votre produit habituel est fini... Mélangez une demi-tasse de lessive liquide pour linge délicat et deux tasses d'eau bouillante. Laissez refroidir, puis battez au fouet pour obtenir une mousse que vous utiliserez comme un produit classique.

Touches de piano irréprochables

Même si, en règle générale, les pianistes se lavent les mains avant de jouer, il faut parfois nettoyer les touches en ivoire, qui tendent à jaunir avec le temps. Frottez-les avec un chiffon doux imprégné d'eau oxygénée ou d'alcool à brûler. Et profitez des rayons du soleil (même si les changements de température sont mauvais pour la table d'harmonie des pianos), car ils blanchissent l'ivoire et l'empêchent de jaunir.

Ivoire bien blanc

Si votre ivoire a jauni avec le temps, il existe une solution : mélangez du blanc d'Espagne et quelques gouttes d'eau oxygénée à 10 volumes. Enduisez-le de cette pâte et exposez l'objet au soleil. Une fois sec, nettoyez avec un linge humide et frottez avec un chiffon doux. Par la suite, nettoyez-le régulièrement avec du jus de citron ou du bicarbonate de soude dilué dans l'eau.

Nettoyer la nacre

Pour entretenir vos objets en nacre, lavez-les au savon noir dilué dans de l'eau. Rincez et laissez sécher. Graissez avec de l'huile de tournesol, puis faites briller avec un chiffon doux. Si vous n'avez pas de savon noir en réserve, un citron suffira. Dans ce cas, trempez un chiffon ne laissant pas de peluches dans de l'eau déminéralisée, additionnée de quelques gouttes de citron.

Un téléphone nickel

Le téléphone aussi a droit à sa petite toilette. Pensez à le laver régulièrement à l'aide d'un morceau de coton trempé dans un peu d'alcool à 90°. Il brillera comme au premier jour.

Tache de vin rouge

Arrosez d'eau gazeuse l'emplacement du désastre, puis absorbez le liquide avec une éponge ou un essuie-tout en prenant bien soin de ne pas étaler.

Mur sali par le chauffage

Le mur derrière le radiateur finit toujours par noircir. Pour éviter cet inconvénient, ou au moins ralentir le processus, glissez entre le mur et le radiateur une feuille de papier aluminium. Elle protégera le mur et l'empêchera du même coup d'absorber la chaleur.

Un mur non lessivable

Voici une technique infaillible pour ôter les taches sur un revêtement qui ne peut pas être lessivé. Servez-vous d'une pomme de terre coupée en deux et passez-la sur les zones douteuses. Rincez avec une éponge humide.

Papier peint taché

Jamais d'eau, jamais de produits, rien qu'une gomme ou de la mie de pain. Cela reste encore la meilleure façon d'effacer une tache. Attention : frottez doucement.

Brûlures de cigarette

Si un meuble présente des taches de brûlure, que celle-ci est superficielle et qu'il n'y a qu'une petite trace noirâtre, frottez-la doucement avec un peu de beurre et de la cendre de cigarette. Si, malgré tout, elle résiste, grattez légèrement avec une lame de rasoir ; dans ce cas, il faudra sans doute revernir ou recirer la partie abîmée. Pour une brûlure profonde sur du bois massif, il faut poncer toute la surface du meuble et la polir avant de cirer ou de vernir de nouveau. Si c'est un placage d'acajou qui a été brûlé, prélevez sur une partie peu visible un petit morceau de bois et retaillez-le à la forme exacte de la brûlure en prenant soin de respecter la veine du bois. Collez avec un produit approprié. Personne ne remarquera cette réparation !

Des cendriers tout propres

Un dépôt de nicotine reste souvent collé au fond des cendriers. Pour les nettoyer, frottez le fond avec un bouchon mouillé, puis saupoudrez de sel.

Pour les plus exigeantes

Une autre solution, c'est de le nettoyer à fond tous les trois mois avec une brosse trempée dans une solution d'eau chaude et de détergent mélangée à une cuillerée à soupe d'ammoniaque par litre d'eau. Laissez sécher.

Tache de peinture sur les tommettes

En peignant le tour de votre fenêtre, vous avez fait tomber de la peinture sur un carreau de terre cuite. Enlevez-la aussitôt en versant dessus un peu de white-spirit. Attendez quelques instants, puis frottez énergiquement avec une brosse métallique.

Paillasson tout propre

Bien qu'il récupère terre, traces d'herbes et autres salissures, le paillasson se nettoie très facilement. Saupoudrez-le de marc de café humide. Une fois sec, frottez le paillasson avec une brosse dure. Pensez aussi à y passer l'aspirateur au moins une fois par semaine. Si vous en avez la possibilité, secouez-le de temps en temps.

Marbre, traitement de faveur

Si vous vous décidez à faire une toilette de printemps à votre table en marbre, préparez un mélange de 2/3 de poudre de pierre ponce et 1/3 de bicarbonate de soude. Passez-le sur le marbre en insistant sur les taches, puis laissez sécher. Rincez à l'eau et au savon noir. Protégez avec de l'huile de lin, puis faites briller avec un chiffon fin.

Nicotine sur le marbre

Votre superbe table de marbre blanc a été tachée par une cigarette, prenez un chiffon doux imbibé d'eau de Javel et frottez la tache. Une fois cette opération terminée, vous pouvez la faire briller avec vos produits d'entretien habituels pour le marbre.

De la rouille sur un vêtement...

Pour enlever une tache de rouille, couvrez-la avec du sel et du jus de citron. Laissez agir avant de laver.

...ou sur du marbre

Si un marbre est taché par la rouille, frottez-le avec de l'acétone jusqu'à ce que la tache disparaisse.

Autres taches

Les taches de fruits ou colorées disparaissent avec un peu d'eau savonneuse et quelques gouttes d'ammoniaque.

Clés rouillées ? un bain de soda...

Pour que des clés rouillées retrouvent leur aspect d'origine, laissez-les tremper au moins 24 heures dans un récipient rempli de soda au cola.

De l'encre sur le bout des doigts

Quand on écrit au stylo-bille ou au stylo-plume, il est très fréquent d'avoir de l'encre sur les doigts. Dans ce cas, frottez avec un peu de jus de tomate, les taches partiront facilement.

Soignez vos plumes

Si la plume de votre stylo s'est oxydée, plongez-la dans du pétrole avant de la frotter avec un chiffon doux.

L'ammoniaque contre la tache de sang

Vous vous êtes coupée et vous avez taché votre chemise. N'essayez pas d'enlever la tache à l'eau chaude, elle serait encore plus résistante. Frottez-la avec de l'eau froide mélangée à quelques gouttes d'ammoniaque.

Drôle d'odeur dans le vase...

L'eau des fleurs était très sale et, après lavage, il reste encore une odeur désagréable dans le vase : remplissez-le d'eau salée et de vinaigre et laissez agir pendant 24 heures avant de rincer.

... formule rapide

Deux cuillerées à soupe de marc de café, de l'eau et du vinaigre à parts égales : c'est la formule idéale. Une fois le vase rempli de ce mélange, secouez-le bien et rincez.

De l'eau et du papier pour vos vitres

Un truc à l'ancienne mais qui fait toujours ses preuves : humidifiez une feuille de papier journal et froissez-la. Frottez vos vitres avec ce tampon, puis séchez avec un chiffon sec. Le résultat est impeccable.

Vitres grasses

Très exposées, les vitres de la cuisine sont souvent tachées de graisse : diluez une demi-cuillerée d'amidon dans 50 cl d'eau. Passez ce mélange sur la surface vitrée et séchez rapidement.

Faïence et céramique sans marques du temps !

Un service en faïence ou en céramique finit par se tacher et jaunir, surtout s'il est blanc et décoré. Il retrouvera sa couleur d'origine si vous le faites tremper quelques heures dans de l'eau tiède additionnée d'eau de Javel.

Les taches invincibles sur un miroir

Si une tache résiste à vos efforts, appliquez sur le miroir un peu d'huile d'olive, attendez un moment avant de nettoyer avec du papier de soie.

Vitres sans défaut

Pour avoir des vitres impeccables, nettoyez-les par temps gris ! Par grand soleil, elles sèchent trop vite en gardant toutes les traces. Une autre astuce : pour savoir facilement de quel côté se situe toute trace inesthétique, lavez l'extérieur horizontalement et l'intérieur verticalement. Vous serez vite fixée !

ZOOM

Venir à bout des taches

• Les premiers gestes

• Agir rapidement sur la tache en grattant l'excédent ou en tamponnant le liquide avec du papier absorbant.

• Bien identifier la nature du tissu : fibres naturelles végétales (coton, lin) ou animales (laine, soie) ; synthétiques (Courtelle, Nylon, Tergal...) ou artificielles (rayonne, acétate, viscose...).

• Faire une petite touche d'essai dans un coin discret.

• Bien étaler le détachant en frottant de l'extérieur vers le centre de la tache.

• Toujours détacher le vêtement avant de le laver, quel que soit le tissu.

Alcool, vin, bière	
Tissus	**Moquette**
Tamponner la tache d'un mélange d'eau (1/4), de vinaigre blanc (1/4) et d'alcool ménager (1/2). Éviter le sel. Il abîme les fibres !	Absorber la tache avec un buvard ou du talc. Tamponner avec un chiffon imbibé d'un mélange d'eau (1/4) et d'alcool ménager (3/4).

Boue	
Tissus	**Moquette**
Laisser sécher puis brosser. Utiliser de l'eau savonneuse. Sur les fibres naturelles : eau ammoniaquée ou jus de citron dilué.	Aspirer une fois la tache sèche. Frotter avec de l'eau vinaigrée (1 cuillerée à soupe pour 1 l d'eau). Bien rincer puis éponger.

Beurre, graisse	
Tissus	**Moquette**
Tamponner d'un mélange d'eau et d'alcool ménager. Eau et ammoniaque pour un tissus de couleur. Terre de Sommières pour la laine.	Saupoudrer la tache de terre de Sommières. Laisser agir quelques minutes, brosser puis tamponner avec du trichloréthylène.

Bougie	
Tissus	**Moquette**
Décoller l'excédent à la spatule. Poser du papier absorbant de chaque côté et repasser au fer tiède. Détacher à l'alcool ménager.	Enlever l'excédent. Poser un papier absorbant et repassez au fer tiède. Si une trace subsiste, frotter au vinaigre d'alcool blanc chaud.

Café, thé	
Tissus	**Moquette**
Un mélange à parts égales de vinaigre blanc et d'alcool à 90° est très efficace. Sur le synthétique, le thé se nettoie avec du citron.	Absorber le liquide avec du talc, puis tamponner délicatement avec un chiffon imbibé d'alcool ménager (3/4) et d'eau (1/4).

Cambouis	
Tissus	**Moquette**
Ramollir avec du beurre frais puis laisser reposer. Tamponner avec un chiffon imbibé de térébenthine ou de trichloréthylène.	Ramollir avec du beurre frais puis saupoudrer de terre de Sommières. Ensuite, tamponner avec un chiffon imprégné de trichloréthylène.

Commando antitaches

Chez vous, pour faire face à n'importe quelle tache au pied levé, il vaut mieux garnir son placard de remèdes magiques.

- Alcool à 90° (à proscrire sur les fibres synthétiques).
- Brosse de chiendent, à utiliser en duo avec le savon de Marseille. Idéal pour brosser les moquettes.
- Eau de Javel.
- Eau oxygénée.
- Savon de Marseille (très utile dans bien des cas).
- Vinaigre blanc.
- Térébenthine (à éviter toutefois sur la rayonne et l'acétate).
- Terre de Sommières.
- Trichloréthylène et white-spirit.

D'une façon générale, tous ces produits sont évidemment à stocker dans un endroit sûr et hors de portée des enfants.

En revanche, évitez certains produits. Il faut proscrire de vos armoires les détachants à sec et leur préférer les détachants avant lavage. Pour les teinturiers, il est rarement possible de faire quoi que ce soit une fois que ce type de produit a été employé sur un textile. C'est en effet le meilleur moyen de remplacer une tache par... un trou !

Chocolat	
Tissus	**Moquette**
Laver avec de l'eau savonneuse. Si la tache persiste, l'humecter avec de l'alcool ménager (dilué pour les fibres synthétiques).	Si la tache est fraîche, la frotter à l'eau savonneuse. Si elle est ancienne, mélanger 2/3 d'alcool ménager à 1/3 d'eau puis frotter.

Confiture	
Tissus	**Moquette**
Tamponner la tache avec un mélange de 20 cl d'eau tiède et d'une cuillerée à soupe de jus de citron (ou de vinaigre d'alcool).	Enlever le plus gros avec du papier absorbant puis tamponner la tache avec un chiffon imbibé d'alcool ménager (1/4) et d'eau (3/4).

Cirage	
Tissus	**Moquette**
Gratter la tache à la spatule. Éliminer les traces restantes avec de la térébenthine, du trichloréthylène ou du white-spirit. Rincer.	Retirer l'excédent. Tamponner avec du white-spirit ou de la térébenthine. Moquette en laine : diluer 1 cuillerée d'acétone dans 20 cl d'eau.

Feutre, encre	
Tissus	**Moquette**
Coton, lin : alcool ménager. Tissus fragiles : eau citronnée. Synthétiques : ammoniaque diluée. Tous : les faire tremper dans du lait.	L'encre fraîche disparaît avec un peu d'alcool ménager. Le feutre, lui, s'élimine avec une petite goutte d'alcool à brûler.

Colle	
Tissus	**Moquette**
Ôter l'excédent et tamponner avec de l'alcool à brûler ou avec le solvant préconisé. Faire d'abord un essai sur un coin discret !	Retirer l'excédent. Tamponner la tache avec un chiffon imbibé du solvant préconisé par le fabricant ou, à défaut, d'alcool à brûler.

Fruits, légumes	
Tissus	**Moquette**
Frotter d'un mélange eau-alcool ménager (50/50) puis avec de l'eau additionnée de 1/4 de vinaigre blanc. Tissus synthétiques : jus de citron.	Éponger le plus gros puis tamponner la tache avec un chiffon imbibé d'un mélange d'eau (1/4) et d'alcool ménager (3/4).

Lait, œuf

Tissus	Moquette
Tamponner avec un linge imbibé d'eau froide puis frotter la tache avec un mélange de 2 volumes d'eau pour 1 volume d'ammoniaque.	Dissoudre la tache en tamponnant légèrement avec un linge imprégné de trichloréthylène puis avec de l'alcool ménager dilué dans de l'eau.

Rouille

Tissus	Moquette
Tamponner avec un chiffon imprégné de vinaigre blanc ou de jus de citron additionné de sel fin, ou avec du détachant spécial rouille.	Faire un essai de surface (pour ne pas abîmer le dossier de la moquette) avec un produit antirouille (Rubigine par exemple).

Peinture

Tissus	Moquette
Tamponner avec un linge humide, puis avec le solvant conseillé sur le pot (trichloréthylène, white-spirit ou térébenthine). Laver.	Ôter l'excédent. Mélanger de la terre de Sommières avec du trichloréthylène : tamponner, laisser sécher puis aspirer.

Sang

Tissus	Moquette
Tamponner d'eau froide puis d'un mélange ammoniaque (1/3) et eau (2/3). Laine et soie : utiliser de l'eau oxygénée diluée.	Gratter s'il est déjà sec puis passer un chiffon mouillé à l'eau froide. Tamponner ensuite avec un linge imbibé de vinaigre blanc.

Rouge à lèvres

Tissus	Moquette
Ramollir avec du beurre si la tache de rouge à lèvres est sèche. Tamponner avec de l'alcool ménager, de l'éther ou du trichloréthylène.	Sur la laine : 1 cuillerée d'acétone diluée dans un verre d'eau. Sur tous les autres supports : térébenthine ou white-spirit.

Urine

Tissus	Moquette
Nettoyer avec un mélange d'eau froide (3/4) et d'eau oxygénée (1/4) ou bien avec de l'eau froide légèrement ammoniaquée.	Tamponner la zone tachée avec un chiffon imprégné d'un mélange d'eau froide et de vinaigre blanc à parts égales. Laisser sécher.

Les produits indispensables

Les détachants sont parfois dangereux. Portez des gants et travaillez la fenêtre ouverte. Évitez de respirer les vapeurs toxiques. Ne fumez pas et éloignez-vous des sources de chaleur.

- **Acétone**

Enlève les taches de peinture, de colle, de cambouis, de vernis. Ne pas utiliser sur les fibres artificielles (acétate, rayonne...). Inflammable. Vapeurs toxiques.

- **Alcool à brûler**

Élimine les taches de certaines colles et de stylo-feutre sur la moquette. Ne pas utiliser sur les vêtements en fibres synthétiques ou artificielles. Inflammable.

- **Alcool à 90°**

Dilué, il dissout nombre de taches (herbe, vin...). Pur, il abîme les fibres synthétiques ou artificielles.

- **Ammoniaque**

Diluée, elle dégraisse mais nettoie également les anciennes taches de sang, de café et de certaines colles. Ne pas la mélanger avec de l'eau de Javel. Ne jamais l'employer pure. Bien rincer. Vapeurs toxiques.

- **Eau de Javel**

Pure, elle décolore les taches mais également les couleurs ! Diluée, elle ravive les textiles blancs. Ne pas utiliser sur les fibres animales (laine et soie). Ne surtout pas mélanger avec d'autres produits à base de chlore.

- **Eau oxygénée**

Diluée, l'eau oxygénée à 10 volumes est efficace contre les taches de vin, de café ou d'encre. À proscrire définitivement sur les tissus type soie, laine ou Nylon de couleur.

- **Térébenthine**

Élimine la graisse, le cambouis, le goudron... mais laisse des auréoles. Efficace contre les taches de peinture, de vernis ou les traces de moisissure. Ne pas utiliser sur la rayonne et l'acétate. Inflammable. Irritant.

- **Terre de Sommières**

Détacheur à sec au fort pouvoir absorbant, efficace contre les taches grasses sur soie, laine, moquette et tapis. Ce produit ne laisse pas d'auréoles.

- **Trichloréthylène**

Dissout les taches de graisse, d'huile, de cire, d'encre et de peinture à l'huile. Vapeurs toxiques.

- **Vinaigre blanc**

Excellent détachant, il remplace l'acide acétique qui, mal utilisé, peut provoquer des dégâts. Il enlève les taches d'encre ou de rouille et les traces de moisissure. Ne pas utiliser sur l'acétate.

- **White-spirit**

Dilue et dissout les peintures. Fait également disparaître les taches de graisse, de cambouis ou de cire. Produit inflammable, à manipuler avec précaution.

Attention : tous ces conseils vous sont donnés à titre indicatif. En cas de doute, demandez l'aide d'un spécialiste.

Produits malins

La pomme de terre et le miroir

Il ne s'agit pas d'une nouvelle fable mais d'une réalité. Passez une pomme de terre coupée en deux sur la totalité de la surface de votre miroir. Astiquez ensuite ce dernier au moyen d'un chiffon que vous aurez trempé dans un mélange d'alcool à brûler et d'eau (15 cl d'alcool pour 1 l d'eau) puis faites reluire avec un chiffon sec. Peut-être finira-t-il par vous dire que vous êtes la plus belle !

Le lait fait de l'effet contre le stylo

Le truc le plus connu pour enlever les traces de stylo sur une chemise, c'est de frotter avec un peu de lait.

Laque contre tache de feutre

Il y a plusieurs façons d'enlever les taches de stylo-feutre. Un truc efficace, c'est de vaporiser sur la tache de la laque pour cheveux. Laissez sécher, puis mouillez légèrement avec du vinaigre d'alcool avant de brosser.

Le beurre : un détachant anti encre

Pour faire disparaître une tache d'encre ou de goudron, il suffit de la frotter avec du beurre pendant quelques minutes. Bien sûr, il vous faudra ensuite vous attaquer à la tache de graisse !

Du goudron sur la peau

Pour enlever des traces de goudron sur la peau, appliquez un peu de beurre et frottez avec un coton. Lavez-vous ensuite les mains à l'eau chaude.

Les vertus du citron

Le jus de citron mélangé à de l'eau peut réaliser des prouesses. Premièrement, il peut faire briller vos vitres aussi bien qu'un produit ménager. Deuxièmement, il sait chasser les odeurs désagréables qui parasitent votre micro-ondes. Mettez un bol rempli d'eau citronnée dans votre four et faites-le tourner à puissance maximale pendant 30 secondes.

De l'oignon et du sucre contre la rouille

Pour enlever la rouille sur la lame d'un couteau, frottez-la avec un demi-oignon saupoudré de sucre en poudre.

Les qualités méconnues du sel

Étalé sur les routes et trottoirs verglacés, il fait fondre la glace. Une pincée de sel dans l'eau d'un vase aide les fleurs à se tenir droite. Il parfumera aussi vos petits plats avec cette recette : dans un bocal en grès qui ferme hermétiquement, alternez une couche d'aromates (persil, ciboulette, estragon...) et une couche de gros sel.

Du savon maison

Fini le gaspillage. À partir d'aujourd'hui, conservez les fins de savons. Quand vous en avez une quantité raisonnable, faites-les chauffer au bain-marie. Attendez que le mélange soit tiède pour jouer à la pâte à modeler. Laissez courir votre imagination pour créer des savonnettes personnalisées que vos enfants adoreront.

Raviver le cirage

Malheur ! Tout sec, tout craquelé, le cirage est inutilisable ! Quelques gouttes d'alcool à 90° ou de citron le réveilleront. Autre solution : mettez quelques gouttes de lait tiède. Son onctuosité reviendra.

Le vinaigre blanc à tout faire

Ajouté en petite quantité à de l'eau tiède, le vinaigre conserve les fleurs coupées plus longtemps que l'eau pure. Et l'équivalent d'une cuillerée à café de vinaigre dans l'eau de vaisselle ou dans votre produit dégraissant vous aidera à vous débarrasser des odeurs entêtantes, comme celle du poisson grillé par exemple.

Dorure à l'huile d'olive

Pour nettoyer une surface dorée (si elle n'est pas dorée à l'or fin), utilisez un chiffon sec et doux, puis passez un chiffon de laine imprégné d'un peu d'huile d'olive. Ça va briller !

De l'argile pour assainir les odeurs

Pour débarrasser une pièce de ses mauvaises odeurs, il suffit d'y laisser un petit récipient contenant de l'argile émiettée. Si la pièce sent le renfermé, accrochez une éponge imbibée d'eau et mouillez-la de temps en temps : elle absorbera les senteurs désagréables.

Un tapis de menthe pour désodoriser

Vous allez vous absenter pendant plusieurs semaines ou vous fermez votre maison de vacances et vous ne voulez pas qu'à votre retour, elle sente le renfermé... Éparpillez sur le sol des feuilles de menthe sauvage.

Un anticalcaire puissant

Avant, nous frottions à nous en abîmer les mains la base des robinets de notre salle de bains. Désormais, nous enroulerons un mouchoir en papier autour de l'endroit à détartrer ; un mouchoir trempé dans du vinaigre et qui tiendra compagnie près de 2 heures à notre robinetterie. N'oubliez pas de rincer.

Le marc et les tapis

Tapis foncés font grise mine et auraient besoin d'un bon nettoyage. Répartissez dessus un peu de marc de café humide, en particulier sur les taches. Brossez puis laissez sécher. Un coup d'aspirateur devrait vous les rendre comme neufs.

Café et surfaces vernies

Froid, le café boit la poussière, la graisse et il ravive la couleur des meubles vernis. Chiffon et cafetière font bon ménage !

Salle de bains

Bouchon séparateur pour le miroir

Les miroirs n'aiment pas l'humidité, et celui placé dans votre salle de bains risque de s'abîmer rapidement. Pour éviter ce problème, coupez quatre disques de même épaisseur dans un bouchon de liège et collez-les aux quatre coins, au dos du miroir. Une fois accroché, l'air pourra circuler derrière.

Plus de bouchon sur le tube de dentifrice

Le bouchon du tube de dentifrice s'est volatilisé ! Bizarre mais fréquent ! Pour que la pâte ne durcisse pas, plongez le tube en question tête en bas dans un grand verre contenant un petit fond d'eau. Ça vous évitera de jeter un tube plein. Changez l'eau tous les jours.

Pour en finir avec l'éternelle buée

Faites couler un peu d'eau froide avant l'eau chaude dans la baignoire et frottez vitres et miroirs de la salle de bains avec un mélange d'eau et de glycérine. Fini l'impression d'être au hammam !

Une baignoire qui brille

Ne laissez par le tartre s'installer sur les parois de la baignoire. Une fois par semaine, nettoyez-la avec une éponge imbibée de vinaigre blanc chaud, coupé avec la même quantité d'eau.

Baignoire, nettoyage cas par cas

Si votre baignoire est en émail, utilisez un produit non abrasif. Pour venir à bout des taches récalcitrantes, frottez avec un peu de térébenthine ou du white-spirit, puis rincez à eau chaude savonneuse. Si vous avez une baignoire en acrylique, attention revêtement fragile ! Nettoyez-la uniquement à l'eau savonneuse avec une éponge douce.

Taches superficielles sur la baignoire

Si des taches peu profondes apparaissent sur l'émail, frottez avec un demi-citron recouvert de sel fin ou avec du vinaigre d'alcool chaud. Deux moyens de les faire disparaître rapidement.

Rideau de douche, mieux vaut prévenir

Avant d'accrocher le rideau de douche, faites-le tremper dans de l'eau très salée. Vous éviterez les moisissures.

Fini les moisissures du rideau de douche

Si le bas du rideau de douche est moisi, lavez-le : à la main, mettez-le dans de l'eau savonneuse tiède ; en machine, choisissez un programme laine ou fibres synthétiques et ajoutez de l'eau de Javel. Accrochez-le dès que le lavage est terminé. Pensez aussi que la meilleure façon d'éviter le moisi, c'est de tirer le rideau après chaque douche pour qu'il puisse sécher.

Quand le tartre s'en mêle

Si votre pommeau de douche est en plastique, démontez-le et faites-le tremper dans de l'eau chaude additionnée de vinaigre (15 ml pour 600 ml d'eau). Une autre astuce consiste à le frotter avec un morceau de citron. Pour finir, passez une aiguille dans chaque trou pour enlever ce qui reste de calcaire. Ces conseils sont valables pour le métal.

Parois de douche en verre

Après un nettoyage complet des parois, appliquez de la cire pour carrosserie auto. Laissez bien sécher, puis rincez. L'eau ruissellera sur le verre sans laisser la moindre trace.

Nettoyer les portes de la douche

Suivant la qualité de l'eau, les portes de douche se couvrent plus ou moins vite de calcaire. Pour en venir à bout, nettoyez-les avec du vinaigre blanc, laissez agir 30 minutes et rincez.

Sols

Nettoyer des tommettes

Faciles à tacher, elles seront faciles à nettoyer si vous utilisez du savon noir et si vous insistez aux endroits très sales avec de la laine d'acier. Rincez, laissez sécher. Les taches qui ne veulent pas partir changeront d'avis avec du white-spirit.

Raviver carrelages et faïences

Carrelages et faïences se montreront sous leur meilleur jour si vous les frottez vigoureusement avec un chiffon imprégné de vinaigre d'alcool. Attention à ne réserver son usage qu'aux sols émaillés car il peut tacher terre cuite et ciment.

Un parquet qui ne craque plus

Un parquet qui craque, c'est agaçant ! Surtout quand bébé dort... Si vous prenez la peine de jeter du talc sur les interstices, il se fera bien plus discret.

Masquer une rayure sur le parquet

Vite, du cirage marron et de la cire pour parquet. Mélangez-les et frottez vivement le sol jusqu'à ce que la rayure déguerpisse. Vous êtes sauvée !

Du ciment par terre

On a renversé du plâtre ou du ciment par terre ? Ni l'un ni l'autre ne survivront à une serpillière imprégnée de vinaigre blanc chaud et d'un peu de sel.

Des joints de carrelage impeccables

Frottez les joints de votre carrelage avec une brosse dure imprégnée de produit nettoyant spécial salle de bains ou avec de l'eau javellisée (moitié eau et moitié eau de Javel).

Percer sans abîmer le carrelage…

Quand on veut faire un trou à la perceuse sur du carrelage, la mèche tend à glisser. Pour éviter cet inconvénient, il faut marquer le trou : maintenez un poinçon à l'endroit du trou et, avec un marteau, donnez un petit coup sec. Il en résulte un petit éclat qui vous permet ensuite de percer sans soucis.

… avec un ruban adhésif

Une autre façon de percer des carreaux de faïence sans problème, c'est de coller un morceau de ruban adhésif sur la zone concernée et de marquer au stylo l'endroit exact du trou.

Du citron sur les taches

Frottez votre carrelage taché avec un morceau de citron et laissez agir 15 minutes. Faites briller ensuite avec un chiffon doux.

Carrelage, huile de lin contre huile de coude

Pour laver moins souvent votre carrelage, nettoyez-le avec de l'eau chaude ammoniaquée. Passez-y ensuite deux fois de l'huile de lin en laissant le sol sécher entre les deux applications.

Entretenir le marbre

Le marbre est un matériau délicat. Certaines chaussures à semelles de caoutchouc y laissent des traînées noires, que vous enlèverez en frottant avec un coton imbibé d'ammoniaque diluée. Si les taches sont anciennes et résistent à vos efforts, nettoyez avec une solution composée d'un volume d'eau oxygénée pour deux volumes d'eau. Si ce sont des taches de rouille, frottez avec du sel fin ou du jus de citron…

De l'huile pour les tommettes

Incroyable mais vrai : l'huile de moteur donne une jolie couleur foncée aux carreaux de terre cuite et autres tommettes. Frottez ensuite pour les faire briller.

Tapis

Ménage de printemps

Rien de tel que la sciure de bois imprégnée de vinaigre. Saupoudrez-la sur votre tapis, puis faites pénétrer en brossant énergiquement. Laissez sécher avant de passer l'aspirateur.

Tapis en jute impec

Le jute est résistant et se nettoie facilement. Il ne garde pas la poussière dans ses fibres, elle tombe sur le sol : soulevez le tapis avant de passer l'aspirateur ou de balayer. Pour son entretien, frottez-le avec de l'eau salée. S'il s'effiloche, passez sur le bord du vernis incolore.

Un blanc plus blanc

Pour un tapis blanc, une bonne couche de talc. Laissez poser environ 1 heure, brossez et passez l'aspirateur. Le blanc sera plus lumineux qu'avant.

Antidérapant

Si vous avez du parquet ou du carrelage sur le sol, pensez à mettre une couche antidérapante sous vos tapis. Ce sera beaucoup moins dangereux pour les enfants qui adorent courir dans la maison. Et pour vous aussi.

Des tapis qui ne rebiquent plus

Les tapis fins ont une affreuse tendance à rouler aux coins. C'est inesthétique et surtout très dangereux, particulièrement pour les enfants. Cousez donc une sangle sur l'envers de chaque coin. Lestés, vos tapis resteront bien en place.

Un tapis aux couleurs éclatantes

Votre tapis est terne, grisâtre. Comment lui redonner bonne mine ? Vous y parviendrez en le saupoudrant de gros sel de mer et en le brossant 1 heure après. Vous ne le reconnaîtrez plus.

Mauvaises odeurs

Comme la moquette, les rideaux et n'importe quel autre textile, le tapis aussi absorbe les odeurs, bonnes comme mauvaises... Pour vous en débarrasser facilement, saupoudrez-le généreusement de bicarbonate de soude. Mais attendez une nuit avant de passer l'aspirateur.

Insectes

Soirée sans moustiques

Passez sur une ampoule électrique un morceau de coton imbibé d'extrait de citronnelle ou de géranium. Sachez également que des modèles d'ampoules antimoustiques sont disponibles dans le commerce.

Le pouvoir de la lavande

Mettez un petit bouquet de lavande dans chaque pièce. En plus de parfumer la maison, il fera fuir les moustiques.

Le clou de girofle chasse les mites

Pour faire fuir les mites, placez dans votre armoire un bocal ouvert contenant des clous de girofle. Ces petites bestioles ont une sainte horreur de leur odeur.

Les mites, suite...

Si vous n'avez pas de clous de girofle, les branches de menthe séchées sont aussi très performantes dans les armoires pour refouler les mites qui songeraient à s'installer pour l'hiver. Les trois avantages de cet antimite : son petit prix, son odeur agréable et son efficacité. Qu'attendons-nous pour en mettre partout ?

Mites vaincues par le citron

Vous pouvez déloger les mites de vos armoires en confectionnant des petits sachets de citrons séchés et coupés en petits morceaux.

Le laurier antisouris

Placez quelques feuilles de laurier sur le trajet préféré de ces petites bêtes. Elles ne vous ennuieront plus très longtemps. Elles détestent ça.

Chasse-mouches

Pour éloigner les mouches, répartissez dans toute la maison des petits bouquets de sureau, de lavande, de menthe, d'armoise ou de lysimaque nummulaire (herbe aux écus). Vous verrez qu'elles ne s'approcheront plus. Autre avantage, la maison sera délicieusement parfumée. Profitez également des fenêtres de la cuisine pour faire pousser dans une jardinière quelques-unes de ces plantes.

Quand les mouches laissent des traces

Ces insectes ont la délicatesse de nous laisser des souvenirs de leur passage sur les vitres, les meubles et les céramiques. Pour vous faire oublier qu'elles sont passées par là, l'eau de cuisson des oignons fait des miracles. Frottez-en les traces avec une éponge. Tout disparaîtra.

La dernière arme antifourmis

Dispersez des morceaux de coton imbibés d'eau de Javel dans les coins sensibles, en les réimprégnant lorsqu'ils sont secs, et les fourmis ne vous dérangeront plus. Prenez garde de ne pas les déposer sur des surfaces réactives à ce produit (la moquette par exemple).

Abeilles prises au piège

Pour éviter de se faire piquer par une abeille ou une guêpe quand vous déjeunez dans le jardin, rien de plus simple. Coupez en deux une bouteille en plastique. Déposez dans le fond, un peu de confiture ou un mélange de bière et de miel, puis refermez le dispositif en glissant la partie supérieure de la bouteille, goulot vers le bas : les insectes entreront mais ne pourront pas ressortir.

Piqûre d'abeille

Si une abeille vous pique, ayez le réflexe suivant : coupez aussitôt trois fleurs, n'importe lesquelles du moment qu'elles sont d'espèces différentes, puis frottez la zone de la piqûre.

Remède naturel contre les piqûres

Il calme toute sorte de piqûres. Mettez dans un flacon d'alcool à 60° une grosse poignée de fleurs de pissenlits. Laissez macérer pendant une semaine. Vous frotterez l'endroit douloureux avec un peu de cette préparation.

Lutte contre les acariens

Pour éviter que les acariens et autres aoûtats ne se multiplient dans l'herbe, saupoudrez le gazon de soufre en poudre. Répétez l'opération plusieurs fois au cours de l'été.

Faire fuir les pucerons

Ces petits insectes attaquent essentiellement les rosiers, laissant derrière eux des feuilles noircies. Pour les éliminer, plantez quelques pieds d'ail à proximité du rosier. Autre avantage, l'ail renforcera le parfum des roses.

Vie quotidienne

Clés

Porte-clés double emploi

Offrez-vous un porte-clés doté d'une petite lampe électrique. C'est souvent bien pratique en cas de noir total pour déchiffrer le code de l'immeuble ou trouver le trou de la serrure !

Où sont mes clés ?

Rangez toujours vos clés au même endroit ; c'est le seul moyen de mettre la main dessus sans réfléchir !

Des clés un peu partout

Il est conseillé de ne pas mettre toutes ses clés sur le même porte-clés. Évitez aussi d'y laisser une étiquette avec votre adresse. Et ne demandez à personne de faire des copies, chargez-vous-en personnellement... et assurez-vous qu'elles sont réalisées devant vous.

Les serrures carénées sont plus résistantes

Il existe deux grandes familles de serrures, celles à mortaise – qui sont dans l'épaisseur de la porte – et les serrures en applique posées sur la porte. Parmi ces dernières, on trouve des serrures à tringle apparente et des serrures carénées. Ces dernières sont plus esthétiques et, surtout, plus résistantes.

ZOOM

Le prix dépend du degré de sécurité

Il existe quatre grands types de solutions sécurité. On choisira selon ses attentes et bien sûr son budget.

- **Premier degré de sécurité** :
une serrure trois points avec un système antipince sur une porte classique. Comptez de 700 à 900 € HT.

- **Deuxième degré** :
un blindage pivot, une serrure trois points et un système antipince.
Comptez de 1 200 à 1 500 € HT.

- **Troisième degré** :
un blindage pivot, un jeu de cornière antipince et une serrure carénée. Comptez de 1 500 à 1 800 € HT.

- **Quatrième degré** :
un super blindage (avec toutes les finitions : entrebâilleur, peinture de finition...).
Comptez de 2 100 à 2 600 € HT.

Les prix indiqués sont ceux proposés par un professionnel sérieux. Mais on pourra toujours trouver plus ou moins cher.

Bon à savoir

Il est logique de faire réviser sa voiture, alors qu'on n'y pense pas pour une serrure. Pourtant, comme toutes les mécaniques, elle demande à être entretenue.

Une fois par an ou aux premiers signes de dysfonctionnement (ouverture de plus en plus dure, ça se bloque...), faites venir votre serrurier.

Les serrures à tringle ont une gâche fragile et peuvent être arrachées plus facilement. Pour s'orienter dans la multitude de propositions, vous pouvez vous servir de la norme A2P. Elle se décline en une, deux et trois étoiles. Même s'il ne s'agit que d'une norme commerciale et non d'un label, c'est un bon repère pour le néophyte. Enfin, attention au choix du mécanisme. En changer peut coûter cher. Si vous avez une grande famille et donc des risques de perte de clés importants, renseignez-vous sur le coût d'un remplacement.

Les conseils du serrurier

Examinez tous les détails du devis

Demandez toujours deux ou trois devis. Mais, surtout, lisez-les attentivement sans vous arrêter à la seule dernière ligne, celle du prix. Car ce n'est pas tout. Examinez les prestations proposées dans le détail. Parfois une offre complète (mais plus chère) vaut mieux qu'une offre plus économique mais partielle, où le professionnel se rattrapera sur les compléments. En définitive, le risque est d'arriver à une facture globale plus élevée que prévu.

Un blindage de 2 mm, c'est bien !

Le but est d'éviter de passer à travers la porte à coups de hache, d'où la nécessité de revoir éventuellement l'épaisseur de la porte et de travailler sur celle du blindage, et de sécuriser les articulations pour qu'une effraction au pied-de-biche ne soit pas possible. Un blindage plié et enveloppant comme le super blindage sert à ça. Quant au choix de l'épaisseur de tôle, il se fait généralement entre 1,5 et 2,5 mm, mais 1,5 mm d'épaisseur me semble quand même un peu léger. Un blindage de 2 mm offre l'avantage de ne pas être trop lourd et d'opposer suffisamment de résistance. C'est ce que je conseille le plus souvent. Au-delà, c'est en fonction du degré de sécurité recherché. On distingue le blindage que j'appelle de « grand-père », à la manière ancienne : on pose une feuille de tôle sur une porte en façade ; le blindage pivot : on remplace les paumelles (charnières) et on installe des éléments de sécurité sur le bâti ; enfin, le superblindage, il s'agit du montage précédent avec un cadre complet sécurisé.

Points d'ancrage : tout dépend de la hauteur de la porte

Les compagnies d'assurances demandent généralement qu'il y ait trois points de fermeture, ce qui veut dire que trois verrous peuvent suffire, comme une serrure qui, avec une seule clé, actionne trois points de fermeture. Les « points » de fermeture sont les points d'ancrage de la porte sur le bâti. Choisissez le nombre de points en fonction de la hauteur de votre porte et de vos exigences en matière de sécurité. Votre porte mesure 2 m ?

Cinq points suffisent : un point haut, un point bas et trois autres points latéraux. Mais chaque cas est différent... Attention, pour minimiser les coûts, certains fabricants ont décidé de ne plus proposer de point d'ancrage haut et bas ; leur installation demandant plus de temps de travail, d'où un coût plus élevé.

On peut donc trouver des serrures carénées sans point haut ni bas. Or, le point bas représente 60 à 70 % de la résistance d'une porte à l'effraction !

Un bon blindage est fait sur mesure

Une excellente serrure sur une porte fragile ne sert à rien : soit on devra tout refaire, soit il sera possible de s'appuyer sur ce qui est déjà existant pour le sécuriser. Les portes blindées d'il y a vingt ans, par exemple, n'offrent qu'une sécurité réduite. On posait alors une unique feuille de tôle sur une porte en bois. Il suffisait de s'attaquer aux charnières pour rentrer plus vite. Aujourd'hui, les blindages protègent l'ensemble de la porte, jusqu'aux champs de porte. Pour évaluer le travail, on prend en compte la structure du bâti (l'encadrement de la porte et les huisseries), le panneau (la porte) et le système de fermeture. On détermine ensuite ce qui doit être changé ou renforcé. Tout doit être réalisé sur mesure. Même dans les immeubles modernes où les portes sont fabriquées en série, quelques millimètres de différence justifient un travail personnalisé. Pour l'installation d'une porte blindée, vous devez compter une journée de travail. Si on vous propose moins, il faut se méfier.

Une protection antipince mal posée ne sert à rien

Les assurances réclament souvent qu'un système antipince soit installé sur votre porte. Il existe toute une famille de produits qui visent à augmenter la sécurité de la porte dans la partie située entre le panneau et le bâti. On les appelle les protections antipince, mais il peut également s'agir de cornière antipince, protège gonds, etc. Dans les superblindages, cette protection est intégrée.

Pour les autres solutions, on peut l'ajouter. Mais soyez prudent au moment de faire votre choix : très paradoxalement, certains modèles facilitent l'effraction. Ils offrent un point d'appui pour entrer chez vous. D'où la nécessité de recourir aux conseils d'un professionnel pour l'achat de ce type de matériel.

Le système antipince doit être bien adapté à la structure de votre porte (c'est donc du cas par cas), ainsi qu'à l'huisserie et ne doit pas s'enlever facilement à l'aide d'une visseuse.

La fixation d'un système antipince est donc très importante. Mal posé, il ne sert à rien. D'ailleurs le prix est conditionné par son mode de fixation. Un même modèle peut en effet passer du simple au double, suivant le choix du mode de fixation.

Déménagement

Un déménagement ça se prépare...

Prévoyez votre déménagement au minimum quatre voire cinq semaines à l'avance. Les déménageurs ont aussi des délais à respecter, notamment pour faire une demande de stationnement en mairie.

Inventaire avant un déménagement

Les déménagements sont toujours l'occasion de redécouvrir des objets perdus (tombés derrière l'armoire) mais aussi d'en perdre... Pensez à dresser un inventaire complet de vos biens, voire, pour les plus précieux, à les prendre en photo. En cas de disparition, vous aurez une preuve...

Si vous emballez vous-même

• Faites le tri dans vos affaires : vêtements, bibelots, livres, meubles, etc. Le tri est une forme d'économie puisque vous payez pour un volume !

• Les déménageurs vous fournissent le matériel : cartons, papier bulle, scotch, étiquettes... Certains vous proposeront d'emballer vos affaires.

• Dans le cas contraire, mieux vaut être organisé. Choisissez des petits cartons pour les objets lourds et des grands pour les objets légers. Remplissez-les, ainsi ils seront plus résistants pour être empilés dans le camion et les objets seront bien calés. Faites en sorte que le jour J, tout soit prêt. L'emballage prend du temps et faire des cartons à la dernière minute est une très mauvaise idée.

• Indiquez le contenu des cartons (sur le côté) mais aussi la pièce où ils devront être déposés dans le nouvel appartement. Idem pour les meubles. C'est un gain de temps pour tout le monde. Numérotez aussi vos cartons : vous saurez vite si tous sont arrivés à destination !

S'il y a de la casse ?

• Faites le jour même un constat précis et détaillé avec les déménageurs.

• Dans un délai de trois jours ouvrables, confirmez ce constat par lettre recommandée avec accusé de réception.

• Joignez les factures, devis de réparation ou expertises permettant de fixer la valeur des objets cassés. N'espérez pas être remboursé d'un objet usagé au prix du neuf. Le prix du dédommagement est estimé selon un « taux de dépréciation ». Généralement, il est calculé de manière à couvrir les frais de réparation ou l'achat d'un bien équivalent neuf (dépréciation déduite...).

Les conseils du déménageur

Mémo des démarches

J – 15

- Assurez votre nouveau logement et modifiez votre assurance automobile.

J – 5

- Demandez la réexpédition de votre courrier à la Poste.
- Résiliez votre abonnement de téléphone à la date du lendemain du déménagement (vous pourriez encore avoir besoin d'être joint le jour J).
- Contactez le service des eaux et EDF/GDF : résiliez vos abonnements quelques jours après votre déménagement (et communiquez votre nouvelle adresse). Vous pourriez avoir besoin d'électricité et d'eau pour faire le ménage dans votre appartement avant l'état des lieux.
- Signalez votre nouvelle adresse à la CAF, aux impôts, à votre employeur, à votre caisse de retraite, à la CPAM, à votre mutuelle, à votre compagnie d'assurances, vos organismes de crédit. N'oubliez pas les abonnements de magazine, de télévision...

Après le jour J

- Faites modifier votre adresse sur vos papiers d'identité et la carte grise de votre véhicule.
- Inscrivez-vous sur les listes électorales.

Les 5 règles d'or

Le contact

Un professionnel digne de ce nom va se déplacer gratuitement chez vous pour prendre les mesures de la cage d'escalier, de l'ascenseur et des plus gros meubles afin d'éviter les mauvaises surprises. C'est à ce moment-là que le volume de vos biens sera évalué. Plus il y a de biens à déménager, plus le coût du déménagement sera élevé, bien sûr.

Devis et assurance

Contactez trois déménageurs et ne demandez pas de devis sans visite au préalable. Les écarts de prix se feront rarement sur les coûts de main-d'œuvre mais sur les assurances de vos biens. Cette assurance, dite « lettre de voiture », est obligatoire : vous pouvez y souscrire auprès des déménageurs ou de votre assureur habituel. Lisez bien les conditions générales de vente du contrat et choisissez le devis le plus clair et le plus précis.

L'évaluation des biens

C'est à vous de les estimer et si vous avez des meubles précieux, vous pouvez faire appel à un commissaire-priseur. Sa parole est indiscutable auprès des déménageurs et des assureurs. Cette visite vous aidera à choisir l'assurance du déménagement et à ajuster votre nouvelle assurance habitation. En cas de problème, vous serez remboursé sur la valeur déclarée. C'est une dépense (110 à 160 €) qui vaut parfois la peine...

Le contrat

Avant de le signer, examinez à la loupe les termes du contrat ainsi que les conditions d'indemnisation.

Planifiez votre présence

Il faut absolument prévoir d'être là le jour du déménagement, même si vous avez opté pour la solution grand luxe, avec emballage et déballage des biens, décrochage et accrochage des tringles, rideaux et tableaux, démontage et remontage des meubles... On peut tout faire pour vous, mais on ne peut pas vous remplacer ! Sachez enfin que dans ce métier, le pourboire n'est pas obligatoire, mais traditionnel.

Les points sensibles : mini-inventaire

• **Objets précieux.** Bijoux en or, monnaies et objets de valeur ne sont pas pris en charge. Quant aux objets fragiles, les déménageurs préféreront les emballer eux-mêmes dans des valises capitonnées de mousse pour ne pas avoir de problème sur la responsabilité en cas de casse.

• **Denrées et électroménager.** Videz petit à petit les réserves du réfrigérateur, du congélateur et de vos placards. Car le jour du déménagement, la chaîne du froid ne sera pas respectée. Évitez de déménager des bouteilles entamées (vin, alcool, huile). En cas d'incident, les dégâts sont considérables. Congélateur, sèche-linge, lave-vaisselle... doivent être transportés vides. Faites dégivrer votre frigo 24 à 48 heures à l'avance, afin que les gaz se stabilisent et que l'eau soit évacuée.

• **Plantes.** Ne les arrosez pas la veille du déménagement. L'idéal : une terre juste humide et la coupelle vide. Protégez feuilles et terre avec du film plastique. Sachez que les plantes prennent beaucoup de volume dans un camion, d'où un coût élevé. Il vaut donc mieux les transporter vous-même.

• **Mobilier.** S'il y a des clés, scotchez-les au fond du tiroir ou du meuble.
Prévoyez de vieilles couvertures et de la ficelle pour emballer les meubles. Vous éviterez ainsi rayures, taches, poussière. Évidemment, si vous avez opté pour la solution avec des déménageurs professionnels, ils se chargeront de le faire.

Livres

Une page cornée

Repassez la page abîmée avec un fer tiède, en ayant pris la précaution d'interposer un buvard de couleur blanche entre la page et la semelle du fer.

Un livre remis à neuf

Les vieux livres sont parfois si tachés qu'il est injurieux de les laisser dans cet état. Courez acheter de l'acide tartrique que vous ferez dissoudre dans un peu d'eau. Avec un petit pinceau, mouillez les taches et passez ensuite un tampon imprégné d'éther.

Coincez la page abîmée entre deux buvards blancs et repassez le tout avec un fer bien chaud.

Dépoussiérer la tranche d'un livre

Un coup de chiffon n'est pas suffisant. Trempez un morceau de coton blanc dans un peu d'alcool à brûler. Maintenez le livre fermé et passez le coton sur la tranche. Vous aurez un exemplaire tout neuf.

Prêter n'est pas donner !

À force d'avoir perdu nombre de livres passés on ne sait où, on finit par hésiter à prêter. En inscrivant systématiquement son nom sur les livres et en tenant une liste des emprunteurs, les ouvrages prêtés reviennent bien plus vite !

Bien aérés

Si vos livres sont rangés dans un meuble fermé, pensez à les aérer au moins une fois par mois. Profitez-en pour les dépoussiérer, sans oublier du même coup d'épousseter les étagères.

Reliures soignées

Certaines reliures sont ornées de précieux détails à l'or fin. Contentez-vous d'enlever la poussière à l'aide d'un chiffon de laine très doux.

Taches grasses, pas grave !

Il existe un procédé très simple que l'on peut répéter jusqu'à ce que la tache disparaisse : saupoudrez la tache de talc, placez un papier buvard de chaque côté de la page tachée et appliquez le fer à repasser à peine chaud sur le premier buvard. La tache finira par passer sur le second papier buvard.

Traces de stylo bille

Vous les effacerez en tamponnant doucement le papier avec un coton imbibé d'alcool à 90°. Changez de coton dès qu'il est sali. Pour l'encre, essayez un effaceur ou tamponnez avec un coton imbibé d'eau oxygénée à 20 volumes.

Protéger ses livres de recettes

Quand vous êtes aux fourneaux, votre livre de cuisine n'est pas à l'abri d'un accident. Pour ne pas le tacher, protégez-le avec un plastique transparent ou glissez-le dans un sac ou une enveloppe en plastique. Mieux vaut prévenir...

Page déchirée

Pour la réparer, prenez un pinceau fin et appliquez sur les bords de la déchirure un peu de blanc d'œuf. Replacez délicatement les bords de la déchirure l'un contre l'autre et laissez sécher. L'accident sera moins visible que si vous recolliez à l'aide d'un ruban adhésif.

Pleine peau

Vos livres ont de belles reliures en cuir. Pour qu'elles ne s'abîment pas, enlevez régulièrement la poussière, puis frottez-les avec un chiffon doux imprégné d'eau et de cire liquide. Laissez sécher. Frottez doucement avec un chiffon de laine. Elles seront protégées.

Braver le temps

Pour qu'elles résistent mieux au temps, traitez les reliures en cuir avec ce mélange : un blanc d'œuf battu en neige, une cuillerée à café d'huile d'olive et quelques gouttes de pigment naturel de la même couleur que votre reliure. Appliquez ce mélange avec un chiffon. Laissez sécher, puis frottez avec un chiffon doux.

Emballage

Si vous vous préparez à déménager ou si vous devez laisser vos livres quelque temps dans le grenier, traitez d'abord les caisses dans lesquelles vous allez les ranger avec un insecticide. C'est la seule façon de les protéger des « vers des livres » ou autres « poissons d'argent » qui attaquent le papier.

Papiers

Ne rien perdre

Avec un tout petit peu de discipline, la vie devient plus simple et on a la conscience plus tranquille. Prenez donc le pli de classer, au fur et à mesure et par thèmes, vos papiers dans des chemises perforées, rangées dans un grand classeur et séparées par des intercalaires : factures, impôts, relevés de compte, etc.

La vie en double

Photocopiez tous vos papiers d'identité, passeport compris, et ne portez sur vous que le strict minimum. Précaution impérative : faites un double de vos clés de voiture et d'appartement. Maintenant, vous pouvez tout perdre ! Vous aurez tout ce qu'il faut pour réparer les dégâts.

Un courrier imperméable

Il pleuvait, l'encre a bavé. Ce sont des choses qui arrivent ! Mais on peut s'en passer en appliquant une couche de vernis à ongles transparent sur l'enveloppe après avoir inscrit l'adresse du destinataire. Les jours d'orage, ça peut servir.

Virements mensuels

Mensualisez vos factures incontournables, genre téléphone, électricité, impôts, avec prélèvements automatiques. Un souci de moins en tête !

Documents en lieux sûrs

Pensez à imprimer systématiquement les documents importants (relevés de compte, carnet d'adresses...) stockés dans votre ordinateur. Un incident est si vite arrivé...

ZOOM

Combien de temps garder ses papiers ?

Devant la paperasse qui s'accumule tous les jours, il faut savoir faire le tri avec discernement.

• Faire des doubles

Un sinistre est toujours possible. Faites des doubles des papiers administratifs importants (fiches de paie...) et conservez-les ailleurs que chez vous. Pensez à faire des photocopies de vos papiers type permis de conduire, passeport, carte d'identité, livret de famille et carnet de santé. En cas de vol ou de perte, les renouvellements seront simplifiés.

• Obtenir des duplicatas

Votre employeur peut rééditer vos fiches de paie. En ce qui concerne les factures : France Télécom peut ressortir toute facture de moins de un an ; EDF-GDF peut établir des duplicatas sur les quatre dernières années. Quant aux relevés de compte, votre agence bancaire peut également vous délivrer des doubles moyennant finances (coût selon agences).

• Factures et garanties

Pour les petits achats, inutile de garder les factures et les bons de garantie au-delà de la durée de cette dernière (comprise entre six mois et un an). Pour les achats plus importants (télévision, chaîne hi-fi, caméscope...) ou d'une valeur dépassant 763 €, archivez les factures aussi longtemps que l'objet est conservé. En cas de sinistre ou de vol, elles vous permettront de prouver le préjudice auprès de votre compagnie d'assurance et d'être remboursé.

À conserver 1 an

Notes de frais, d'hôtels ou de restaurants • Factures de ramonage, de déménagement • Récépissés des envois en recommandé.

À conserver 2 ans

Factures de téléphone, d'eau • Quittances de primes d'assurance (hors assurance-vie) • Impôts locaux • Remboursements de la Sécurité sociale • Bordereaux

Factures, ne partez pas sans elles

La plupart du temps, vous estimez que ce n'est pas la peine de réclamer une facture. C'est une erreur... vous devez l'exiger. Elle doit vous être remise lors d'un achat ou suite à une réparation. Ce justificatif vous servira, entre autres, à vous faire rembourser par les assurances en cas de vol.

de versement des allocations familiales • Doubles des lettres recommandées • Contrats de crédit à la consommation et justificatifs de remboursement • Justificatifs de règlement des contraventions • Décomptes de prestations maternelles (après la première déclaration de grossesse) • Certificats de scolarité • Doubles des déclarations d'accident.

À conserver 3 ans

Redevance audiovisuelle • Justificatifs d'impôts sur le revenu (déclarations et avis d'imposition) • Contrats d'assurance et accusés de réception de résiliation des contrats.

À conserver 5 ans

Quittances de loyer, états des lieux, baux résiliés • Justificatifs de paiement des salaires (employés de maison), des rentes viagères, des pensions alimentaires • Justificatifs de paiement des cotisations de Sécurité sociale et de retraite (artisans et commerçants) • Avis d'échéance et justificatifs de paiement des contrats d'assurance-vie.

À conserver 10 ans

Factures d'électricité et de gaz • Talons de chèques • Relevés de comptes • Bordereaux de versement en liquide, ordres de virement • Relevés des charges de copropriété • Procès-verbaux des assemblées générales.

À conserver 30 ans

Factures des entrepreneurs et des constructeurs • Permis de construire • Dossiers de remboursement de sinistres • Reconnaissances de dette entre particuliers • Frais de séjours en hôpital.

Ne jamais jeter

Livret de famille • Contrat de mariage • Jugement de divorce • Actes de reconnaissance d'enfants naturels • Donations • Livret militaire • Certificat de contrat de travail • Fiches de paie • Relevés des points de retraite • Bulletins d'allocations chômage • Titres de pensions civiles et militaires • Actes de propriété et actes notariés • Carnet de santé • Dossiers médicaux (radios, examens...) • Diplômes • Contrats d'assurance et avis de réception de résiliation des contrats.

Le cahier d'écolier

Prenez un grand cahier pour noter tout ce que vous gribouillez généralement sur des petits bouts de papier qui s'accumulent ou se perdent.

Canaliser ses idées

On a parfois de bonnes idées ou peur d'oublier l'une des nombreuses choses que l'on a à faire. Pour mieux s'organiser, il suffit de garder dans son sac, sa voiture ou sur sa table de nuit, un petit carnet et de quoi écrire pour noter tout ce qui passe par la tête : du pain à acheter jusqu'aux idées géniales à réaliser.

Un calendrier à mémoire

Punaisez bien en évidence dans la cuisine ou dans l'entrée un calendrier dont toute la famille se servira pour noter les rendez-vous importants : dentiste, conseils de classe, cours de guitare...

Travaux

Réservé aux professionnels

Vous allez rénover la maison de fond en comble, et vous devrez faire appel à plusieurs corps de métier... Mieux vaut passer par un entrepreneur qui gérera le tout. Vous économiserez du temps, de l'argent et aussi bien des maux de tête !

Plusieurs devis sont nécessaires

Faites faire plusieurs devis par des entreprises différentes. Vérifiez que les prix des matériaux et de la main-d'œuvre sont bien indiqués. Exigez aussi des détails sur les prix, les taxes diverses, les heures supplémentaires, les jours fériés et les frais de déplacement...

Si vous le faites vous-même

Vous avez décidé de réaliser vous-même les travaux. N'achetez pas les outils que vous ne réutiliserez pas par la suite. Cherchez plutôt à les louer (Kiloutou par exemple), quelques magasins de bricolage en proposent aussi (échafaudages, bétonneuses…). Demandez conseil à des pros et ne commencez pas tant que vous ne savez pas avec exactitude ce que vous voulez.

Shopping

Acheter des cadeaux toute l'année

Achetez, tout au long de l'année, les cadeaux de Noël et d'anniversaires, au gré des soldes, des promotions, des brocantes ou kermesses. C'est d'autant plus économique qu'on évite ainsi d'avoir à faire face à toutes les dépenses en même temps. En plus, c'est bien connu : c'est quand on ne cherche pas quelque chose qu'on le trouve facilement !

Droit des consommateurs

Pendant les soldes, nos droits sont les mêmes que le reste du temps. Assurez-vous qu'on ne vous trompe pas sur la marchandise. Les articles soldés doivent avoir été mis en vente dans la boutique à leur prix normal un mois avant les soldes, la qualité doit être la même, ils ne doivent pas présenter de défauts, le prix de vente d'origine doit figurer sur l'étiquette ainsi que le prix soldé, qui doit évidemment être inférieur.

Cartes bancaires et factures

Pas de différence en ce qui concerne les moyens de paiement : les commerces qui acceptent les cartes bancaires habituellement sont tenus de faire de même pendant les soldes. Quant à la facture, exigez-la systématiquement comme preuve d'achat en cas de réclamation. En cas de litige, contactez l'une des dix-sept associations de consommateurs agréées par l'État et recensées sur le site www.conso.net.

Remboursements

Qu'on ne vous trompe pas en vous disant qu'il n'est pas possible de rendre le produit que vous avez acheté en solde et qui s'est avéré défectueux ! C'est parfaitement illégal. Cependant, le commerçant peut se réserver le droit de vous rembourser ou non si vous ramenez l'objet simplement parce qu'il ne vous plaît plus. De toute manière, les conditions de remboursement (bon d'achat, remboursement en liquide...) doivent être affichées dans le magasin.

Téléphone

Numéroter sans se fatiguer

Mémorisez sur le téléphone les dix numéros dont vous vous servez le plus souvent par ordre de fréquence d'utilisation.

Téléphones utiles

Dans la panique, on oublie tout, même le 18 ! Notez donc tous les numéros des services d'urgence sur le téléphone ou sur un papier scotché à proximité.

Répertoire ordonné

Il arrive que l'on cherche le numéro de téléphone d'un spécialiste dont on a oublié le nom... Contre la pagaille qui règne dans le répertoire, le classement par groupes est une bonne solution : A comme amis, B comme baby-sitters, C comme commerçants, D comme dermatologue, etc. On s'y retrouve beaucoup mieux. En bref, vive le rubriquage !

numéros utiles

ALLÔ, J'AI BESOIN DE PARLER À QUELQU'UN

Croix-Rouge Écoute

L'écoute et l'aide se déroulent dans la confiance et l'anonymat avec des bénévoles formés par des psychologues. Tél. : 0 800 858 858, du lundi au vendredi, de 10 h à 22 h et du samedi au dimanche, de 12 h à 18 h.

Fil Santé Jeunes

Psys, médecins, assistants sociaux sont au bout du fil pour aider l'ado à parler de ce qui le bouleverse et chercher ensemble une solution. Tél. : 3224 ou, depuis un portable, 01 44 93 30 74, tous les jours, de 8 h à minuit.

Enfance maltraitée

Pour les jeunes en difficulté, les enfants maltraités et les adultes qui ont des difficultés avec des enfants. Tél. : 119, tous les jours, 24 h/24.

Sida Info Service

Informations, écoute, conseils, liste des centres de dépistage anonyme et gratuit. Il existe aussi une ligne Sida Info Droit et une Ligne de Vie. Tél. : 0 800 840 800, tous les jours, 24 h/24.

Violences Femmes Info

Respectant l'anonymat, des écoutantes qualifiées indiquent les associations, les services et les professionnels qui aideront les femmes en détresse dans leurs démarches. Tél. : 3919, du lundi au samedi, de 8 h à 22 h et les jours fériés (sauf 1er janvier, 1er mai et 25 décembre) de 10 h à 20 h.

Restos par cœur

Enregistrez dans votre répertoire à la lettre « R », les noms, adresses, téléphones et jours de fermeture de vos restaurants préférés. Plus besoin de chercher !

Vie professionnelle

Bureau zen

Mettez de l'ordre sur votre bureau la veille de chaque week-end et faites le point en notant sur une feuille toutes les petites choses à faire dès le lundi matin.

Bureau beauté

Rangez dans votre bureau quelques objets parfois utiles : collant de rechange, déodorant, lime à ongles, quelques pansements et des dosettes de sérum physiologique, précieuses en cas d'yeux rougis ou fatigués par le travail sur écran.

Gym au travail

On peut faire quelques mouvements de gym un peu partout, même au bureau. Il est toujours possible de trouver un petit moment, en milieu de journée par exemple, quand la fatigue se fait sentir. Essayez ces exercices qui vous redonneront de l'énergie : assise sur le bord de votre chaise, redressez le dos et, mains en appui sur le siège, croisez et décroisez rapidement les jambes. Faites des séries de 20, c'est excellent pour les abdos. Ou encore : assise, genoux joints, appuyez les mains sur l'assise de votre siège en soulevant les fesses, comme si vous vouliez vous lever. Montez et descendez les fesses plusieurs fois de suite, puis asseyez-vous.

Plantes utiles

Non seulement, elles apporteront une touche conviviale à votre bureau, mais surtout, en rejetant de l'oxygène, elles amélioreront considérablement la qualité de l'air.

conseils malins

3 MOUVEMENTS POUR SE DÉTENDRE AU BUREAU

Rester assise durant des heures devant son ordinateur n'est pas de tout repos : contractions musculaires et douleurs s'installent vite. En pratiquant régulièrement ces exercices, il n'y paraîtra plus.

1 Délier le cou

Bien droite sur votre chaise, imaginez que l'on vous tire par le nez et avancez la tête en gardant le dos droit. Revenez lentement à votre position initiale. Répétez 10 fois.

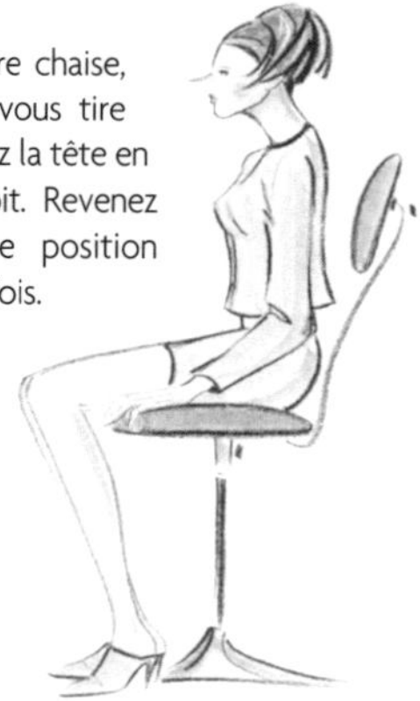

2 Reposer les jambes

Dos bien droit, bras relâchés, pieds bien à plat, tendez une de vos jambes à fond. Faites 10 flexions-extensions et changez de jambe.

3 Détendre les épaules

Le dos droit, allongez un bras devant vous. Avancez l'épaule en tournant la paume vers le haut, puis ramenez-la en baissant la paume vers le bas. À faire 6 fois par bras puis les deux en même temps.

Devant l'ordinateur

Les ordinateurs ne provoquent pas de problèmes de vision... ils mettent en évidence ceux qui existent. Si vous êtes myope ou astigmate, ou si vous avez une grande différence de vision entre les deux yeux, le travail à l'écran peut vous fatiguer. Avant de courir chez l'ophtalmologiste, commencez par bien ajuster votre siège, qui doit être, dans la mesure du possible, ergonomique. Les yeux doivent être à la hauteur de l'écran. N'hésitez pas à utiliser le filtre antireflet de votre ordinateur, et orientez-le aux fenêtres perpendiculairement. Et très important, n'oubliez pas de faire une pause de 10 minutes toutes les 3 heures.

Voiture

Des chaussures « spéciales voiture »

Pour épargner vos escarpins mais aussi pour conduire à l'aise et sans risques, laissez une petite paire de tennis en toile en permanence dans votre voiture.

Une serrure qui ne gèle plus

Il a gelé la nuit dernière. Résultat, vous ne pouvez pas entrer dans votre voiture. C'est rageant ! Pour éviter ce genre d'ennuis, gardez en permanence un rouleau de ruban adhésif dans votre boîte à gants et pensez à en coller un morceau sur la serrure les soirs d'hiver. Laissez dépasser les coins, ainsi, l'adhésif sera plus facile à décoller et vous pourrez vous réfugier dans le doux confort de votre auto sans énervement.

Mécano aux mains propres

Glissez dans votre boîte à gants des gants en plastique ultra-fins ou encore une boîte de lingettes pour bébés. Quel que soit le problème, pneu crevé, vérification d'huile ou plein d'essence, vous garderez les mains bien propres.

Antibuée pour le pare-brise

Frottez votre pare-brise avec du savon sec ou de l'alcool à 90° et vous n'aurez plus de souci de buée.

Entretien malin de votre pare-brise

Un oignon coupé en deux permettra de dégraisser facilement votre pare-brise. Profitez-en pour le frotter ensuite avec du citron : c'est un truc efficace contre les petits insectes qui, en s'écrasant, restent d'habitude collés sur la vitre.

Cuisine

Assaisonnements

Bouquet garni apprivoisé

Il se balade dans la casserole, s'effrite et se sauve quand on tente de le repêcher... Enfermez donc votre bouquet garni dans une boule à thé ! Elle est très facile à localiser dans la sauce et on l'enlève au moment voulu.

Basilic toute l'année

Profitez de la saison du basilic pour en récupérer un maximum sans risque de gâchis. Écrasez ou hachez les feuilles et placez-les dans un bocal rempli d'huile d'olive. Fermez-le hermétiquement et conservez-le à température ambiante. Ce mélange peut se garder environ six mois. Ainsi, été comme hiver, l'huile au doux parfum assaisonnera tous vos plats.

Basilic, saveur optimisée

Le basilic doit être incorporé dans les recettes à la dernière minute. De cette façon, il ne perdra pas une partie de sa saveur à la cuisson.

Deux semaines de fraîcheur pour les herbes

Basilic, estragon, persil, menthe, cerfeuil, les herbes aromatiques sont délicates à conserver une fois coupées. Pour les utiliser pendant près de deux semaines, lavez-les, passez-les dans l'essoreuse à salade, séchez-les à l'aide d'essuie-tout et enveloppez-les dans un film plastique. Placez-les alors dans le bac à légumes de votre réfrigérateur.

Faire sécher les herbes

La méthode la plus traditionnelle et la plus lente est de suspendre les herbes en bouquet, tête en bas. Recouvrez-les d'une mousseline qui les protégera de la poussière. Si vous êtes pressée d'utiliser vos herbes (le laurier, par exemple, ne s'emploie qu'une fois les feuilles bien sèches), posez-les sur une assiette recouverte de papier absorbant et mettez-les avec un verre d'eau 30 secondes au micro-ondes à puissance maximale. Répétez l'opération jusqu'à ce que les herbes soient desséchées.

Les ingrédients dans l'ordre

Un assaisonnement, ça ne se fait pas n'importe comment ! L'ordre dans lequel on intègre les différents ingrédients est très important. Il faut commencer par le sel, puis on ajoute le vinaigre, et à la fin l'huile (si on verse l'huile en premier, le mélange ne se fait pas bien). On peut aussi dissoudre le sel dans le vinaigre dans un verre avant de le verser sur la salade et ajouter l'huile.

Des idées pour étonner

Si vous en avez assez de la sempiternelle vinaigrette, essayez de nouveaux assaisonnements avec des ingrédients différents, et vous étonnerez vos invités. Ajoutez, par exemple, à l'huile de tournesol un peu de sauce soja et d'ail haché : cela donnera à votre salade une petite touche orientale. Autre recette : mélangez yaourt nature, moutarde, jus de citron, sel et poivre, et vos salades seront délicieusement légères.

Vinaigre au parfum

Changez de votre vinaigre habituel. Glissez dans la bouteille deux belles branches d'estragon. Réservez la bouteille deux mois. Le petit goût d'estragon convient pour l'assaisonnement des salades et des crudités.

Vinaigre à la menthe et aux fruits rouges

Préparez vous-même votre vinaigre aromatisé. Prenez deux brins de menthe, lavez-les et laissez-les sécher quelques jours, puis prenez 100 g de fraises et 100 g de framboises. Mettez alors dans un flacon les fruits avec les brins de menthe, ajoutez 1 l de vinaigre de bonne qualité. Rebouchez et laissez macérer pendant quatre ou cinq jours. Passé ce laps de temps, filtrez.

Vinaigrette à l'orange

Changez de votre vinaigrette habituelle et préparez un assaisonnement plus exotique en remplaçant le vinaigre par du jus d'orange. Le goût sera plus doux, surtout si vous ajoutez une pincée de sucre. Vous pouvez aussi remplacer le vinaigre par du jus de pomme et, si vous aimez le goût, ajoutez une cuillerée de miel. Une bonne surprise pour le palais !

L'huile, la conserver…

Pour que ce précieux liquide garde toute sa saveur, gardez les bouteilles à l'abri de la lumière et ajoutez une cuillerée à soupe de sucre par litre d'huile.

… la réutiliser

Il est possible de réutiliser l'huile de friture. Pour cela, mettez-y des épluchures de pommes de terre bien lavées, et, au moment de la réutiliser, filtrez-la. La peau de pomme de terre enlève les odeurs si caractéristiques des huiles qu'on a utilisées plusieurs fois.

Votre huile ne sera plus rance

Si votre huile a ranci, remplissez aux deux tiers une bouteille de 1 l, puis ajoutez 25 cl de vinaigre. Gardez bien la partie restante vide : elle vous sera utile pour agiter ce mélange. Laissez ainsi deux à trois jours, en secouant de temps en temps, puis récupérez l'huile lorsqu'elle aura totalement décanté. Sachez que le vinaigre est devenu impropre à la consommation mais vous pouvez le conserver comme produit de nettoyage.

Parfumez votre huile

Fabriquez vous-même des huiles d'olive parfumées, selon votre goût : placez dans une bouteille stérilisée et dotée d'un bouchon hermétique l'huile, vos épices et herbes aromatiques fraîches et lavées. Réservez deux semaines au réfrigérateur avant toute utilisation. Vous pouvez ainsi mélanger des graines de coriandre à des zestes d'orange, ou des gousses d'ail et des quartiers de citron vert non traité. Pour bien faire ressortir les saveurs, versez-la dans un pot en verre, couvrez d'une rondelle d'oignon cru puis fermez le couvercle. Il faut changer la rondelle d'oignon après chaque utilisation.

Mayonnaises aux doux parfums

Renouvelez la classique mayonnaise en y jetant quelques feuilles de menthe fraîche ciselée pour accompagner vos crustacés ou de l'estragon pour les assiettes de viande froide. Un délice !

Rattraper la mayonnaise

Dans un bol, mélangez une cuillerée de votre mayonnaise à une cuillerée d'eau ou de lait froid. Incorporez peu à peu la mayonnaise à ce mélange, tout en fouettant rapidement avec la fourchette. Cela suffit souvent.

Coup de fouet pour la moutarde

Pour redonner du peps à une moutarde oxydée, versez quelques gouttes de pastis dans le pot. Mélangez vigoureusement avec une cuillère ; elle retrouvera sa bonne mine des premiers jours.

Un pot hermétique pour la moutarde

Pour qu'elle se conserve bien, il faut fermer le pot soigneusement après utilisation. Avant de le ranger, nettoyez toute trace de moutarde sur le couvercle. En glissant à l'intérieur une rondelle de citron avant de fermer le pot, la moutarde ne séchera pas.

Moutarde à faire soi-même

Prenez un pot de grès ou en terre vernissée. Avec une spatule en bois, mélangez 250 g de graines de moutarde broyées avec neuf cuillerées d'huile (arachide, noix ou tournesol), et salez légèrement. Ajoutez peu à peu 50 cl de vin blanc sec et fermez avec un bouchon de liège. Laissez macérer un peu plus d'un mois, puis aromatisez, au choix, avec de l'estragon, des échalotes ou du citron...

Les petits plus qui donnent du goût à la salade

Ciselez les fines herbes au dernier moment pour qu'elles conservent toute leur saveur et leur couleur.

Testez des associations plus insolites d'huile et de vinaigre. Mais avant de vous lancer, retenez que les huiles fruitées (noix, noisettes et sésame) s'accordent mieux avec des vinaigres doux (cidre et vin blanc) alors que les huiles neutres (maïs, tournesol ou soja) se marient à merveille avec des vinaigres plus relevés (xérès, balsamique).

Pour gagner du temps, préparez votre vinaigrette à l'avance en grande quantité. Vous pouvez la conserver dans une bouteille ou un bocal au réfrigérateur. Juste avant de servir, il vous suffira de secouer énergiquement la vinaigrette avant de la verser sur votre salade.

Sauces

Béchamel lisse et onctueuse

Un truc antigrumeaux infaillible : tournez la sauce avec une fourchette piquée dans un morceau de pomme de terre crue.

Plus épaisse avec de la farine

Si vous voulez épaissir la sauce qui va accompagner votre plat de viande, ajoutez-y un peu de farine ou de Maïzena (mélangez-la d'abord à un peu d'eau pour qu'elle ne fasse pas de grumeaux). Vous la ferez réduire à feu doux jusqu'à ce qu'elle ait l'onctuosité désirée.

Spécial viandes et poissons

Les sauces ne sont pas toujours nécessaires, car elles cachent parfois la saveur des aliments. Les viandes maigres se marient bien avec des sauces légèrement sucrées : l'idéal pour les recettes à base de fruits. Avec le poisson, liez la sauce avec un peu de crème fraîche et une épice de votre choix.

Si on la fait attendre

Lorsqu'on laisse reposer la sauce ou qu'on doit la préparer à l'avance, elle risque de se dessécher. Quand elle est encore bien chaude, piquez sur une fourchette un morceau de beurre très froid et passez-le en surface : il va former une fine couche protectrice qui empêchera la sauce de sécher.

Sauce tomate : le bon dosage

Si vous préparez une sauce tomate maison, n'hésitez pas à en faire trop et congelez le surplus dans un bac à glaçons. C'est ensuite très pratique pour doser la quantité dont on a besoin au coup par coup.

Sauce tomate sans acidité

Rien de tel qu'une vraie sauce tomate maison, faite de tomates fraîches soigneusement pelées et épépinées ! Malheureusement, elle est souvent trop acide. Alors, pour qu'elle soit aussi parfaite qu'elle en a l'air, prenez le temps d'ajouter une pincée de sucre en poudre dans la casserole avant la cuisson. Ce geste effacera la moindre trace d'acidité.

Une sauce piquante

Une pincée de sel, une de sucre, deux cuillerées de vinaigre de vin et quatre d'huile de sésame, une pincée de poivre de Cayenne... et vous aurez un assaisonnement original et légèrement piquant.

Par ici la bonne sauce !

Accompagnez vos salades de sauce au yaourt. Mettez dans un bol un demi-avocat bien mûr coupé en morceaux et réduisez-le en purée. Ajoutez un demi-piment vert finement haché, une pincée d'estragon et, éventuellement, deux piments piquants. Mélangez pour obtenir une pâte épaisse, puis ajoutez un yaourt nature sans sucre et légèrement salé. Battez jusqu'à obtenir une sauce presque liquide. Rectifiez éventuellement l'assaisonnement et laissez-le au réfrigérateur, dans un récipient couvert, jusqu'au moment de servir.

Court-bouillon à disposition

Rien ne se perd, tout se transforme ! Après chaque préparation de moules marinières, vous pouvez filtrer le jus de cuisson qui vous reste et le congeler dans un bac à glaçons. Une fois les glaçons pris, mettez-les dans un sac en plastique pour libérer le bac. Ainsi, vous n'aurez plus qu'à piocher un ou deux cubes de cette sauce pour la recycler en court-bouillon. Vite fait, bien fait !

Bouillon, le gras piégé

Vous pouvez alléger un bouillon avec une simple écumoire et une tranche de pain. Disposez le pain sur l'écumoire et promenez le tout à la surface du bouillon. Le pain boira toutes les graisses.

Bouillon, le dégraisser avec du papier...

Le bouillon est souvent un peu gras : laissez-le refroidir et, dès que la graisse se forme, posez à la surface du papier absorbant. Il s'imprégnera de la graisse.

… ou sur des glaçons

Si vous n'avez pas le temps d'attendre que le bouillon refroidisse, versez-le directement dans une passoire dans laquelle vous aurez mis des glaçons : la graisse va se figer sur la glace, et le bouillon sera dégraissé. Vous n'aurez plus qu'à le réchauffer.

Doses de vin blanc prêtes à l'emploi

Il est fréquent d'entamer une bouteille de vin blanc pour un plat en sauce et de ne plus l'utiliser pendant quelque temps. Pour qu'elle prenne moins de place, congelez son contenu dans un bac à glaçons et sortez les cubes au fur et à mesure des recettes. C'est pratique et hygiénique.

Un bouillon toujours prêt

Pour avoir toujours sous la main du bouillon concentré, conservez le jus des viandes que vous préparez dans les bacs à glaçons et mettez au congélateur.

Bouillon de bon goût

Dans un fait-tout, mettez un morceau de poulet (une cuisse ou un blanc par exemple), 2 l d'eau, un peu de sel et quelques légumes (oignon, carotte, poireau, tomate, 2 gousses d'ail). Ajoutez quelques aromates. Laissez bouillir doucement 1 à 2 heures à feu doux. Passez le bouillon avant de servir.

Boissons

À l'envers, les bulles restent

Si vous renversez les bouteilles de boissons gazeuses entamées au moment de les ranger dans votre réfrigérateur, vous pourrez constater que les bulles ont du mal à s'évader. Dans cette position, elles restent prisonnières.

Champagne frappé en 10 minutes

Des amis ont sonné ; ils restent pour le dîner. Zut ! Le champagne n'est pas au frais. Pas de panique : plongez la bouteille « chaude » dans un seau à glace et ajoutez-y du gros sel. Dans 10 minutes, vous devriez pouvoir porter un toast.

L'art de réussir les cocktails alcoolisés

Ce soir, vous vous improvisez barmaid. N'ayez crainte, c'est facile ! Une seule technique : versez en premier dans votre shaker la boisson qui a le plus faible taux d'alcool et ainsi de suite. De cette façon, vous réussirez tous vos cocktails.

Boisson fraîche à base de miel

Faites fondre au bain-marie 150 g de miel. Quand il devient liquide, ajoutez un peu d'eau. Versez dans une carafe le jus de 2 ou 3 citrons, ajoutez le miel, complétez avec de l'eau fraîche. Servez avec des glaçons.

Du « vrai-faux » expresso

Dans une petite tasse, versez l'équivalent d'une cuillerée à café de café soluble, votre dose de sucre habituelle et quelques gouttes d'eau chaude. Battez ce mélange jusqu'à ce qu'il soit crémeux. Versez alors l'eau bouillante ; vous avalerez un vrai-faux expresso.

La senteur du café

Qu'elle est agréable l'odeur du café ! Elle seule parvient à nous tirer du lit. Et en ajoutant un grain de gros sel dans sa mouture, on y gagne encore en senteur et en arôme. Pas de quoi s'en priver !

Pour un café serré

Rien ne sert d'avoir la main lourde sur le café pour que le résultat soit corsé. Il sera âpre et imbuvable. Cela peut paraître surprenant mais c'est une simple pincée de cacao amer, ajoutée au café moulu déjà dosé dans le filtre, qui donnera plus de caractère à votre breuvage.

Eau de bon goût

Pour améliorer le goût de l'eau du robinet, pressez quelques gouttes de citron dans votre carafe ou bien glissez-y une branche de menthe fraîche. Ce sera en plus du plus bel effet !

Un bac à glaçons en réserve

De nombreux invités et pas assez de bacs à glaçons ? Une boîte à œufs en plastique peut remplacer au pied levé un bac ordinaire et fabriquer de gros glaçons.

Glaçons géants pour partie de campagne

Quelques pots de yaourt vides, remplis d'eau et placés au congélateur, feront d'amusants glaçons pour refroidir rapidement une batterie de bouteilles. À stocker dans un seau ou une bassine, de préférence dans le jardin.

Des glaçons aux formes amusantes

Faites preuve d'originalité à l'apéritif... Utilisez des moules spécial figurines en plâtre pour fabriquer des glaçons. Une touche de fantaisie en plus : colorez l'eau en ajoutant quelques gouttes de sirop de menthe, de citron, etc.

Blocs de glace

Ne jetez pas les emballages Tetra Brick vides. Remplissez-les d'eau à moitié et congelez-les. Ils vous seront utiles pour votre glacière.

Sans cellulose

Les jus renferment tous les éléments des fruits dont ils sont extraits : sucres, minéraux et vitamines. Ils ont l'avantage d'être plus digestes puisqu'ils ne contiennent ni cellulose, ni pépins...

À boire sans attendre

Les jus de fruits, vous adorez ça ! Mais sachez qu'il faut les boire juste après les avoir préparés, car ils s'abîment vite. Certaines de leurs vitamines se perdent au contact de l'air et de la lumière. Si vous préférez les jus de fruits du commerce, ne les conservez pas plus de trois jours une fois ouverts.

Plus sucrés, plus parfumés

Si vous souhaitez parfumer vos jus de fruits, plutôt que d'ajouter du sucre directement, faites-le fondre dans un peu d'eau et portez à ébullition. Laissez refroidir avant de l'ajouter à votre jus frais.

Des citrons plus juteux

Pour que vos citrons donnent davantage de jus, mettez-les au réfrigérateur dans un récipient hermétique rempli d'eau. Ils seront plus juteux que lorsque vous les avez achetés.

Meilleurs avec une paille

Vous savez déjà que les jus de fruits naturels sont excellents pour la santé et qu'il faut les boire aussitôt prêts pour qu'ils ne perdent pas leurs vitamines. Dans le cas du jus de citron ou du jus d'orange, l'idéal est de les boire avec une paille. Vous éviterez ainsi le contact de ces jus un peu acides avec l'émail des dents.

Sans centrifugeuse

Si vous ne disposez pas d'un extracteur de jus, utilisez votre mixeur-batteur : pour des pêches ou des poires bien mûres, c'est parfait. Vous n'aurez plus qu'à filtrer... et savourer.

En glaçon

Boire un jus de fruits en été, c'est bon, mais c'est encore meilleur quand il est glacé. Pour vous désaltérer, n'ajoutez pas de simples glaçons à vos cocktails : ils les rafraîchissent mais ils diluent aussi l'arôme des jus de fruits. Pensez plutôt à remplacer l'eau dans les bacs à glaçons par du jus de fruits. Prévoyez plusieurs parfums : orange, mangue, pomme... et le tour est joué !

Concombre réparateur

Durant les fêtes, vous avez abusé de plats un peu lourds et d'alcool ? Préparez-vous un jus de concombre et prenez-le le matin à jeun. Recommencez quelques jours d'affilée, vous vous sentirez mieux.

Jus de carotte

Votre enfant fait la grimace quand vous lui donnez son jus d'orange ? Il est sans doute trop acide ! Ajoutez-y un peu de jus de carotte. Sa saveur sera plus douce, sans avoir ajouté de sucre.

Soupe avec des pommes et du vin

Voici une délicieuse recette, celle de la soupe au vin. Il vous faut 1 kg de pommes épluchées et coupées en rondelles, 7 cl d'eau, 60 g de beurre, 75 cl de vin rouge, quatre cuillerées à soupe de jus de citron, 12 cl de crème fraîche et de la noix muscade. Faites fondre le beurre et faites-y cuire les pommes jusqu'à ce que les morceaux deviennent translucides. Ajoutez l'eau et laissez cuire à feu doux jusqu'à ce qu'elles soient en compote. Ajoutez une pincée de muscade, du zeste de citron. Faites une purée et laissez refroidir. Versez le vin, le jus de citron et la crème fraîche. Mélangez.

Un petit vin blanc bien conservé

Laissez la bouteille dans la partie basse de la porte du frigo. S'il doit attendre quelques jours, le vin souffrira moins que si vous le laissiez dans une pièce à 20 °C : en effet, il faudrait alors le faire refroidir pour le consommer à 8 ou 10 °C. Et comme le vin n'aime pas les changements de température...

Délicieuse sangria

Voici une recette extra : pelez trois pêches et coupez-les en morceaux. Ajoutez un verre d'eau et 150 g de sucre en poudre, mélangez jusqu'à ce que le sucre soit dissous. Ajoutez une bouteille de vin rouge, puis une de vin blanc, un demi-bâton de cannelle et la peau d'un citron. Mélangez et servez avec des glaçons.

Quels vins doit-on mettre en carafe ?

Certains vins rouges puissants, comme les côtes-du-rhône, les côtes-du-luberon ou les côtes-du-ventoux, prennent toute leur ampleur après un passage en carafe. Une heure avant de les déguster, versez-les dans une carafe de décantation, ils auront ainsi le temps de s'oxygéner.

Ouvrez vos vins à l'avance

Certains vins ont un petit goût pétillant dit « perlant » quand on les déguste. Est-ce le signe d'une mauvaise bouteille ? Pas du tout. Ce côté pétillant qui nous fait dire « ça pique un peu » vient d'un système utilisé naturellement pour protéger le vin. Il ne signifie absolument pas que le vin en question est de mauvaise qualité. Pour éviter ce petit désagrément, prenez l'habitude d'ouvrir vos bouteilles une quinzaine de minutes avant de les déguster : le temps que le gaz carbonique s'échappe. Vous pouvez aussi secouer délicatement votre verre ou même la bouteille pour évacuer ces minuscules bulles.

Conservez vos bouteilles dans une caisse ou un carton

Un des ennemis du vin ? La lumière qui altère sa couleur et son arôme et le fait vieillir plus rapidement. C'est d'ailleurs pour cette raison que le verre des bouteilles de vin est toujours foncé. Pour protéger vos bouteilles, l'idéal est donc de les laisser dans leur caisse d'origine. Autre solution, un carton fera aussi l'affaire. Si vous n'en avez pas sous la main, récupérez-en chez votre caviste ou dans les supermarchés. La bonne idée : prenez l'habitude d'inscrire sur le carton ce qu'il contient, ça vous facilitera la tâche pour choisir la bonne bouteille lors de vos dîners.

Blanc, rosé, rouge : la température idéale

Vins blancs et rosés : entre 12 et 14 °C voire 10 °C.

Vins rouges : il faut prévoir de les servir entre 14 et 16 °C. En effet, il est préférable de déguster le vin assez frais (même les vins rouges). Une température plus basse va faire disparaître le côté alcoolisé qui monte rapidement à la tête, et votre vin va avoir tendance à se réchauffer rapidement dans votre verre. Pour obtenir la température idéale, mettez votre bouteille dans un seau à champagne rempli de glaçons. Comptez 1 heure pour les vins blancs et rosés alors que 15 minutes suffisent pour les vins rouges.

Bouteilles de vin couchées

Si vous aimez le bon vin, rangez vos bouteilles à l'horizontale pour que le bouchon soit en permanence en contact avec le liquide. Installez-les sur un porte-bouteilles et laissez-les dans un endroit à bonne température.

On peut louer des caves à vins

Pour conserver vos bouteilles de façon optimale, rien ne vaut une cave à 12 °C et dont le taux d'humidité oscille entre 70 et 90 %. Évitez les caves d'immeuble dans les grandes villes : elles sont souvent trop chaudes et sujettes aux vibrations des transports en commun (notamment du métro). Quand on sait qu'elles sont « visitées » tous les quatre ans en moyenne, cela devient plutôt dissuasif. Sachez aussi qu'il existe des endroits que l'on peut louer pour stocker ses bouteilles. Pour les trouver, renseignez-vous auprès de votre caviste ou tapez « caves à louer » sur un moteur de recherche Internet.

ZOOM

À chaque plat son vin

- ***Avec du foie gras***

On pense bien sûr au sauternes mais testez-le aussi avec un moelleux de Loire ou un blanc sec comme le pouilly-fuissé ou même un gewurztraminer.

- ***Avec un poisson***

Pour les grandes occasions, accompagnez vos poissons d'un champagne vineux à base de pinot noir et, pour tous les jours, d'un vin blanc sec et léger comme un riesling.

- ***Avec une volaille à la crème***

Rien ne vaut un blanc crémeux comme un bourgogne blanc.

- ***Avec une viande rouge***

Un vin puissant (bourgueil ou bourgogne). Pour les repas de fêtes, pensez à un chassagne-montrachet ou à un gevrey-chambertin.

- ***Avec le fromage***

Camembert ou brie : testez un moelleux blanc, un coteaux du Layon par exemple. Pour les chèvres, lancez-vous dans des vins blancs de la région.

- ***Avec le dessert***

Un blanc liquoreux (sauternes ou monbazillac), une vendange tardive ou une coupe de champagne ou de crémant.

De l'air en moins, de la longévité en plus

Comment conserver une bouteille une fois qu'elle est ouverte ? Rebouchez-la avec son bouchon d'origine avant de la placer dans le réfrigérateur. Elle pourra y rester pendant 3 à 4 jours. Si, en revanche, vous êtes équipé d'un bouchon spécialement prévu à cet effet (en vente chez les cavistes ou dans certains supermarchés), vous pourrez pomper l'air contenu dans la bouteille, ce qui la rendra hermétique : de cette façon, vous pouvez la conserver une bonne semaine.

conseils malins

5 BONS RÉFLEXES AVANT D'ACHETER SON VIN

- Méfiez-vous des bouteilles les plus exposées à la lumière des néons et préférez celles entreposées au fond des rayons.
- Certaines bouteilles affichent des médailles d'or et d'argent qui attirent forcément le regard et amadouent les novices. Ne foncez pas tête baissée et observez-les de près : ne faites confiance qu'aux médailles de concours nationaux comme les médailles agricoles.
- Vous pouvez trouver dans les grandes surfaces de bonnes bouteilles, parfois même à des prix imbattables, lors des foires aux vins. Mais restez vigilant : l'habit ne faisant pas le moine, méfiez-vous des étiquettes alléchantes, elles ne garantissent pas la qualité.
- Chez un caviste, n'hésitez pas à lui poser un maximum de questions et à lui faire part de vos impressions sur une bouteille achetée... Il pourra ainsi mieux cerner vos goûts et vous aider à trouver le vin le plus adapté à votre menu.
- Prenez l'habitude de tester votre vin avant d'en acheter une caisse : une seule bouteille suffit pour se faire une opinion.

Kit de secours pour invités de dernière minute

Des copains qui débarquent à l'improviste et vous n'avez pas le temps de passer chez votre caviste ? Ayez le réflexe d'avoir toujours quelques bouteilles sous la main. Voici les vins dont vous devez disposer pour faire face à n'importe quel type de repas.

- **Côté rouges :** 1 bordeaux, 1 vin du Rhône, 1 vin du Sud.
- **Côté blancs :** 1 vin de Loire, 1 alsace, 1 bourgogne.

Fruits

Des fraises pleines de saveur

Priver les fraises de leur pédoncule avant de les laver est un crime : l'eau pénètre alors le fruit et tue sa saveur. Les fraises ne doivent pas tremper dans l'évier mais juste être rafraîchies. On les passe sous l'eau et on ôte la queue ensuite.

Choisir le bon melon

L'art de choisir un melon à point est à la portée de ceux qui connaîtront les trois critères incontournables. Il doit être bien lourd (à grosseur égale, préférez toujours le plus lourd). Il doit sentir bon, bien parfumé mais pas trop, cela signifierait qu'il est trop avancé. Sa queue doit être presque détachable et sa peau élastique et ferme. Préférez le melon « femelle », reconnaissable à son cercle beige sur le dessous. Non entamé, conservez-le à température ambiante plutôt que dans le réfrigérateur.

Éplucher du raisin

Trempez d'abord la grappe dans de l'eau bouillante ; ce sera l'affaire d'une poignée de secondes, puis dans de l'eau glacée. Vous n'aurez plus de difficultés à la peler.

Des fruits qui se conservent longtemps

Lavés, essuyés et enveloppés dans du film étirable, vos agrumes se conserveront longtemps si vous les rangez dans le bac à légumes du réfrigérateur.

Un régal de salade de fruits

Le mariage de l'année, c'est eux. Banane et fraise, deux fruits pas du tout défendus. Ils sont complémentaires et se valorisent : la banane fait ressortir le goût de la fraise. Un trait de rhum ou un jus de citron avant de les mettre au frais et vous obtenez un délicieux mariage d'amour.

ZOOM

Baromètre des calories

Quand on surveille sa ligne, on a droit aux fruits et légumes à volonté. Oui, mais certains se révèlent beaucoup plus caloriques que d'autres...

- Au rayon des fruits (pour 100 g)

Coing	28 calories
Pastèque	30 calories
Fraise	35 calories
Framboise	38 calories
Abricot	47 calories
Melon	48 calories
Poire	50 calories
Ananas	52 calories
Pomme	54 calories
Mangue	60 calories
Cerise	68 calories
Raisin	72 calories
Banane	90 calories
Noix de coco	353 calories
Noisette	385 calories
Noix	525 calories

- Non, l'ananas ne fait pas maigrir

Bien que largement répandue, cette idée est fausse.

L'ananas, pas plus que les gélules d'ananas, n'a aucune action sur la perte de poids. La publicité faite autour de ce fruit est liée à l'action d'une « enzyme mangeuse de graisse », la broméline. Si cette substance existe réellement, elle est surtout présente dans la tige et non dans le fruit. De plus, elle agit sur les protéines et ne s'attaque en aucun cas aux amas graisseux. Consommer de l'ananas n'a donc aucune incidence sur les kilos en trop. En revanche, son apport en vitamine C est important (18 mg pour 100 g d'ananas).

Enlever la coquille d'une noix

Pour décortiquer des noix sans se décarcasser, laissez-les tremper une nuit dans de l'eau sucrée ou salée. Le lendemain, vous enlèverez les coquilles sans problème et vos cerneaux seront impeccables.

Des pruneaux moelleux à souhait

Les pruneaux, c'est bon. Quand ils fondent dans la bouche, c'est encore meilleur. Pour cela, donnez-leur un bain dans du thé bouillant. L'eau nature n'arrive pas à les rendre aussi savoureux.

Rajeunir de vieilles pommes

Il existe aujourd'hui un lifting simple et performant pour les pommes ridées : l'arrosage à l'eau bouillante. Parfois, les laisser tremper un peu dans cette même eau les revigore encore plus.

Râper un zeste facilement

Indispensable : placez vos agrumes (de préférence non traités) 1 heure au réfrigérateur avant de les râper. Ils se découperont facilement. Passez ensuite un économe autour du fruit, comme si vous l'épluchiez d'une seule traite en spirale.

Presser un citron sans l'entamer !

Voici l'explication de ce tour de magie : percez le citron à l'aide d'une allumette et pressez-le. Ce tour de passe-passe vous procurera les quelques gouttes dont vous avez besoin. Emballez ensuite le citron troué dans du papier aluminium.

Citron, que de jus !

Pour que le citron donne tout son jus, faites-le rouler entre vos mains quelques secondes. S'il est un peu sec, mettez-le dans de l'eau bouillante pendant 2 minutes, puis laissez-le tremper toute la nuit dans l'eau froide.

Bien choisir les citrons

Sur les marchés, vous trouverez deux fruits appelés citron : le classique citron jaune et le vert. Le citron vert est en fait une lime. Achetez de préférence ceux dont la peau est fine et lisse, ils sont toujours plus juteux.

Antioxydant de choc

Pommes, poires, pêches, avocats... s'oxydent rapidement à l'air ambiant lorsqu'ils sont découpés. Arrosez-les de jus de citron et ils garderont leur belle couleur.

Avocat mûr en temps voulu

Si votre avocat est trop vert, mettez-le avec une banane dans une pochette en papier. Il mûrira en l'espace d'une nuit et vous pourrez vous régaler.

Sucre au parfum d'agrumes

Prélevez de longues bandes de zeste sur une orange et un citron jaune ou vert. Placez-les dans la boîte à sucre et attendez trois jours minimum. Vos morceaux de sucre auront une délicieuse saveur d'agrumes.

100 % pur jus

Après avoir percé la peau des agrumes, passez-les 10 secondes au micro-ondes à puissance maxi. Vous augmenterez ainsi la quantité de jus.

Cerises, de beaux fruits à l'alcool

Pour que les cerises à l'eau-de-vie restent belles et bien charnues, il faut, au préalable, percer chaque fruit avec une aiguille à tapisserie.

La mangue, un fruit très riche

Peu calorique et peu sucrée, la mangue est aussi riche en vitamine C qu'une orange. Elle apporte également du phosphore, du calcium et des vitamines A et B. Choisissez-la à la fois lourde et souple au toucher. Enveloppez-la de papier et ne la stockez pas dans un endroit chaud ; préférez le bac à légumes du réfrigérateur. Proposée seule, coupez-la en deux, bombez chaque moitié et quadrillez-la en dés avec un couteau. Elle accompagne aussi à merveille salades de fruits, sorbets ou de fines tranches de jambon de Parme.

Le temps de la récolte des noisettes

Vous avez un beau noisetier dans votre jardin mais vous ne savez pas quand récolter les fruits ? Surveillez-les : dès que vous en voyez un dont l'enveloppe s'ouvre, c'est le signe que vous pouvez secouer l'arbre. Pensez à glisser une bâche dessous, le ramassage sera facilité. Ôtez l'enveloppe extérieure des noisettes et faites-les sécher dans un endroit sec.

Pour les émonder

Faites griller vos noisettes ouvertes sous le gril jusqu'à ce qu'elles prennent une jolie teinte dorée puis placez-les dans un torchon. Pliez-le et frottez énergiquement afin de faire tomber la peau.

Noix fraîches toute l'année

Vous raffolez des noix fraîches mais elles n'ont qu'une saison ! Essayez ce truc : faites tremper les noix entières qui ont séché dans un grand récipient d'eau salée pendant une semaine. Elles retrouveront ainsi toute leur fraîcheur.

Noix muscade

Vos béchamels seront délicieuses si vous y ajoutez une pincée de noix muscade râpée. Vous pouvez également en mettre dans les potages ou purées. Elle fait aussi ressortir la saveur sucrée : ajoutez-en à la pâte de vos biscuits. N'ayez pas peur d'expérimenter… la noix muscade s'accorde à bien des plats, salés ou sucrés.

Une teinture maison à base de noix

Pour commencer, mettez des gants, sinon vos mains resteraient tachées plusieurs jours. Cueillez des noix dont les bogues encore vertes commencent à se fissurer. Prélevez ces dernières avec un couteau, broyez-les de façon à obtenir une pommade et couvrez d'eau. Laissez macérer le brou de noix pendant quelques jours, puis filtrez-le au moment de mettre en bouteille.

Vin de noix toujours apprécié

Dans un récipient hermétique de 5 l, mettez 40 noix, dans leur coquille cassée. Ajoutez 40 morceaux de sucre roux et couvrez le tout de vin rouge à 13°. Réservez dans l'obscurité et au frais 40 jours, puis filtrez et mettez en bouteilles.

Ouvrir une noix de coco sans soucis

En utilisant un tournevis, percez deux ou trois yeux dans la noix. Récupérez le lait puis repérez l'endroit le plus mince sur la coque et brisez-la d'un coup sec avec un marteau.

Comment éplucher une orange

Mettez-la pendant quelques secondes au micro-ondes. Elle sera ainsi plus facile à éplucher et plus juteuse.

Tout le jus des oranges

Si vous laissez les oranges à température ambiante, elles donneront deux fois plus de jus. Une autre astuce efficace : plongez-les dans l'eau chaude pendant 15 minutes avant de les presser.

Conserver les oranges une fois coupées

Vous avez coupé trop d'oranges et vous ne voulez pas qu'elles s'abîment ? Pour éviter qu'elles noircissent, faites dissoudre deux comprimés de vitamine C dans un saladier rempli d'eau et ajoutez les fruits coupés. Égouttez-les juste au moment de les utiliser.

Une sauce acidulée à l'orange

Mélangez un jus d'orange avec 250 g de crème fleurette. Ajoutez du sel, du poivre et le zeste d'un demi-citron préalablement lavé et brossé. Réservez au réfrigérateur pendant quelques heures. Vous obtiendrez une délicieuse sauce parfumée à l'orange pour accompagner des petits légumes crus ou des viandes et poissons froids.

Complètement givrées les pêches !

Que faire de toutes vos pêches ? Vous avez tout essayé : compotes, clafoutis, tartes, mais là, vous frisez l'indigestion ! Pourtant, cet hiver vous apprécierez peut-être d'en avoir encore... Les congeler, c'est possible ! Épluchez-les, dénoyautez-les, puis passez-les dans du sucre en poudre avant de les mettre au congélateur. Elles hiberneront sans problème.

Conserver les poires

Stockez-les la tête en bas, le pédoncule en haut pour les préserver de l'humidité. Si vos poires sont bien mûres, mettez-les dans du sable sec ou enveloppez-les de papier. L'idéal est que les fruits soient tenus à bonne distance les uns des autres, et à l'abri de l'air. Oubliez donc la corbeille de fruits !

Pommes en forme

Si vous faites des pommes cuites au four, incisez-les légèrement avec un couteau, tout autour, à mi-hauteur. De cette façon, elles ne s'affaisseront pas.

Délicieuse compote

Quand vous préparez une compote, ajoutez à la cuisson du sucre en poudre, un peu d'eau, un bâton de cannelle ou de la vanille et un zeste de citron. Elle n'en sera que meilleure.

Tisane calmante

Vous pouvez conserver les pelures des pommes en les faisant sécher. Mettez-les ensuite à l'abri de l'air dans des pots hermétiques en verre. Une poignée de pelures suffit pour 1 l d'eau. Buvez-en 1 heure avant d'aller vous coucher et vous tomberez vite dans les bras de Morphée : cette tisane a des vertus apaisantes.

Le raisin, un fruit très riche

Le raisin est un fruit laxatif, très riche en pectine, que l'on peut consommer lors d'un régime dépuratif. Autre avantage, c'est un reminéralisant, puisqu'il est aussi très riche en minéraux alcalins (72 %).

Choisir le raisin sur les étals

Choisissez des grappes lourdes avec des grains mûrs et bien attachés. Si un grain est gâté, enlevez-le pour qu'il ne contamine pas le reste de la grappe.

Conserver les raisins

Réservez-leur une boîte suffisamment grande pour que les grains ne soient pas serrés ou mettez-les dans un sac en plastique, que vous placerez dans le bac à légumes du réfrigérateur (jamais dans la partie la plus haute). Si vous les laissez à l'air libre dans un compotier, le raisin risque de moisir.

La réglisse, en cuisine aussi

On trouve de la réglisse dans la composition de certains desserts, tartes ou boissons. La fameuse bière irlandaise Guinness en contient. Vous pouvez en ajouter un bâtonnet à l'eau de cuisson des légumes ou dans vos ragoûts. Mais attention à son goût très fort. Vous pouvez aussi saupoudrer vos plats d'un peu de réglisse en poudre avant de servir.

Rhubarbe, adoucir son acidité

En prévision d'une compote, pensez à faire pocher la rhubarbe dans du jus d'orange ou saupoudrez-la de gingembre. Pauvre en calories, c'est un fruit très diététique, mais n'en abusez pas : elle a des vertus laxatives.

Confitures inratables

Vos confitures seront parfaites si vous ajoutez une cuillerée de vinaigre à la cuisson. Quelques pépins de citron amélioreront la texture.

Fruits dans la sciure

Vous avez acheté un cageot de fruits, et vous n'allez pas les manger tout de suite ? Conservés dans la sciure, ils ne s'abîmeront pas. Lavez ensuite les fruits avant de les consommer.

Fruits bien mûrs
Si un fruit n'est pas assez mûr, il existe un truc pour accélérer sa maturation : mettez-le dans un sac en plastique transparent avec une pomme bien mûre. Le gaz éthylène dégagé par la pomme va faciliter le processus. Pensez à faire des petits trous dans le sac pour permettre la circulation de l'air.

Pas de fruits exotiques au frigo
Gardez les fruits et légumes au réfrigérateur dans le bac à légumes. Laissez-les dans leur sac plastique que vous aurez pris soin d'entrouvrir afin qu'ils puissent respirer. Cette méthode est valable pour la plupart des fruits et légumes, sauf pour les avocats, bananes, ananas, kiwis et quasiment tous les fruits exotiques (mangue, papaye, goyave, fruits de la passion) qui préfèrent rester à l'air libre.

Légumes

Des poivrons digestes
Combien de gens s'en privent de peur de les garder sur l'estomac ? Sans la peau, le poivron devient plus digeste. Encore faut-il le peler facilement. Pour cela, coupez-le en deux avant de le faire griller au four. Lorsqu'il noircit et se cloque, enveloppez-le dans du papier aluminium. Oubliez-le un quart d'heure. Ensuite, vous l'éplucherez en un clin d'œil.

Aubergines, des légumes sans amertume
Les aubergines ont un goût, un petit quelque chose d'amer et au cours de la cuisson, elles produisent un jus noirâtre. Vous éviterez ces désagréments en les laissant tremper dans de l'eau salée additionnée de lait 4 heures avant de les cuisiner. Pour

les endives, ôtez le cône blanc à la base du trognon et ajoutez un morceau de pain et un sucre dans l'eau de cuisson.

L'aubergine, légume ou éponge ?

Coupées en morceaux, les aubergines deviennent spongieuses. Avant de les faire frire, passez-les dans le blanc d'œuf. Elles seront moins grasses.

Non aux légumes délavés

Ajoutez une demi-cuillerée à café de bicarbonate de soude dans l'eau de cuisson de vos légumes. Ils garderont ainsi leurs couleurs vives.

Oignon tout doux

Le goût prononcé de l'oignon peut gâcher la meilleure des salades composées. Pour l'adoucir, plongez vos rondelles d'oignon dans de l'eau bouillante pour quelques secondes puis aussitôt dans de l'eau glacée. Son goût se fera alors plus discret.

Expulser les chenilles

Elles adorent se loger là où il ne faut pas ! Pour les faire décamper, rien de plus facile. Lavez les légumes concernés dans de l'eau très salée. Terminé !

Légumes secs cuits à point

Difficile d'évaluer à vue de nez si les haricots secs et les pois chiches ont eu leur compte de cuisson. Heureusement, il existe une ruse : il faut souffler dessus. Lorsque la peau s'ouvre en pétale, se décolle, c'est qu'ils sont cuits.

Le navet antigraisse

Les navets agissent comme des éponges en éliminant les graisses, tout en parfumant les préparations. En fin de cuisson, on jette les navets imprégnés de graisse pour les remplacer par d'autres cuits à la vapeur, qu'on laisse revenir 2 minutes dans la sauce.

Artichaut bien frais

Aussitôt coupés, les artichauts ont tendance à sécher. En trempant leur queue dans l'eau, comme un bouquet, vous les garderez frais un bon moment.

Asperges, santé garantie

Ce légume a bien des qualités. Contenant de la vitamine B2, essentielle pour le fonctionnement de nos cellules, il est aussi riche en vitamine C, antifatigue par excellence, et c'est en plus un antioxydant. Constituées de beaucoup d'eau, les asperges ont un rôle hydratant pour la peau, un effet bénéfique sur les reins et favorisent l'élimination des toxines. Alors, ne vous en privez pas !

Savoir choisir les asperges

La pointe des asperges ne doit pas être ouverte. Choisissez celles dont la tige est droite et ferme, ce sont les meilleures !

Bien protéger les pointes des asperges

Quand vous faites cuire des asperges à la vapeur, dans une Cocotte-Minute, enveloppez les pointes dans du papier aluminium. Comptez 5 minutes de cuisson à partir du moment où la valve commence à tourner.

Asperges fraîches ?

Pour savoir si les asperges viennent d'être récoltées – c'est là qu'elles sont les meilleures –, vérifiez que la tige est humide à l'endroit de la coupe, que l'extrémité est blanche et non brunâtre, et que les tiges crissent sous une légère pression des doigts.

La bonne quantité d'asperges

Si vous proposez des asperges en plat principal, prévoyez entre 300 et 500 g par personne. Servies en accompagnement ou en entrée, 200 ou 250 g par personne suffiront.

ZOOM

Baromètre des calories

Quand on surveille sa ligne, on a droit aux fruits et légumes à volonté. Oui, mais certains se révèlent beaucoup plus caloriques que d'autres...

- Au rayon des légumes (pour 100 g)

Concombre	10 calories
Laitue	13 calories
Tomate, courgette	15 calories
Aubergine, épinards	18 calories
Potiron	20 calories
Poivron	21 calories
Chou-fleur	24 calories
Asperge, brocolis	25 calories
Haricot vert	30 calories
Carotte	33 calories
Artichaut	40 calories
Petits pois	80 calories
Pomme de terre	85 calories
Avocat	220 calories

Savoir choisir et conserver les betteraves

Si vous les achetez crues, choisissez celles dont la peau est lisse, sans taches, et de couleur franche. En bottes, préférez celles dont les feuilles sont vertes, signe que la racine est jeune. Pour les conserver deux à trois semaines, mettez-les dans un sac en plastique avant de les mettre au réfrigérateur.

La betterave est riche en vitamine B

Peu calorique, la betterave est un aliment qui contient très peu de protéines et pas du tout de graisse. Composée essentiellement d'eau, elle apporte aussi toutes les vitamines du groupe B (B1, B2, B3, B6) et est particulièrement riche en acide folique. On y trouve aussi de l'iode, du potassium, du magnésium, du phosphore, du sodium, du cuivre et du zinc. Riche également en fibres, elle a un effet légèrement laxatif. Elle prévient donc les problèmes de transit et calme les symptômes de constipation.

Cependant, comme les épinards, sa consommation est déconseillée aux personnes sujettes aux coliques néphrétiques.

Une betterave épluchée vite fait bien fait

Dès que la betterave est cuite, plongez-la immédiatement dans de l'eau glacée. Elle s'épluchera plus facilement.

Tendres cocos

En ajoutant une carotte à l'eau de cuisson de vos haricots plats, ils seront tendres, cuits à point et plus savoureux.

La carotte, une gourmandise enfantine !

Votre enfant n'aime pas beaucoup les carottes, pour ne pas dire qu'il les déteste ? Grâce à cette recette, il va les adorer. Râpez 500 g de carottes, 100 g de biscuits secs et 50 g de noix de coco. Ajoutez un peu de sucre en poudre. Ce dessert, riche en vitamines, est un vrai régal pour les enfants.

Cèpes séchés

La récolte a été plutôt bonne ? Un moyen de les conserver est de les faire sécher. Nettoyez-les, puis coupez les pieds et les chapeaux en morceaux de 2 cm d'épaisseur. Avec une grosse aiguille et du fil de cuisine, réalisez des colliers de 1 m de long environ, et suspendez-les au-dessus d'un radiateur pendant une semaine. Vous pourrez les garder un an en les réhydratant avant de les préparer. Au-delà, ils perdraient de leur goût.

Effet rassasiant du chou

Le chou, comme la laitue et la tomate, rassasie. Si vous le consommez assaisonné avec juste un peu de sel et de vinaigre, il coupe l'appétit en apportant très peu de calories.

Des mariages réussis avec les endives

Elles sont particulièrement savoureuses servies avec du roquefort ou un bleu émiettés, un filet d'huile de noix et un peu de vinaigre de xérès.

Endives bien croquantes

Vous avez prévu une salade d'endives. Pour que les feuilles restent croquantes, attendez la dernière minute pour les laver.

Endives blanches oui, vertes non

Les bonnes endives se reconnaissent à leurs feuilles très blanches, bordées de jaune franc. Si elles sont cernées de vert, elles sont certainement amères.

Endives moins amères

Elles seront plus douces si, avec la pointe d'un couteau, vous enlevez un petit cône dans leur partie centrale.

Épinards, quelles salades !

Les jeunes pousses d'épinards font des salades succulentes. Vous pouvez, par exemple, ajouter des champignons crus coupés en fines lamelles et des lardons frits. Assaisonnez avec une vinaigrette tiède. Une autre variante tout aussi délicieuse : servez-les accompagnées de quelques légumes grillés au four (betterave, aubergines, oignons, etc.).

Les enfants vont adorer les épinards

En général, les enfants ne sont pas fans des épinards. Pour qu'ils les mangent plus facilement, servez-les hachés, mélangés à du riz.

Haricots verts frais ?

Pour vérifier la fraîcheur des haricots verts, pliez-les : ils doivent casser d'un coup sec, sans présenter de fils.

La bonne cuisson des haricots

Haricots verts ou haricots cocos se cuisent à l'eau bouillante salée. Une fois cuits, plongez-les dans un récipient d'eau très froide, et égouttez-les, d'abord dans un égouttoir, puis dans un linge. Pendant la cuisson, ne les couvrez pas pour qu'ils gardent leur belle couleur verte, et ne les laissez pas trop longtemps non plus (10 minutes à l'eau bouillante, 12 minutes à la vapeur). Ils cuiront mieux si vous ajoutez à l'eau un peu de bicarbonate de soude ou deux cuillerées à soupe d'huile d'olive.

Bien conserver les haricots

Si vous vous lancez dans la fabrication de conserves de haricots blancs, elles ne risqueront pas de s'abîmer si vous ajoutez quelques gousses d'ail épluchées dans chaque bocal.

Haricots blancs beaucoup plus tendres

Si vos haricots blancs ne sont jamais assez cuits, changez de méthode : faites-les cuire plutôt dans du lait.

Haricots cocos, touche finale

Vous préparez des haricots cocos ? Pour les rendre plus digestes, ajoutez dans l'eau, en fin de cuisson, une bonne cuillerée à soupe d'huile d'olive.

Légumes, un goût tout doux

Épinards, petits pois, carottes ou chou seront délicieux si vous ajoutez une cuillerée à café de sucre dans l'eau de cuisson. Si, en plus, vous ajoutez une cuillerée à café de bicarbonate de soude, vos légumes verts seront encore plus verts...

Cuisson en commun

Vous avez besoin de préparer plusieurs légumes en même temps ? Enveloppez-les séparément dans du papier aluminium et faites-les cuire ensemble dans le même récipient.

Légumes trop cuits ?

Distraite, vous n'avez pas surveillé la cuisson de vos légumes et ils ne sont plus présentables ? Faites-en une purée que vous assaisonnerez à votre convenance, avec une pointe de crème ou de beurre et quelques épices.

Légumes trop salés

Par étourderie, vous avez salé deux fois l'eau de cuisson de vos légumes ? Pas de panique ! Vous pouvez les rincer à l'eau bouillante ou ajouter une cuillerée de crème fraîche au moment de servir.

Rehausser la saveur des légumes

Certains condiments se marient parfaitement avec des légumes et permettent de rehausser leur goût. Si vous avez acheté des légumes un peu fades, tout n'est pas perdu. Quelques mariages sont conseillés : la tomate cuite avec du sucre, les petits pois avec de la menthe dans l'eau de cuisson, les épinards ou les pommes de terre avec de la noix muscade, les poireaux avec du beurre, du cumin et de la coriandre. Quant aux carottes, la cuisson dans du jus d'orange est recommandée.

Oignons, ne pleurez plus !

Vous pouvez soit passer l'oignon épluché sous un filet d'eau avant de l'émincer, soit enduire votre couteau de vinaigre ou de citron. Une autre méthode consiste à mettre les oignons 10 minutes au congélateur afin de neutraliser leurs effluves. Bref, à vous de choisir, mais en tout cas, ne pleurez plus !

Dorés aux petits oignons !

Il est parfois difficile de faire revenir les oignons sans les brûler. Pour vous faciliter la tâche, passez-les juste avant dans un peu de farine.

Stocker les oignons en l'air

Vous pouvez conserver longtemps vos oignons à l'air libre, à condition qu'ils soient suspendus. Fabriquez-vous une belle guirlande en glissant les oignons dans un bas de couleur chair, et faites un nœud pour séparer chaque oignon.

Pommes de terre intactes

Avant de les faire rôtir, piquez-les avec une fourchette : elles resteront entières.

Pour que les pommes de terre restent blanches

Vous voulez gagner du temps et préparer les pommes de terre à l'avance ? Une fois épluchées, placez-les dans de l'eau froide avec une pincée de farine. Vous pourrez les garder au réfrigérateur 24 heures, elles ne s'oxyderont pas. Avant de les utiliser, séchez-les bien avec un papier absorbant (surtout si vous voulez les faire frire).

Un riz qui ne sèche pas

Le riz est prêt, mais vous ne le servez pas tout de suite. Mettez-le dans le four, sur thermostat 3, dans un récipient couvert. Remuez de temps en temps. Il ne se desséchera pas.

Riz sur mesure

Vous l'aimez lorsque ses grains sont tendres ? Plongez le riz dans une casserole remplie d'eau froide et allumez le feu. Vous préférez les grains fermes qui ne collent pas ? Plongez-le alors dans une casserole remplie d'eau bouillante.

Riz incollable...

Passez le riz quelques instants sous le robinet d'eau chaude avant de le faire cuire : il ne collera pas.

... bien blanc

Vous aimez le riz très blanc ? Ajoutez 10 gouttes de citron à l'eau de cuisson.

Réchauffer le riz

Réchauffé au micro-ondes, il est souvent sec. Pour éviter ce désagrément, rincez-le à l'eau chaude et arrosez-le de quelques gouttes d'huile avant de l'enfourner à puissance maximale pendant 2 minutes.

Riz au lait

Quelquefois, il est un peu collant. Pour qu'il soit à la fois crémeux et léger, une fois qu'il est prêt, ajoutez à la préparation un blanc d'œuf battu en neige (pour 4 personnes). Sucrez votre riz au lait au moment de servir, jamais avant.

Des pâtes patientes

Trois fois zut ! Les pâtes sont cuites et la sauce n'est pas prête ! Mauvais minutage... Retirez-les du feu, égouttez-les et faites votre sauce. L'opération terminée, arrosez les pâtes de quelques gouttes d'huile et immergez-les pendant 20 secondes dans de l'eau bouillante. Maintenant, vous pouvez servir.

Réchauffer les pâtes

Elles collent au fond de la casserole quand vous les réchauffez ? Passez-les sous l'eau chaude et égouttez. Mettez une goutte de lait dans une poêle, ajoutez les pâtes et couvrez. Posez sur feu doux. Elles chaufferont sans se mettre en paquets.

Salade verte et croquante

Parfois, la salade est un peu fatiguée. Ses feuilles sont molles et fripées. Pour lui redonner du peps en un clin d'œil, donnez-lui deux bains coup sur coup. Le premier devra être tiède et le second glacé. Cette sorte de douche écossaise lui donnera une nouvelle jeunesse.

Salade prête à l'avance mais pas cuite

On ne veut pas mélanger la salade tout de suite mais on aimerait la disposer dans le saladier. C'est possible. Il suffit de croiser les couverts sous les feuilles pour protéger ces dernières de la sauce.

Salade à l'indienne

Cette salade originale est très facile à préparer : coupez en lanières un blanc de poulet cuit, mélangez-le avec de la laitue et assaisonnez d'une vinaigrette et d'une demi-cuillerée de curry.

Salade de dernière minute

Des invités s'annoncent à l'improviste... Les salades mélangées vendues en sachet vous seront d'un grand secours. Vous ajouterez votre note personnelle avec quelques fruits secs, des pommes, des noix ou du fromage...

Saladier parfumé

Coupez une gousse d'ail en deux et frottez-en les parois de votre saladier. Le parfum de l'ail sera discret... et votre salade encore plus délicieuse.

Salade minute

Préparez de la vinaigrette en quantité, mettez-la en bouteille de verre au réfrigérateur. Mettez votre salade lavée et séchée dans un saladier en plastique dont vous aurez recouvert le fond de papier absorbant. Fermez avec du film plastique. Fraîcheur garantie plusieurs jours !

Réserve de tomates au congélateur

Vous ne pouvez pas consommer toutes vos tomates mûres à point... Congelez-les. Vous les décongèlerez en les passant juste sous l'eau. Autre avantage : la peau s'en ira plus facilement.

trucs malins

SAVOIR DÉCHIFFRER LES ÉTIQUETTES

L'AOC ou Appellation d'Origine Contrôlée

Créée en 1935, cette mention identifie des produits de terroir, fabriqués dans la tradition sur leur lieu d'origine par des hommes doués d'un savoir-faire reconnu. Diverses marques bénéficient de ce label.

Le certificat de conformité

Il est une preuve de qualité mais pas de saveur. On sait par exemple qu'un jambon qui profite de ce certificat n'est pas polyphosphaté, qu'une viande (de l'élevage à la commercialisation) a été identifiée, mais c'est tout.

L'appellation BIO

Ce logo garantit un mode de production respectueux de l'environnement, sans produits chimiques et faisant du bien-être des animaux une priorité.

Le label rouge

Ce label garantit la qualité supérieure d'un produit. Cette qualité « gustative » est le résultat d'exigences sévères et contrôlées.

Plus de 500 produits possèdent ce logo parmi lesquels des volailles, charcuteries, viandes, produits de la mer, fruits, légumes, miels et produits laitiers. Décrocher un tel label n'est pas une mince affaire car il faut respecter des règles strictes.

Tomates farcies

Lorsque vous préparez des tomates farcies, ne jetez pas la pulpe : mélangez-la à la farce pour la rendre plus juteuse. Ne tassez pas trop la farce et arrosez de jus en cours de cuisson.

Tomates, des vertes et des pas mûres

Vos tomates ont été cueillies trop tôt ? Pour les faire rougir, enveloppez-les dans du papier journal avec une tomate bien mûre. Elles devraient très rapidement rattraper leur retard.

Mariage tomate et basilic

Leur association fait merveille dans votre assiette, mais aussi au jardin. Plantez à côté de vos pieds de tomates un plan de basilic. Elles seront moins acides.

Tomates, les peler sans soucis

Pour vous faciliter la tâche, trempez vos tomates dans l'eau chaude quelques minutes. Frottez la peau à l'aide du dos de la lame d'un couteau : la peau devrait se décoller sans problème.

Légumes, catégorie 1 ou 2 ? Lisez les étiquettes

Lorsque vous achetez des fruits et des légumes, soyez vigilant sur le libellé des étiquettes. Elles doivent en théorie préciser la catégorie : extra pour les produits les plus frais et les meilleurs, catégorie 1 pour les bons produits et catégorie 2 pour ceux dont la qualité est un peu inférieure. Les maraîchers se doivent d'afficher la catégorie et surtout de la mettre à jour. En effet, un produit extra passera en catégorie 2 au bout de quelques jours. À vous de choisir en fonction de vos envies et aussi de votre budget. Faites aussi attention à la provenance : les fruits et légumes français sont un peu plus chers mais bien souvent plus savoureux.

Observez bien les légumes avant de les acheter

• **Artichauts**. Deux critères imparables : il doit être lourd et ses feuilles bien serrées et vertes. Oubliez les artichauts dont les écailles sont desséchées et commencent à noircir. Avant de le cuire, ne coupez pas sa queue, cassez-la à la main : vous enlèverez ainsi tous les fils et votre artichaut ne sera pas filandreux au moment de la dégustation.

• **Carottes**. Elles doivent avoir une jolie couleur orangée uniforme, sans tache, et surtout être très dures : oubliez celles qui sont fendues et molles. Si elles sont vendues en botte, regardez leurs fanes. Elles sont vertes et non flétries ? Vous avez mis la main sur une botte bien fraîche. Côté variété, testez les carottes des sables d'origine landaise, elles sont vraiment délicieuses !

• **Poireaux**. La partie blanche (appelée fût) doit être bien droite et d'une couleur uniforme sans tache. Quant aux feuilles vertes, rejetez en bloc celles qui sont jaunissantes et flétries.

• **Tomates**. Optez pour des tomates dont la peau est lisse et brillante. Lorsque vous les prenez en main, elles doivent être fermes. Et surtout ne vous fiez pas à leur odeur : les tomates de Sicile vendues en grappe sont, par exemple, très odorantes et pourtant bien souvent leur goût n'est pas du tout à la hauteur de leur parfum. Pensez aux tomates jaunes, vertes ou noires qu'on trouve sur certains marchés : elles apporteront une touche colorée à vos salades estivales.

Bien choisir ses pommes de terre

Lors de l'achat, demandez à votre maraîcher de choisir des pommes de terre de même calibre. Cela permet d'obtenir une cuisson homogène. Et pour vérifier qu'elles sont cuites à point, il suffit de piquer délicatement la pointe d'un couteau au centre d'une pomme de terre : elle doit s'enfoncer sans résistance.

• Pour des pommes de terre à l'eau : choisissez des rosevals (pommes de terre rouges), charlotte ou rattes du Touquet.

• Pour une purée : optez pour des amandines ou bintje.

Consommez les légumes dès la fin de cuisson

Une fois cuits, certains légumes ont tendance à s'oxyder, notamment les haricots verts, les épinards et surtout les artichauts qui sont les plus fragiles. Préparez-les au dernier moment et n'attendez pas plus d'une journée pour les déguster.

Poissons

Sans odeur

Un truc infaillible pour faire disparaître l'odeur de poisson de vos plats, assiettes et couverts. Plongez-les dans un thé très fort. Si l'odeur persiste, frottez les ustensiles avec un demi-oignon ou avec une pomme de terre crue coupée en deux.

Faites mariner vos grillades

Avant de mettre votre poisson sur le gril, pensez à le laisser mariner pendant quelques heures dans de l'huile salée, poivrée et aromatisée à votre goût. La grillade y gagnera en saveur et ne sera pas desséchée par la cuisson.

Poisson pas frais ?

Ne vous trompez pas : un poisson frais est raide, a un œil vif, une ouïe bien rouge et des écailles luisantes.

Poisson cuit entier

Le poisson tend souvent à se défaire cuit au court-bouillon. Pour qu'il reste entier, ajoutez au bouillon un filet de vinaigre ou de citron.

Poisson frit plus croustillant

Pour qu'une croûte dorée se forme quand vous faites de la friture, trempez le poisson quelques instants dans du lait avant de le passer dans la farine. Puis faites-le frire dans l'huile.

L'art de réchauffer du poisson

Lorsqu'il vous reste du poisson, vous pouvez le servir réchauffé. Pour qu'il ait le même goût que si vous veniez de le cuire, enveloppez-le d'un papier sulfurisé, puis faites-le chauffer à la poêle à feu doux quelques minutes de chaque côté.

Pour le conserver, laissez-le dans son sac plastique

Contrairement à ce que l'on croit, la meilleure façon de conserver son poisson est de le laisser dans son emballage plastique, ce qui lui permettra de conserver un bon taux d'humidité. Contentez-vous d'entrouvrir légèrement le sac pour laisser le poisson respirer et posez le tout sur une assiette pour éviter tout risque de dégoulinade dans votre réfrigérateur.

Jamais plus de 3 jours au réfrigérateur

Si votre poisson est très frais, sachez que vous pouvez le conserver jusqu'à 3 jours maximum. Sauf certaines espèces qui tiennent moins bien comme la raie, la roussette, le thon (qui s'oxydent rapidement), le colin et les filets (dont la chair n'est plus tenue par les arêtes).

On ne sale jamais un poisson avant la cuisson

Le sel a tendance à tirer l'eau contenue dans la chair et donc à assécher le poisson. Le bon réflexe ? Attendez la fin de la cuisson pour parsemer la chair de fleur de sel, plus subtile que le sel fin, et dégustez sans attendre.

Saisir les filets d'un côté pour éviter qu'ils ne se défassent

C'est classique, quand on retourne un filet de poisson dans la poêle, il a tendance à se défaire. Pour éviter ce désagrément, il suffit de le saisir quelques instants d'un côté, quand la chair est encore crue et élastique : c'est le bon moment pour le retourner délicatement avec une spatule. On baisse le feu et on poursuit la cuisson de l'autre côté.

Un saumon fumé bien accompagné

Avez-vous déjà goûté du saumon fumé avec des poires ? C'est inhabituel et fameux. Faites pocher vos quartiers de poire à l'eau et servez-les refroidis, disposés sur chaque assiette avec le saumon. Vous en étonnerez plus d'un.

Choisir le haddock

Pour savoir s'il s'agit d'un poisson de qualité, vérifiez qu'après une légère pression du doigt, votre empreinte s'efface. Préférez un filet épais, de couleur blond orangé, sans bords racornis.

Haddock, un goût plus doux

Le haddock est souvent très salé ou trop fumé. Faites-le tremper un bon moment dans du lait avant de le cuire.

Anchois sans une trace de sel

Ce n'est pas toujours évident de dessaler complètement des anchois. La solution : les faire tremper pendant une nuit dans du lait.

Calmars, seiches, poulpes...

Régime spécial pour ces durs à cuire que sont les mollusques ! Coupez-les en morceaux et attendrissez leur chair en les laissant tremper au moins 2 heures dans de l'eau gazeuse. Cuisinez-les, ils seront moelleux et fondants.

Délicieuses langoustines

Mettez-les dans de l'eau bouillante et laissez-les cuire 1 minute si elles sont de taille moyenne, un peu plus si elles sont grosses. Retirez la casserole du feu et laissez-les dans l'eau jusqu'à ce qu'elle tiédisse (environ 10 minutes).

Crabes savoureux

Plongez-les dans l'eau bouillante et laissez-les cuire de 5 à 8 minutes, selon leur taille. Ils seront délicieux et garderont toute leur saveur !

Le secret d'un court-bouillon réussi

Le court-bouillon doit avoir un goût très léger presque imperceptible pour ne pas prendre le pas sur les saveurs du poisson. Pour vous en convaincre, suivez cette recette : déposez vos filets de poisson (cabillaud, merlan, lieu...) dans une grande casserole. Remplissez-la d'eau, puis enlevez le poisson. Portez la casserole à ébullition avec quelques gouttes de Tabasco et une à deux pincées d'herbes de Provence. Salez et poivrez. Quand l'eau bout, ajoutez les filets, couvrez la casserole de façon hermétique et laissez cuire de 30 secondes à 1 minute. Éteignez le feu avant que l'eau ne bouille de nouveau et laissez le poisson 1 heure dans son court-bouillon.

Rayon marinade, oubliez le classique jus de citron

Il altère le goût du poisson et a tendance à le précuire.

3 idées de marinade avec de l'huile d'olive :

- 1 pointe de purée de piment, 1 oignon coupé en rondelles et 2 gousses d'ail écrasées.
- des herbes de Provence avec 2 échalotes hachées.
- de l'aneth fraîche ciselée, sel fin et poivre du moulin.

Comptez 20 à 40 minutes de marinade pour que la chair du poisson ait suffisamment le temps de s'imprégner de toutes les saveurs.

Du beurre de sardines pour les canapés

Vous recevez à l'improviste ? Servez à vos invités des petits canapés au beurre de sardine. Écrasez les sardines et leur huile avec du jus de citron et du beurre. Goûtez, c'est vraiment délicieux !

Noix de Saint-Jacques express et savoureuses

Testez cette alliance parfaite : des noix de Saint-Jacques, juste poêlées, en salade avec une vinaigrette aux agrumes préparée avec de l'huile d'olive, du jus de citron et du jus d'orange. Donnez quelques tours de moulin à poivre et c'est prêt.

Des moules cuites à la perfection

Lorsque vous faites cuire vos moules, ne remplissez jamais votre fait-tout à plus de la moitié. Vous auriez alors du mal à bien mélanger les coquillages et la cuisson ne serait pas parfaitement homogène.

Des coques sans sable

Commencez par jeter les coquillages cassés, puis placez une passoire dans une grande casserole remplie d'eau très salée, versez les coques dedans et laissez-les tremper pendant quelques instants. Secouez la passoire à plusieurs reprises pour que le sable s'en aille.

On reconnaît des palourdes extra-fraîches au bruit

Choisissez des palourdes bien fermées, preuve qu'elles sont encore vivantes. En cas de doute, tapotez légèrement sur la coquille, vous devez alors entendre un bruit sourd. Et avant de les préparer, rincez-les à grande eau (sans jamais les laisser tremper) afin de retirer tout le sable qu'elles pourraient renfermer.

Conserver les huîtres

Maintenez-les à une température entre 5 et 10 °C, et dans leur emballage d'origine. Elles pourront ainsi « attendre » pendant 8 à 10 jours.

Huîtres, un gage de fraîcheur

Méfiez-vous des huîtres entrouvertes ou de celles qui s'ouvrent un peu trop facilement. Une fois ouvertes, leur eau doit être propre. Si une huître ne bouge pas quand vous la touchez avec la pointe d'un couteau, ou lorsque vous versez dessus un filet de jus de citron, jetez-la sans hésiter. Le citron n'est pas indispensable mais il détruit certaines bactéries.

Ouvrir des huîtres sans se blesser

Un bon truc pour ouvrir ces coquillages sans risquer de se couper, c'est de les faire tremper dans l'eau et de les laisser ensuite 1 heure au congélateur.

Des huîtres bien calibrées...

Pour le calibre des huîtres, sachez que plus le numéro est petit, plus la taille des huîtres est importante. Pour une entrée, choisissez un calibre moyen (3 ou 4). Si vous souhaitez les servir chaudes, optez pour une belle taille (calibre 0, 1 ou 2), car elles rétrécissent légèrement lors de la cuisson.

... tous les mois de l'année

On conseillait autrefois de manger des huîtres uniquement pendant les mois en « R » car cela faisait référence au temps de transport nécessaire pour acheminer les huîtres jusque dans les grandes villes. Désormais, vous pouvez acheter et déguster des huîtres tout au long de l'année. Souvenez-vous qu'elles sont « laiteuses » pendant la période estivale. Alors, si vous les préférez plus charnues, attendez septembre pour vous en régaler...

Les huîtres grasses ne sont pas grasses

Avec 68 calories pour une douzaine d'huîtres, elles sont un véritable allié minceur. Et pourtant, certaines huîtres sont qualifiées de « grasses ». Rassurez-vous, cette expression signifie seulement qu'elles contiennent plus de glycogène (un sucre complexe) que les autres. Ainsi, une huître laiteuse reste pauvre en graisses et est tout aussi bonne qu'une autre.

Les fruits de mer apportent plus de fer que les épinards

Une révélation qui chamboulerait Popeye. Et pourtant, c'est indéniable : les fruits de mer, et notamment les coquillages, sont beaucoup plus riches en fer que les épinards. Par exemple, les coques en contiennent 10 fois plus.

Viandes

Un rôti moelleux comme tout

Si vous ne voulez pas que votre rôti soit sec, faites-lui plaisir et ne le laissez pas tout seul dans le four ; il a horreur de ça ! Enfournez à ses côtés un autre plat, plus petit, rempli d'eau. En s'évaporant, l'eau garantira le moelleux de votre viande et vous pourrez déguster un rôti bien tendre.

Un rôti encore plus moelleux

Encore deux solutions pour déguster un rôti moelleux : soit vous demandez à votre boucher de ne pas trop le ficeler pour que les fibres restent souples ; soit vous retirez les ficelles 5 minutes avant la fin de la cuisson pour qu'il ait le temps de souffler. Les sucs de la viande pourront ainsi s'épanouir.

Une volaille fondante

Avant d'enfourner poulets ou pintades, introduisez deux petits-suisses à l'intérieur de votre volaille et laissez-la cuire le temps habituel. Moelleux garanti.

Éplucher facilement le saucisson

Mouillez un torchon à l'eau tiède puis essorez-le. Enveloppez votre saucisson dedans et oubliez-le pendant 1 heure. Il s'épluchera comme une banane et vos rondelles seront faciles à manger.

Des andouillettes délicieuses

Même ceux qui ne raffolent pas des andouillettes les adoreront si vous les badigeonnez de moutarde et si vous les saupoudrez de chapelure avant de les placer sous le gril. Un vrai régal.

Des brochettes qui se tiennent

Avant d'embrocher oignons, champignons ou autres légumes, plongez-les dans de l'eau bouillante. Ainsi, ils ne se fendront pas lorsque vous les piquerez.

Le cacao adoucit les plats mijotés

Qu'il s'agisse de bœuf bourguignon, de coq au vin ou de civet, rien n'enlève l'acidité d'un plat dans lequel on a mis du vin rouge. Rien mis à part une cuillerée à café de cacao amer. Incroyable !

Rognons savoureux

Pour donner encore plus de saveur aux rognons et au foie de porc, faites-les tremper toute une nuit dans du lait. Séchez-les, assaisonnez et mettez-les à cuire.

Ersatz de vin blanc

Vous aviez prévu du veau marengo mais voilà que vous vous apercevez un peu tard (les boutiques sont fermées) que vous n'avez plus de vin blanc ! Ça n'est pas dramatique : deux sucres fondus dans du vinaigre vous sortiront de ce mauvais pas. Le résultat vous étonnera.

ZOOM Les bons morceaux du boucher

• Le porc

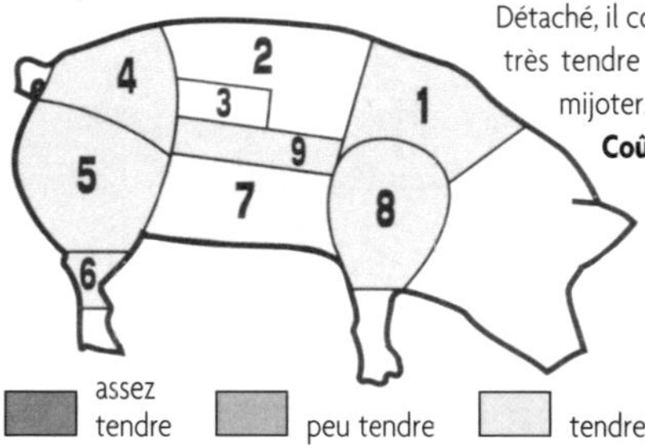

Bon marché, sa viande fait merveille dans les bonnes recettes hivernales.

1 L'échine

Elle peut se faire rôtir ou braiser, mais s'apprête aussi très bien en potée et en brochettes.

Coût : raisonnable

2 Les côtes

Elles sont maigres et un peu sèches. Pour éviter cela, respectez une chaleur modérée à la cuisson.

Coût : raisonnable

3 Le filet mignon

Détaché, il constitue une noisette très tendre à poêler ou à faire mijoter.

Coût : élevé

4 La pointe de filet

Très moelleuse, elle fait d'excellents rôtis. Le seul inconvénient : sa forme pyramidale, plutôt difficile à mettre en valeur dans un plat.

Coût : raisonnable

5 Le jambon

Frais, il peut être taillé en tranches épaisses, à griller ou à couper en morceaux pour faire des brochettes.

Coût : élevé

6 Le jambonneau

Plutôt gélatineux et osseux, il se cuisine de préférence en potée. Seul, il est également délicieux préparé en rôti.

Coût : raisonnable

7 La poitrine

Également appelée lard maigre, elle sert d'accompagnement dans les plats cuisinés. On peut aussi la griller et la poêler.

Coût : économique

8 La palette

Elle se fait souvent braiser entière ou rôtir. Elle agrémente la potée et la choucroute et reste meilleure cuisinée avec ses os. La grillade, prise le long de la palette, très tendre, est excellente pour les barbecues.

Coût : élevé

9 Le travers

Partie supérieure de la poitrine, le travers comporte une série de côtes. Il se consomme traditionnellement en petit salé. Mais on l'apprécie aussi grillé au barbecue, bouilli ou encore mariné.

Coût : économique

• Le bœuf

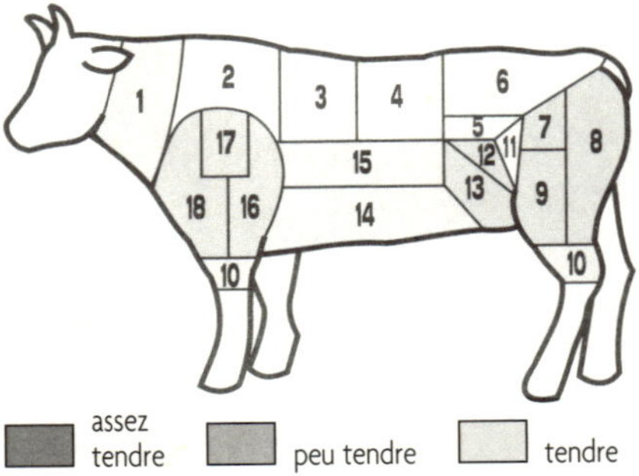

Une variété incroyable pour une cuisine au quotidien ou sophistiquée.

1 Le collier

Il est particulièrement destiné aux cuissons lentes, comme les plats mijotés.

Coût : économique

2 Les basses côtes

Plus fermes que les côtes, elles demandent une cuisson plus longue.

Coût : raisonnable

3 L'entrecôte

Côte et entrecôte sont persillées et font les plus belles grillades.

Coût : élevé

4 Le faux-filet

Moins tendre que le filet, il est plus savoureux. Grillé ou poêlé, préférez des tranches épaisses destinées à plusieurs personnes.

Coût : élevé

5 Le filet

Entier pour un rôti.

Le cœur sert pour les chateaubriands, la tête pour les steaks et la pointe donne de petits tournedos.

Coût : élevé

6 Le rumsteck

Grillé ou rôti. Le filet se prépare en pavé, l'aiguillette en rosbif.

Coût : élevé

7 La tende de tranche

Ses 4 parties, la tranche, la poire, le merlan et l'araignée font de bons biftecks.

Coût : raisonnable

8 Le gîte à la noix

Il peut être braisé ou rôti. Le rond de gîte, lui, se cuisine souvent en carpaccio.

Coût : raisonnable

9 La tranche

Le rond de tranche se cuisine en médaillons, le mouvant en rosbif et le plat de tranche en brochettes.

Coût : raisonnable

10 Les gîtes

Appelés aussi jarrets, ils se préparent bouillis ou en pot-au-feu.

Coût : économique

11 L'aiguillette

L'aiguillette baronne, longue et conique, est destinée aux rôtis ou aux steaks.

Coût : élevé

12 L'onglet et la hampe

Ils se préparent tous deux en biftecks, au gril ou à la poêle. L'onglet est plus tendre que la hampe.

Coût : raisonnable

13 Les bavettes

Celle d'aloyau est à réserver aux biftecks. Celle de flanchet doit être dénervée avant la cuisson.

Coût : élevé

14 La poitrine

À bouillir ou à hacher. Les tendrons servent pour le pot-au-feu et le flanchet est utilisé pour les farces.

Coût : économique

15 Le plat-de-côtes

Pièce à cuisson lente, elle se fait bouillir et se sert en salade ou en effiloché.

Coût : économique

16 Les macreuses

Celle à bifteck se détaille en grillades et en brochettes. Celle à pot-au-feu sert pour le hachis parmentier.

Coût : raisonnable

17 Le paleron

Gélatineux, il se cuit lentement et s'utilise pour les braisés, les carbonades, les daubes et le bœuf mode.

Coût : raisonnable

18 Les jumeaux

Celui à bifteck se cuisine aussi en brochettes. Celui à pot-au-feu se sert en daube ou en bourguignon.

Coût : raisonnable

• L'agneau

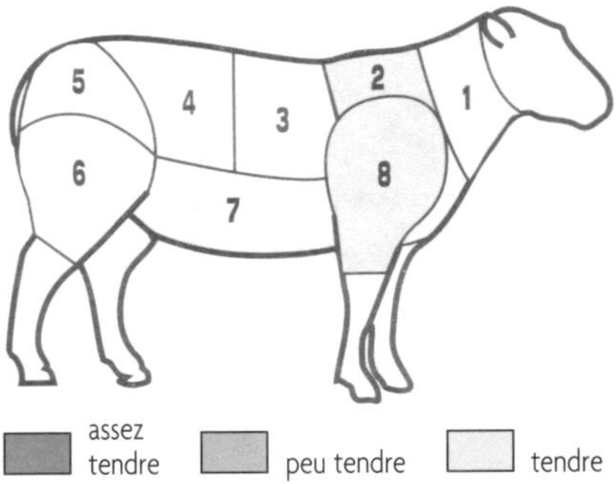

Une viande de choix dans toutes les traditions culinaires du monde.

1 Le collier

Un morceau charnu, un peu gras et osseux, qui doit mijoter longuement. Utilisé dans les soupes, ragoûts, blanquettes, daubes et couscous, il peut être désossé et farci. On s'en sert aussi dans le haricot ou le navarin. Si l'animal est jeune, le collier peut être grillé.

Coût : raisonnable

2 Les côtes découvertes

Leur chair entrelardée couvre largement l'os (le manche). Appelées côtelettes bouchères, elles se préparent braisées, grillées, sautées et entrent dans la préparation des ragoûts.

Coût : raisonnable

3 Les côtes

Les côtes premières et secondes sont au nombre de 4 chacune. Formées d'une belle noix, elles possèdent un long manche. Ensemble, elles forment un carré.

Coût : élevé

4 Le filet

Les côtes filet, sans manche, ont une noix maigre prolongée par des bavettes que le boucher roule sur elles-mêmes. Ensemble, elles forment la selle anglaise.

Coût : élevé

5 La selle

Elle doit toujours être désossée et ficelée. Coupée en tranches, elle donne des grillades appelées tournedos d'agneau.

Coût : élevé

6 Le gigot

Il peut être raccourci. À l'ail piqué dans la chair, préférez des gousses non épluchées, cuites à côté.

Coût : élevé

7 La poitrine

Riche en os et en cartilages, elle est vendue entière pour être grillée ; désossée pour être farcie ; en morceaux pour les sautés et les ragoûts.

Coût : économique

8 L'épaule

Elle se présente toujours avec son os, la crosse. Elle se cuisine en rôti, entière ou désossée. Mais elle peut également être découpée en morceaux pour la préparation des navarins et des brochettes.

Coût : élevé

- Le veau

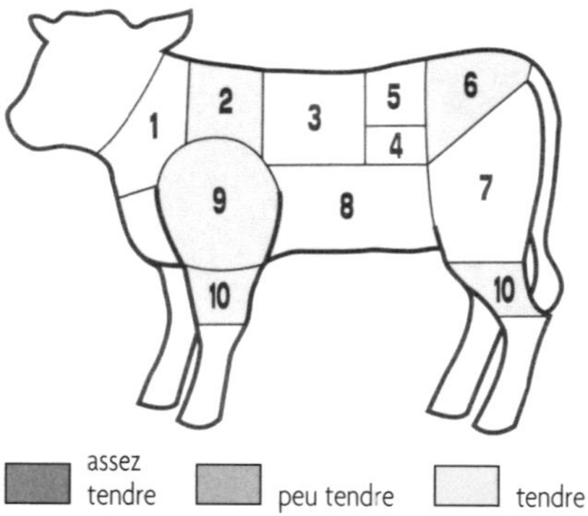

Sa saveur délicate se cuisine facilement et convient aux plats raffinés.

1 Le collier

Il nécessite une cuisson lente. Pour la préparation des sautés ou des ragoûts (le marengo, la blanquette), il doit d'abord être désossé, débarrassé de ses cartilages et découpé en morceaux.

Coût : économique

2 Les côtes découvertes

Elles sont moins larges et plus fermes que les autres côtes. Non séparées, elles forment un carré aussi appelé « bas de carré ». Désossé et roulé par votre boucher, il fera un excellent rôti.

Coût : raisonnable

3 Les côtes

Les côtes premières, appelées côtelettes, sont charnues, avec chacune une belle noix. Les côtes secondes entrelardées sont plus moelleuses.

Coût : élevé

Non aux rôtis rétrécis

Pour éviter que les rôtis de viande blanche (porc, veau) rétrécissent à la cuisson, faites-les cuire quelques minutes à l'eau bouillante avant de les enfourner.

Dinde moelleuse à souhait

Servie rôtie, cette délicieuse volaille a tendance à être un peu sèche. Vous n'aurez plus ce problème si vous la posez, alternativement, sur les deux flancs pendant la première heure de cuisson. Retournez-la pour finir. Sa chair restera très tendre.

4 Le filet

C'est le morceau le plus tendre. Entier, il peut être rôti. Découpées, les tranches prennent le nom de mignons ou de grenadins en fonction de leur épaisseur.

Coût : élevé

5 La longe

Elle se cuisine braisée ou en rôti. On y découpe aussi la côte filet, très large, qui convient plutôt aux gros appétits.

Coût : élevé

6 Le quasi

Un morceau à retenir pour les rôtis (au four ou braisés en cocotte). Il peut aussi être débité en grosses tranches ou en minces escalopes.

Coût : raisonnable

7 La noix

Elles sont au nombre de 3 : la noix, la sous-noix et la noix pâtissière. Toutes font d'excellentes escalopes. La noix pâtissière, très tendre, peut également se cuisiner en rôti.

Coût : élevé

8 La poitrine

Maigre et mince, elle se découpe en cubes pour les ragoûts. Désossée, on peut la farcir. Les tendrons seuls se font griller s'ils ont préalablement été attendris dans une marinade.

Coût : raisonnable

9 L'épaule

Elle se prête à toutes les cuissons : en rôti, entière ou désossée, braisée, en blanquette, sautée ou en paupiettes. Plus économique que la noix, elle n'offre pas d'aussi belles tranches.

Coût : économique

10 Les jarrets

Ils nécessitent une cuisson lente. Les jarrets s'associent à tous les légumes nouveaux. Maigres, ils comportent un os riche en moelle, indispensable pour préparer un osso-buco.

Coût : raisonnable

Escalopes, la préparation idéale

Pour éviter de les voir réduire comme peau de chagrin à la cuisson, trempez-les dans du lait ou faites-leur quelques incisions sur les bords. Si vous les voulez moelleuses à souhait, panez-les en les passant dans un œuf battu puis dans de la chapelure avant de les faire cuire.

Pot-au-feu, l'astuce du chef

Vous voulez préparer un pot-au-feu exquis ? Frottez la veille chaque morceau avec du gros sel. Laissez dégorger 24 heures au réfrigérateur. Avant de commencer la cuisson, rincez la viande. Préparez ensuite le pot-au-feu comme à l'accoutumée.

Pot-au-feu tendre à souhait

Un pot-au-feu doit rester longtemps sur le feu. Si vous avez arrêté la cuisson trop tôt, ajoutez au bouillon deux cuillerées à café d'eau-de-vie et remettez à cuire pendant quelques minutes. Les légumes et la viande seront délicieux et tendres.

Rôti tendre

Trente minutes avant de mettre la viande dans votre four, arrosez-la avec un verre de cognac. Le rôti sera beaucoup plus tendre. Une fois cuit, enveloppez-le dans du papier d'aluminium, ainsi il ne se desséchera pas.

Si c'est du bœuf...

Pour éviter que la viande dégorge à la cuisson, avant de la faire cuire, plongez-la quelques secondes dans l'eau bouillante. Elle sera plus juteuse. Et attendez le dernier moment pour la saler.

... et si c'est du veau

Pour qu'il soit bien tendre, ajoutez en cours de cuisson un demi-verre de bière. Si vous le badigeonnez de moutarde, le résultat sera identique, mais le goût beaucoup plus fort.

Les conseils du boucher

Reconnaître une viande de qualité

Une question de race pour la viande de bœuf : c'est bien connu, plus une viande est foncée et donc âgée, plus elle est savoureuse. Les consommateurs ont donc pris l'habitude de s'orienter vers des viandes aux tons plus soutenus. Mais il faut savoir que la couleur n'est pas forcément un critère de sélection. Tout dépend, en effet, de la race de l'animal car certaines sont plus claires que d'autres. Ainsi une limousine, réputée pour être une des meilleures viandes de bœuf, est moins foncée que certaines autres races. En revanche avec la Salers, c'est le contraire : elle est d'une couleur plus prononcée. Et toutes deux sont délicieuses. Rien ne remplace donc les conseils de votre boucher.

3 règles d'or pour acheter un veau fondant : à l'origine, pour choisir cette viande, une couleur très pâle était un excellent signe puisqu'il s'agissait de veaux de lait, élevés sous la mère ; mais à l'heure actuelle, certains veaux industriels sont tout aussi clairs. Quels sont les critères sûrs ?

- Faites-vous préciser qu'il s'agit d'un veau élevé sous la mère.
- Observez la couleur de la viande qui doit être pâle.
- Choisissez une viande pas trop maigre avec une fine couche de gras, visible à l'œil nu.

Concilier viande et minceur

La viande est bien souvent et injustement accusée d'être trop grasse. Et pourtant, il suffit de choisir les morceaux les plus maigres.

- Pour vos grillades, préférez le rumsteck, la bavette ou le filet (de 2,5 à 6 % de lipides).
- Pour vos rôtis, optez pour le rumsteck ou le tende-de-tranche (2,5 % de lipides).
- Pour vos plats à braiser, donnez votre préférence à la macreuse, au paleron ou au collier (entre 3 et 8 % de lipides).

Rôti doré à souhait

Votre rôti prendra une belle couleur dorée si vous l'arrosez avec du jus de citron en cours de cuisson.

Saucisson entamé = séché

L'entame du saucisson sèche rapidement. Pour l'empêcher de durcir, couvrez-la d'une feuille de laitue bien verte ou posez dessus une rondelle de citron.

Viandes au frigo

Avant de mettre viandes et rôtis dans le réfrigérateur, huilez-les : ils se garderont plus longtemps et ne prendront pas de mauvaises odeurs.

Les conseils du charcutier

Les appellations

Pour s'y retrouver, tour d'horizon des appellations régies par le Code des usages de la charcuterie.

Supérieur

Un produit de qualité supérieure contient plus d'ingrédients nobles et moins d'additifs que les produits standards.

Traditionnel

Seul un produit ne contenant aucun colorant et un nombre strictement limité d'additifs bénéficie de cette appellation.

À l'ancienne ou Comme autrefois

Seuls les produits répondant aux spécifications des produits traditionnels et dont la matière première n'a pas été congelée peuvent porter cette dénomination.

Authentique ou Véritable

Suivie d'une mention géographique : si le produit est caractérisé par un département, une ville ou un lieu, il doit être fabriqué dans le département ou les cantons limitrophes de l'endroit cité.

Décongélation urgente

Vous avez oublié de sortir la viande du congélateur pour le dîner ? Mouillez-la avec un peu d'eau vinaigrée, cela accélérera le processus de décongélation.

Boulettes

Si vous préparez des boulettes avec de la viande hachée, ajoutez un filet d'huile d'olive, elles seront plus moelleuses qu'avec le jaune d'œuf habituellement préconisé.

Maigre ou plutôt persillée ?

Tout dépend de vos goûts et de vos envies : la viande persillée, plus grasse, est à la fois meilleure au niveau du goût et plus moelleuse. Cela dit, si on surveille sa ligne, mieux vaut opter pour une viande plus maigre sans aucune marbrure.

Temps de cuisson : pas de calculs précis

Non, il ne faut pas compter 15 minutes de cuisson pour 500 g de viande. C'est une idée complètement fausse. Tout dépend en fait de la largeur du morceau choisi, le poids en lui-même ne suffit pas. C'est le boucher qui vous donnera le temps exact. Et pour une cuisson parfaite, suivez ces conseils.

• Sortez la viande du réfrigérateur avant de la cuisiner. Elle reviendra à la température ambiante ce qui facilitera la cuisson ; la viande sera ainsi mieux saisie. Comptez 15 minutes pour les escalopes et 2 à 3 heures pour un gigot voire 5 heures si c'est une très belle pièce (sauf en plein été !).

• À la fin de la cuisson, laissez la viande reposer quelques instants avant de la couper, que ce soit pour les grosses pièces comme une côte de bœuf ou pour les petites comme de simples escalopes. La viande va alors s'attendrir et le jus se bonifier. Et c'est ainsi que vous obtiendrez une viande à la fois saignante et chaude à l'intérieur.

La place du saucisson sec : dans le bac à légumes

Rien ne vaut le bac à légumes du réfrigérateur pour conserver un saucisson entier. Vous pouvez aussi le pendre dans un endroit sec, frais et aéré. Mais il risque de vite se dessécher à moins d'avoir une cave naturelle.

Le boudin : avec du boyau naturel

Qui dit boudin noir de bonne qualité, dit absence de sang dans le fond du plat. En effet, s'il a été bien cuit, il ne doit pas rejeter de sang, il peut juste y avoir un peu de jus de cuisson. Et retenez que le boudin noir doit être piqué avec une aiguille et non une fourchette avant de passer à la poêle. Ainsi, plus de risque d'éclatement à la cuisson. Côté boudin blanc, optez pour ceux qui sont fermes et brillants. Sachez aussi que si le boyau utilisé pour les boudins est naturel, vous avez affaire à de bons produits artisanaux.

Œufs

Fraîcheur assurée

Aucun œuf avarié ne résistera à ce traitement. Dans un verre d'eau salée, un œuf extra-frais se couche à l'horizontal ; un œuf qui se met « debout » et qui remonte légèrement est moyennement frais ; l'œuf qui nage à la surface du verre mérite de rejoindre la poubelle !

Temps de cuisson

Récapitulons : les œufs à la coque, c'est 2 minutes 30 à 3 minutes suivant les goûts ; les œufs mollets, 5 à 6 minutes ; les œufs durs, 9 minutes ; les œufs pochés, 3 minutes. Tout cela à la reprise de l'ébullition bien sûr. Et les œufs en cocotte ? 6 à 8 minutes.

Est-il cru ou cuit ?

Tout le monde a mélangé les œufs cuits et les œufs crus sur la portière de son réfrigérateur. La seule façon de s'y retrouver consiste à les faire tourner sur eux-mêmes comme des toupies. A priori, ceux qui tournent le plus vite sont les œufs durs. Pour en avoir le cœur net, refaites-les tourner puis touchez-les à peine du doigt. Les œufs durs sont supposés s'arrêter ; les œufs crus, eux, continuent leur manège. Vous voilà fixée.

Des œufs brouillés légers, légers

N'hésitez pas à ajouter une demi-cuillerée à soupe d'eau ou de lait par jaune d'œuf dans vos omelettes et vos œufs brouillés. Ils seront légers et plus digestes.

Coquille fragile

Pour qu'un œuf ne se fendille pas au moment de le plonger dans l'eau bouillante, percez la coquille avec une aiguille, juste à la pointe de l'œuf.

Bien les conserver

Rangez vos œufs la pointe en bas dans leur boîte plutôt que dans le bac de rangement du frigo : la coquille des œufs est en effet très poreuse et a tendance à absorber toutes les odeurs du réfrigérateur... Évitez aussi de les placer à côté des fruits et légumes à forte odeur, comme le chou, l'échalote, l'oignon ou le melon. L'artichaut est aussi un voisin gênant : il a tendance à liquéfier les œufs.

Les écaler, ce n'est pas dur

Pour ne pas batailler avec de minuscules brisures de coquille d'œuf, videz la casserole d'eau bouillante au-dessus de l'évier et laissez-y tomber l'œuf dur. Verser alors de l'eau froide qui va s'insinuer sous la coquille et la décoller. Il vous sera alors beaucoup plus facile d'écaler l'œuf.

Blancs en neige très fermes

Passez sous l'eau froide le récipient dans lequel vous allez battre les blancs d'œufs. La neige sera bien ferme et il n'y aura aucun résidu liquide. Pensez aussi à ajouter aux blancs une pincée de sel fin avant de commencer.

Fromages

Dégustation dans l'ordre

Il faut toujours commencer par les fromages les plus doux (fromages frais) pour aller vers les plus corsés et les plus forts en goût. L'idée est donc de terminer par un fromage persillé (comme le roquefort).

Oui au frigo mais pas trop froid

La question fait débat : faut-il oui ou non conserver ses fromages au réfrigérateur ? L'idéal est de les laisser dans leur papier d'emballage, de les déposer dans une boîte hermétique (les pâtes dures en dessous et les plus fragiles, comme les petits chèvres frais, sur le dessus) et de placer le tout au réfrigérateur. La boîte hermétique présente de nombreux avantages : elle permet de conserver l'humidité, de ne pas répandre d'odeurs fortes dans le réfrigérateur et de ne pas garder les fromages à une température trop froide. Une heure avant de les déguster, sortez la boîte du réfrigérateur puis au dernier moment, disposez les fromages sur un plateau ou une grande assiette de présentation.

ZOOM

Vins et fromages, ceux qu'ils préfèrent

- **Brie de Meaux**

Un bourgogne alliant fruité et structure (volnay, pommard, beaune), vins blancs de Loire secs et nerveux et même un crémant d'Alsace.

- **Camembert**

Vins liquoreux d'Anjou, vins rouges légers (beaujolais, gamay...).

- **Cantal**

Vins rouges légers et fruités pour un cantal jeune (anjou, bourgueil, chinon), vins rouges tanniques et épicés pour un vieux cantal (haut-médoc, pauillac...).

- **Comté**

Vin jaune du Jura pour un comté fruité et des vendanges tardives (tokay, pinot gris, ou gewurztraminer) pour un comté vieux.

- **Époisses**

Vins blancs de Bourgogne (chassagne-montrachet, meursault), tokay, pinot gris, vendanges tardives.

- **Munster**

Au choix vins blancs (vouvray, gewurztraminer) ou vins rouges (bourgognes ou côte-du-rhône).

- **Pont-l'évêque**

Vins blancs liquoreux de Loire ou vins rouges structurés et mûrs (vacqueyras, lirac, château-neuf-du-pape).

- **Rocamadour**

Vins blancs secs (savennières, anjou, saumur, vouvray...), vins rouges fruités et légers (beaujolais, touraine, certains gaillac).

- **Roquefort**

Vins blancs liquoreux (sauternes, monbazillac, barsac, saussignac), vins rouges puissants (madiran) ou vin doux naturel (maury).

Les fromages ont leurs saisons

Essayez d'en tenir compte lors de la composition de votre plateau.

• Le printemps est la saison de prédilection de la plupart des fromages, notamment des chèvres. Profitez de cette période pour déguster camembert, brie, chaource, maroilles, livarot ou époisses, qui sont au top sur les étals en mai. Quant aux fromages d'alpage à pâte dure (comté, beaufort, gruyère ou emmental), produits l'été précédent, ils commencent à devenir savoureux.

• En été, optez pour des chèvres frais qui apporteront une touche de fraîcheur à vos menus. Et profitez de vos vacances pour découvrir les fromages locaux.

• En hiver, craquez pour des fromages plus puissants comme un vacherin, par exemple.

Pour choisir un bon camembert, palpez-le en surface

Avec le plat du pouce, palpez le camembert (sans enfoncer son doigt) : il doit être souple au toucher. Observez aussi sa couleur à travers le papier : si elle tire vers l'orangé, c'est un bon fromage. Soyez vigilant aussi en lisant les étiquettes car certaines régions n'ont pas réussi à protéger leur fromage local des imitations. Gruyère, cheddar, brie et camembert sont ainsi fabriqués dans le monde entier sous cette même appellation. Seule la dénomination « camembert de Normandie » désigne le véritable camembert alors qu'avec la désignation « camembert fabriqué en Normandie » l'origine du lait peut ne pas être normande ; seul l'atelier de fabrication doit être situé en Normandie.

Les conseils du fromager

4 idées de plateaux de fromages

Le classique

1 chèvre + 1 part de brie ou 1 camembert + 1 pâte persillée (roquefort par exemple) + 1 spécialité plus parfumée comme l'époisses + 1 morceau de comté

• Le plus : vous serez sûr de ne pas vous tromper et de contenter les goûts de vos convives.

Le normand

1 camembert + 1 pont-l'évêque + 1 livarot

• Le plus : mettre une région à l'honneur, voici une idée originale qui fera encore plus sensation si vous l'accompagnez d'une bonne bouteille de cidre.

Autour des pâtes dures

1 morceau de beaufort + 1 morceau de fribourg + plusieurs morceaux de comté avec des affinages différents

• Le plus : une lichette de comté avec un verre de vin jaune du Jura, c'est tout simplement divin.

Tout bleus

1 morceau de fourme d'Ambert + 1 morceau de bleu d'Auvergne + 1 morceau de roquefort

• Le plus : à servir avec un bon porto ou un rivesaltes. À réserver aux amateurs de sensations fortes.

Desserts

Chocolat chaud quand il faut

Comme on ne peut pas être au four et au moulin quand on reçoit, il est judicieux de préparer à l'avance le nappage au chocolat chaud qui va avec le dessert. Le thermos se chargera de le maintenir à la température idéale jusqu'au moment de napper les poires Belle-Hélène par exemple.

Une tarte miroir

Chez le pâtissier, les tartes brillent tellement qu'on a l'impression de se voir dedans. Chez nous, c'est autre chose. La solution : à l'aide d'un pinceau, badigeonnez votre tarte cuite d'une gelée de fruits que vous aurez fait chauffer à feu doux.

Gâteau vite démoulé

Un moule a besoin d'être bien beurré ; ça, tout le monde le sait ! Mais le mettre au réfrigérateur le temps que le beurre durcisse est une garantie de plus de démouler les pâtisseries sans aucun problème.

Assiettes fraîches pour dessert froid

Quand on veut bien faire les choses, on présente les assiettes chaudes avant d'y déposer des aliments qui sortent du four. Et pour les assiettes à dessert ? On fera exactement l'inverse, on les refroidira. Un petit stage au réfrigérateur et vous verrez que les boules de glace que vous servirez fondront bien moins vite.

Compote express

Un « fast-food » à la maison, on attendait ça depuis longtemps ! Pour obtenir une compote en 3 minutes, il vous faut : un micro-ondes, des fruits et du sucre glace.

Coupez les fruits en cubes, saupoudrez-les de sucre glace et enfournez le tout. Laissez cuire 3 minutes à la puissance maximale et le tour est joué.

Un caramel parfait

Pour ce faire, pressez 4 ou 5 gouttes de jus de citron au-dessus de votre préparation habituelle (sucre + eau). L'acidité du citron sera précieuse pour empêcher le caramel de cristalliser.

trucs malins

DES GRUMEAUX DANS LA CRÈME

Pour éviter que des grumeaux ne se forment dans la crème anglaise ou pâtissière, il faut la fouetter énergiquement du début à la fin, dans un sens puis dans l'autre, en écrasant les grumeaux sur les bords. Si, malgré vos efforts, votre crème n'est pas fluide, passez-la au mixeur ou bien enfermez-la dans une bouteille qui fera office de shaker. Secouez bien. Après cette intervention musclée, tout rentrera dans l'ordre. Valable aussi pour la pâte à crêpes.

Des fruits confits qui savent se tenir

Les fruits confits ont tendance à tomber au fond du moule à cake. S'ils sont soigneusement passés dans la farine, ils resteront en suspens dans la pâte.

Le top de la crème

Pas l'ombre d'une pellicule à la surface de la crème, anglaise ou pâtissière... L'idéal pour obtenir ce résultat : recouvrez-la d'une fine couche de sucre glace avant qu'elle ne refroidisse et le tour est joué.

Une chantilly légère

Pour que votre chantilly soit à la fois ferme, onctueuse et légère, incorporez un peu de lait dans votre crème fraîche, pour la détendre avant de la fouetter.

Une crème chantilly quasi inratable

Réussir votre chantilly, c'est possible. La crème liquide, le fouet et le bol doivent avoir séjourné au moins 10 minutes dans votre congélateur avant que vous ne leur demandiez des prouesses. Ensuite, vous procéderez comme d'habitude, en fouettant la crème jusqu'à ce qu'elle ait la consistance désirée.

Une moitié de beurre

Bon nombre de desserts contiennent 125 g de beurre. Sans le concours d'une balance, on croit obtenir la moitié du paquet en coupant la motte bien au centre. Eh bien, c'est une erreur ! En fait, la couper en diagonale permet d'obtenir deux parts vraiment égales.

Le miel, un substitut de sucre

Si vous souhaitez remplacer le sucre par du miel sachez que ce dernier contient 20 % d'eau. Il faut alors penser à réduire la quantité de liquide indiquée dans votre recette pour obtenir un résultat équivalent.

Génoise

Couper en deux une génoise a toujours été une tâche délicate. Laissez-la refroidir avant de vous y attaquer. Ça sera bien plus facile !

Biscuits toujours secs

Dans la boîte, les biscuits sont devenus tout mous... Passez-les quelques secondes au micro-ondes.

Fort de chocolat

Si pour une recette, vous devez faire fondre du chocolat, ajoutez un peu de café dans la casserole (3 cuillerées à café pour 150 g de chocolat). Vous renforcerez ainsi son arôme et votre dessert aura un goût délicieux.

Chocolat bien liquide

Quand vous faites fondre du chocolat, mouillez les morceaux avant de le faire chauffer : il n'attachera pas au fond de la casserole.

Gâteau, démoulage de pro

Rien de plus rageant que de réussir un gâteau et de rater son démoulage. Prenez donc un maximum de précautions : avant toute chose, beurrez soigneusement votre moule, puis saupoudrez-le de farine. Si rien n'y fait, posez alors le moule chaud sur un torchon humide. Le résultat ne devrait pas se faire attendre.

Glace incollable

Pour faire de belles boules, trempez d'abord la cuillère à glace dans de l'eau chaude. Elle ne collera pas.

Glace bien conservée

Avant de replacer un bac de glace au congélateur, placez entre le couvercle et la glace une feuille de papier sulfurisé. Cela évitera la formation de cristaux.

Glace à l'orange

Faites cuire plusieurs pommes de terre moyennes. Battez-les pour en faire une purée bien lisse puis mélangez-la à du jus d'orange, sucrez et mettez au congélateur. En quelques heures, vous aurez une délicieuse glace à l'orange. Vous pouvez ajouter, si vous le désirez, des morceaux d'ananas réduits en purée.

Meringues belles et gonflées

Pour être sûre de les réussir, il faut mettre autant de cuillerées à soupe de sucre glace que de blancs d'œufs. Disposez des petits tas sur du papier aluminium ou sulfurisé. Enfournez à chaleur très douce. Pour que vos meringues soient légères et croquantes, entrouvrez la porte du four pendant la cuisson : la vapeur s'évacuera, sans les ramollir.

Pâte à tarte pour tous les goûts

Si vous voulez que votre pâte à tarte reste moelleuse, posez un récipient d'eau dans le four. Si, au contraire, vous la souhaitez bien croustillante, enfournez-la 10 minutes sans garniture en ayant pris soin de la lester de haricots secs. Ils éviteront que la pâte boursoufle.

Les conseils du pâtissier

Les 3 ustensiles clés de vos pâtisseries

- ***Une balance.***

La pâtisserie est une affaire de précision : tout doit être pesé au gramme près. Plutôt qu'un verre gradué, prenez l'habitude de peser vos ingrédients avec une balance qui sera beaucoup plus précise.

- ***Un pinceau alimentaire.***

Cet allié de choix, multifonction, vous permettra de beurrer vos moules et feuilles de brick, de badigeonner vos pâtes à tartes de jaune d'œuf pour qu'elles dorent bien en cuisant ou d'imbiber vos biscuits pour les charlottes et les tiramisus.

- ***Une maryse.***

Oubliez les cuillères en bois et armez-vous d'une maryse. Cette spatule souple, dotée d'un embout en caoutchouc, permet la récupération totale des crèmes, pâtes, chocolat ou beurre fondus dans le fond d'une casserole ou d'un saladier.

Pâte à tarte bien sèche

Le problème avec la tarte au citron, c'est que souvent la pâte se ramollit complètement. Pour éviter ce problème, saupoudrez-la de sucre semoule ou badigeonnez-la d'un blanc d'œuf battu.

Il faut précuire les tartes aux fruits

Dès que vous utilisez des fruits juteux, pensez à précuire votre pâte 12 à 15 minutes dans un four préchauffé à 180 °C (th. 6). Vous éviterez ainsi qu'ils détrempent la pâte en cuisant. Vous pouvez aussi saupoudrer votre pâte à tarte de poudre d'amande ou de noisette avant d'ajouter les fruits. La touche finale ? Pour donner une jolie couleur à vos fruits ou encore rehausser leur goût s'ils sont un peu fades, badigeonnez-les, à l'aide d'un pinceau, de marmelade de fruits. Pour cela, il vous suffit de faire chauffer cette dernière pendant quelques instants dans une petite casserole à feu doux pour la liquéfier.

Petits gâteaux en feront un gros

Il vous reste 5 ou 6 madeleines au fond d'un paquet ou des morceaux de biscuits rassis boudés par les enfants ? Émiettez-les puis mélangez-les avec 50 cl de lait, 125 g de sucre en poudre, deux cuillerées à soupe de cacao en poudre et 3 œufs entiers. Versez cette préparation dans un moule rectangulaire beurré et faites cuire dans un four à 180 °C pendant 45 minutes. Vous aurez un délicieux biscuit.

Un sorbet entre les plats

Version légère de la glace, le sorbet est un dessert délicieux. Pourquoi ne pas le servir au milieu du repas pour rafraîchir le palais entre deux plats ?

Tour de main pour les sorbets

C'est la meilleure façon de préparer un sorbet : pressez les fruits pour en extraire tout le jus. S'il est très épais, ajoutez un peu d'eau. Versez cette préparation dans un récipient métallique avec couvercle, et glissez-le dans le congélateur. Au moment où le sorbet commence à prendre (il se durcit sur les parois), mais que le centre est encore liquide, remuez bien au fouet électrique, puis replacez-le au congélateur.

Plaisir fruité au yaourt

Vos enfants adorent le yaourt à boire... alors, faites cette recette toute simple. Battez plusieurs yaourts en sucrant légèrement. Vous pouvez aussi ajouter des morceaux de leurs fruits préférés.

Petits pains délicieux

Mélangez 200 g de farine, un yaourt nature, deux cuillerées à soupe d'huile et une d'eau, une cuillerée à café de levure et une pincée de sel. Travaillez la pâte, puis formez des petites boules. Avec un pinceau, passez un peu de lait ou de jaune d'œuf et disposez-les sur une plaque à pâtisserie. Faites cuire à 180 °C jusqu'à ce qu'elles gonflent.

Irrésistible, un cake croustillant avec du pralin

Farinez systématiquement les fruits confits avant de les ajouter à la pâte pour éviter qu'ils ne tombent dans le fond du moule ou qu'ils forment des « paquets ». Pour un petit plus côté saveur, rajoutez deux à trois cuillerées à soupe de pralin (en vente au rayon pâtisserie des supermarchés) sur le dessus de votre cake avant de l'enfourner : cela lui donnera un petit côté croustillant inimitable.

Quatre-quarts moelleux grâce au beurre pommade

Vous devez bien avoir sous le coude une recette de quatre-quarts transmise par votre grand-mère. Pourtant, quand vous vous y attelez, le résultat obtenu n'a rien à voir avec le dessert de votre enfance. Pour obtenir un gâteau moelleux, utilisez du beurre pommade : en faisant fondre le beurre, évitez de trop le faire chauffer. Il risquerait de prendre un aspect cassant en refroidissant, vous obtiendriez alors un gâteau trop compact. Et pour garder tout le moelleux de ce gâteau quelques jours, il suffit de l'envelopper dans du film alimentaire à la sortie du four. Côté présentation, pensez à le parsemer de zestes d'orange râpés ou d'amandes effilées.

Pas de blanc d'œuf froid pour la mousse au chocolat

Pour réussir votre mousse, utilisez des blancs d'œufs à température ambiante. Sinon, ils risquent de faire figer le chocolat fondu. Et surtout ne les montez pas trop en neige car plus vous les mélangez pour obtenir une pâte lisse et onctueuse, plus ils ont tendance à liquéfier la préparation. Pour réussir, lorsque vous levez votre fouet, les blancs doivent former des petits pics, on parle de « becs d'oiseau ».

Les petits plus d'une salade de fruits

On dit souvent qu'il faut arroser les fruits coupés de jus de citron pour éviter qu'ils ne s'oxydent. C'est vrai, sauf si vous avez prévu d'ajouter des oranges ou du pamplemousse dans votre salade de fruits : ces derniers joueront alors le même rôle que le jus de citron. Et pour une recette au top, préparez un sirop en faisant bouillir 20 cl d'eau avec 100 g de sucre en poudre. Ajoutez un filet de liqueur de pêche et laissez-le refroidir. Quand il est bien froid, faites macérer vos fruits coupés pendant 12 heures environ (sauf les fraises et les kiwis que vous ajouterez au dernier moment). À tester, le résultat est vraiment délicieux.

Un bon financier se sert tiède

Pour être vraiment parfaits, vos financiers doivent être juste cuits : ils garderont ainsi un côté moelleux. À la sortie du four, attendez quelques minutes, démoulez-les délicatement puis servez-les tièdes. En revanche, si vous les préparez à l'avance, n'hésitez pas à les réchauffer 5 à 10 minutes dans un four préchauffé à 180 °C (th. 6) juste avant de les déguster.

Pain

Fraîcheur et moelleux garantis

Faire cohabiter du pain, des biscuits et une moitié de pomme dans une boîte n'est pas une idée saugrenue. La pomme permet en effet au pain et aux biscuits de conserver tout leur moelleux.

De belles tranches

On a parfois du mal à faire de belles tranches dans une miche de pain frais. Le couteau s'accroche dans la mie et tout s'effrite. Le truc : tremper la lame de son couteau dans de l'eau bouillante, l'essuyer puis découper. Vous pouvez être sûre que vos tartines auront de l'allure.

Au micro-ondes

Vous êtes en panne de pain frais et vous devez en décongeler au four à micro-ondes ? Pour qu'il ait vraiment l'air de sortir de chez le boulanger, laissez-le pendant quelques minutes dans un torchon propre une fois sorti du four. Il sera croquant à souhait !

Méditerranéen

Voici un truc qui étonnera vos invités. Coupez une baguette en deux sur toute sa longueur. Beurrez et saupoudrez d'ail haché. Mettez sous le gril pendant 5 minutes environ. C'est délicieux !

Moelleux et pas moisi

Il se conserve mieux et plus longtemps au réfrigérateur. Le froid l'empêche de moisir et, en plus, il le rend plus moelleux.

De la toile de jute ou du lin pour conserver le pain

L'idéal est de conserver vos miches et baguettes dans un torchon en toile de jute ou en lin épais car le plastique a tendance à ramollir le pain tandis que le papier le dessèche. Comptez 10 à 12 heures maximum pour une baguette (au-delà, elle devient vraiment trop dure) et un à deux jours pour un gros pain entier. Et pour que votre pain retrouve tout son croustillant, prenez l'habitude de le faire réchauffer quelques minutes dans un four préchauffé à 180 °C (th. 6).

Qui dit bon pain de mie, dit peu de levure

Quand on « colle son nez » sur le pain de mie, il doit dégager un mélange d'arômes de beurre, de fermentation et de blé, et non de levure. Cette odeur douce et appétissante, associée à une jolie couleur jaune marron (et surtout pas claire et fadasse), sont les deux critères imparables pour dénicher un bon pain de mie.

Congelez uniquement le pain extra-frais

Demandez au boulanger de le couper en tranches. Enveloppez-les dans du papier aluminium ou un sac congélation (mais jamais dans un sac plastique usuel). Fermez le tout hermétiquement. Ainsi congelé, le pain peut se conserver jusqu'à trois mois. Quand vous souhaitez le décongeler, sortez uniquement la quantité voulue puis passez les tranches au grille-pain ou enfournez 4 à 5 minutes dans un four préchauffé à 150 °C (th. 5).

Recyclez les restes de pain en...

Croûtons. Quand votre pain commence à durcir, coupez-le en cubes que vous laisserez durcir complètement avant de les utiliser comme croûtons.

Biscottes. Coupez vos baguettes durcies en deux et passez-les au four très chaud (240 °C/ th. 8) 2 à 3 minutes, au-delà vos biscottes risquent de casser lorsque vous les tartinerez.

Panure. Quand votre pain est très rassis, passez-le à la moulinette pour obtenir de la panure que vous garderez ensuite dans un bocal hermétique à l'abri de l'humidité.

Qui peut bénéficier de l'appellation « pain maison » ?

Pour protéger les artisans boulangers menacés par la concurrence des boulangeries industrielles qui se multiplient comme des petits pains, un décret du 13 septembre 1993 stipule que seul le pain pétri, façonné et cuit sur le lieu même de vente peut bénéficier de l'appellation « pain maison ».

Conservation

Recyclage maison pour vieilles tomates

Un surplus de tomates trop abîmées pour être mangées en salade ? Coupez-les en morceaux puis enfournez-les pendant 5 heures à 60 °C (th. 2) ou laissez-les sécher sous un soleil de plomb. Plongez-les ensuite dans un bocal rempli d'huile d'olive avec du thym, de la sarriette, du sel, du poivre en grains et de l'ail écrasé. Elles feront de délicieux amuse-gueules.

Garder la salade

On croit avoir tout entendu à ce sujet mais le moyen le plus sûr de conserver une salade pendant 5 à 6 jours, c'est encore de l'enfermer dans une boîte hermétique en plastique après l'avoir lavée et bien essorée.

Des fromages qui se respectent

Tous ne dégagent pas la même odeur ; certains sont doux, d'autres moins ! Pour que chacun garde son bon parfum pour lui, une solution : fixez, à l'intérieur de la boîte dans laquelle ils séjournent, une branche de thym avec du ruban adhésif. Et si vous déposez un morceau de sucre dans le fond, c'est encore mieux.

Des fromages qui supportent la chaleur

Lorsqu'il fait chaud, le fribourg et le cantal ont l'air de sortir d'un sauna. Pour qu'ils aient meilleure allure, il faut les couvrir d'un linge humide. Ainsi, ils ne souffriront pas de la chaleur.

De beaux fruits exotiques

Réfrigérateur et banane s'entendent mal. À dire vrai, la banane déteste avoir la chair de poule et s'y abîme. Mieux vaut ne pas ranger dans cette armoire à froid des fruits qui viennent de pays chauds. Ils ne supportent pas le contraste.

Un avocat sans rides

La logique voudrait qu'on les range au réfrigérateur. Surtout pas. Les avocats mûrissent à toute allure sauf si vous les enterrez dans un bocal rempli de farine.

Longue vie aux artichauts

Leur durée de vie (crus) peut être allongée si vous prenez soin de les mettre dans un vase ou tout autre récipient avec un peu d'eau. L'essentiel est que la queue de l'artichaut ne soit pas au sec.

Le pain ne se jette pas

C'est comme ça, on jette le pain avec mauvaise conscience. Pour sauver définitivement le pain rassis, passez-le un éclair de seconde sous le robinet et enfournez-le thermostat 4 ou 5 (135 °C) jusqu'à ce que sa croûte reprenne vie et croustille.

La conservation idéale du miel

Placez vos pots de miel dans un placard, à l'abri de la lumière et de l'humidité. Si des petites bulles apparaissent et s'il dégage une odeur désagréable, jetez-le : il est sans doute fermenté. Si le miel est devenu trop dur pour l'utiliser, faites-le chauffer doucement au bain-marie dans un récipient émaillé.

ZOOM Le b.a.-ba de la congélation

Aliments	Comment les préparer	Conservation
Légumes	Prenez des légumes frais. Faites-les précuire en les blanchissant 2 à 5 minutes à l'eau bouillante ou en les cuisant 4 à 5 minutes à la vapeur. Séchez-les avant congélation.	**12 mois**
Fruits	Congelez-les sitôt achetés. Crus, il suffit de les rincer et les sécher. Nettoyez les fruits rouges avec du papier absorbant. Les fruits tendres (abricots, pêches...) se congèlent mieux préparés en sirop. Les compotes se congèlent parfaitement.	**10 mois**
Poissons	Crus, il faut qu'ils aient été pêchés 24 heures avant ; sinon congelez-les cuits. Les poissons entiers doivent être vidés, rincés et séchés. Les crustacés doivent être précuits dans un court-bouillon avant conditionnement.	**3 mois**
Viandes	Ne congelez que de la viande bien fraîche. Dégraissez-la le plus possible. Vous pouvez bourrer l'intérieur des volailles avec de l'aluminium froissé pour éviter toute déformation.	**9 à 12 mois** **9** = **mouton**, **agneau**, **veau** **12** = **bœuf**, **poulet**, **gibier**
Pain et pâtes	Une pâte se congèle crue, ramassée en pavé ou étalée dans un moule. Décongelez-la au réfrigérateur (le micro-ondes la ramollit). Le pain, lui, doit être bien emballé sinon il se déshydrate et la croûte tombe lors de la décongélation.	**1 mois**
Plats cuisinés	Lors de la préparation, salez peu et évitez les épices. Utilisez le moins de matières grasses possible. Séparez les viandes ou poissons de leurs sauces. Pour celles-ci, liez-la avec de la fécule ; la farine a tendance à dissocier les sauces.	**2 mois**

À ne pas congeler

• Yaourts, crèmes, lait frais, coquillages (sauf Saint-Jacques), œufs durs, gâteaux à base de blancs d'œufs, viande hachée.

• Les denrées qui ont déjà été décongelées.

Bien s'organiser

• Utilisez un compartiment pour chaque famille d'aliments.

• Étiquetez tous les emballages en précisant le type d'aliment et la date de congélation. Utilisez un feutre indélébile.

• Videz votre congélateur une fois par an.

Ne pas décongeler à l'air ambiant

• Préférez la cuisson sans décongélation (notamment pour les légumes), le micro-ondes ou la décongélation au réfrigérateur.

Séparer les produits

• Afin d'éviter que les légumes, les steaks ou les petits poissons ne s'agglomèrent, faites-les durcir séparément avant de les emballer ensemble et de les congeler.

Congeler des petites quantités

• Ne remplissez pas totalement les récipients. Bien faire le vide d'air dans les sacs pour éviter la formation de gros cristaux qui dénaturent les aliments.

Éviter le chaud

• Ne congelez pas un aliment chaud. Cela ferait monter la température du congélateur.

Les bons emballages

• Préférez les emballages hermétiques de qualité alimentaire.

• Optez pour des récipients d'un litre maximum et rectangulaires : ils s'empilent mieux. Pour les sauces, utilisez des petits pots.

Dégivrer souvent

• Une couche de 5 mm de givre impose un dégivrage immédiat : 2 mm de givre, c'est 10 % de consommation d'électricité en plus !

Pommes de terre sans germes

Vous êtes concernée si vous stockez des kilos de pommes de terre dans vos placards. Pour les empêcher de germer, glissez dans votre réserve une ou deux pommes fruits.

La farine n'est pas éternelle !

Au frais et bien au sec, la farine de blé se conserve six mois. Celle qui contient de la levure est, en revanche, à utiliser dans les trois mois après ouverture, et la farine complète dans les deux mois seulement.

Farine toujours au sec

Si votre cuisine est humide, conservez le paquet de farine, emballé dans un sac plastique, au réfrigérateur. Vous éviterez quelques mauvaises surprises comme des moisissures...

Fourmis : halte à l'envahisseur

Deux ou trois feuilles de laurier enfouies dans un pot de farine ou dans un pot de sucre feront déguerpir les fourmis et les empêcheront de revenir.

Adieu les charançons

Une gousse d'ail lâchée dans un sachet de légumes secs fera l'effet d'une bombe. Les indésirables se sauveront.

Une huile parfumée pour les salades

Pour conserver l'ail et aromatiser vos salades, épluchez une tête d'ail, mettez les gousses dans un bocal et recouvrez-les d'huile d'olive. Cette préparation se garde deux semaines au réfrigérateur.

De jolis champignons

Les champignons de Paris s'abîment vite. La solution est de les envelopper dans du papier journal pour les conserver quelques jours de plus.

Cuissons

Cuisson à la vapeur, chacun sa place

Comme un immeuble, un cuit-vapeur a plusieurs étages et des voisins. Pour ne pas polluer la saveur d'un autre légume, il suffit d'installer le plus « parfumé » dans le panier du haut.

Des œufs miracle pour la friture

Pour que l'huile de friture reste propre, ajoutez-y un blanc d'œuf. À la cuisson, il absorbera toutes les matières inutiles.

Friture, ça ne sent rien !

Pour éviter que toute la maison n'embaume la friture, ajoutez à l'huile chaude une branche de persil. Cela évitera également les éclaboussures... et, surtout, tout risque de brûlures.

Frites très craquantes

Pour faire de belles frites, il vous faut des pommes de terre bien fermes. Une fois épluchées et coupées, saupoudrez-les de sel pour les faire dégorger. Elles seront alors bien croustillantes !

De belles frites bien dorées

Une subtilité qui vous donnera des frites belles à croquer. Plongez-les d'abord dans l'huile bouillante et retirez-les dès qu'elles prennent une coloration dorée. Attendez quelques minutes. Replongez-les ensuite le temps qu'elles terminent leur cuisson. Goûtez la différence.

Pour fariner uniformément

Comment réussir à fariner tout un tas de petits poissons en un rien de temps et sans tout salir ? En les enfermant dans un sac en plastique avec la bonne dose de farine et en l'agitant. Vous n'aurez plus qu'à le vider dans la poêle ou la friteuse.

Micro-ondes, une cuisson bien répartie

L'injustice règne. Parfois, le micro-ondes s'occupe d'un aliment et pas du tout d'un autre. On peut y remédier en glissant les plus petits morceaux au milieu du plat et les plus grands vers les bords. Tout simplement parce qu'au cœur du plat, la cuisson est moins fulgurante.

trucs malins

FOUR : DEGRÉS ET THERMOSTAT

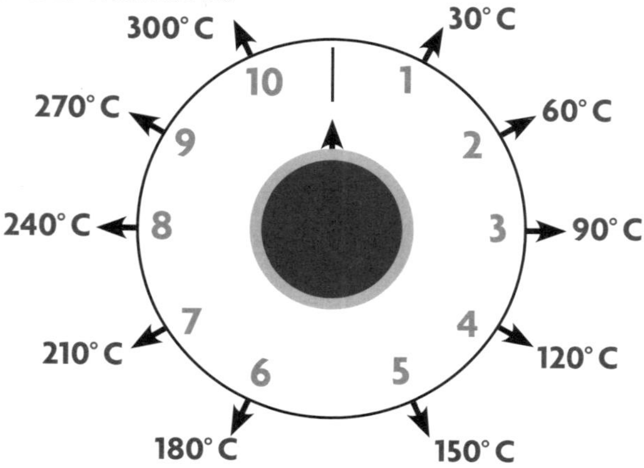

Réhydrater les aliments secs

Le micro-ondes est capable de venir au secours des aliments desséchés. Fruits secs et champignons revivent grâce à lui. Il faut pour cela mettre les aliments dans un bol rempli d'eau et enfourner le tout 10 minutes à moyenne puissance.

L'huile à la bonne température

La friteuse est en place ; l'huile a l'air chaude. Mais comment s'assurer qu'elle est à la bonne température ? Tout simplement en y jetant un petit morceau de mie de pain. Il doit alors mettre environ 30 secondes à brunir. S'il fonce trop rapidement, l'huile doit refroidir. Baissez le feu. Si c'est l'inverse, patientez encore quelques minutes.

Un soufflé en deux temps

Votre soufflé gonflera comme il faut si vous le cuisez en deux temps, sans ouvrir la porte du four. Commencez la cuisson en préchauffant le four à 180 °C (th. 6), ainsi il va gonfler lentement. Pour la seconde partie de la cuisson, montez le four à 210 °C (th. 7) : il aura la consistance et la couleur désirées.

Le moule adéquat pour le soufflé

Pour un soufflé, prenez un moule rond à bords hauts et à parois lisses. Il doit être en porcelaine à feu ou en Pyrex. On en trouve dans toutes les tailles.

Des légumes à point

Pour faire cuire des légumes dans une Cocotte-Minute, ne mettez pas trop d'eau : 25 cl d'eau par kilo de légumes suffit. Ajoutez-les quand l'eau commence à bouillir, et couvrez quand l'eau recommence à bouillir, pas avant.

Matériel

Faites sortir la vapeur de la cocotte

Pour que la cocotte évacue rapidement la vapeur qu'elle contient, faites couler un peu d'eau froide sur le couvercle. Retirez ensuite la soupape.

Affûtés à l'huile

Si vos ciseaux ne coupent plus, essayez ce truc : faites-les tremper toute une nuit dans un mélange d'huile de table et d'essence à parts égales. Ou bien coupez avec ces mêmes ciseaux une feuille de papier de verre très fin (00), et recommencez l'opération jusqu'à ce qu'ils soient affûtés.

Sur le goulot d'une bouteille

Vous avez besoin de vos ciseaux et, manque de chance, ils sont hors d'usage ! Prenez une bouteille en verre et, procédez comme si vous vouliez couper le goulot. Le frottement des lames sur le verre va leur redonner un fil coupant.

Presse-fruits, un peu plus de jus

N'attendez pas d'être arrivée au tout dernier fruit à presser pour débarrasser le filtre de la pulpe qui s'y accumule. En la retirant régulièrement, vous obtiendrez davantage de jus.

Presse-fruits comme neuf

Après plusieurs utilisations, les éléments du presse-fruits ont tendance à prendre une couleur jaunâtre. Frottez-les avec une pâte composée de bicarbonate de soude et d'un peu d'eau et laissez-les toute une nuit dans de l'eau savonneuse. Rincez, ils seront comme neufs.

Un robot tout propre

Évitez de frotter le plastique du bol d'un robot avec une éponge à récurer, au risque de le rayer. Pour décoller les dépôts, remplissez le bol à moitié d'eau chaude et de produit vaisselle, puis mettez l'appareil en marche doucement. Vous n'aurez ensuite qu'à rincer.

Casseroles en aluminium

Pour éviter que l'aluminium noircisse lors de la cuisson des légumes, mettez dans l'eau un morceau de citron (un demi-quartier ou un zeste). C'est très efficace : toutes vos casseroles seront propres en un clin d'œil.

Petit électroménager

Pour son bon fonctionnement, il est important de détartrer régulièrement votre cafetière électrique : faites passer du vinaigre ou utilisez un détartrant du commerce. Et vos petits cafés seront à nouveau délicieux.

Déboucher les petits trous

Gardez vos brosses à dents usagées, elles peuvent être utiles, notamment pour déboucher les trous d'un presse-ail ou de n'importe quelle grille de mixeur.

Odeurs

Avec l'anis étoilé, la friture ne sent pas

Une bonne friture de poissons qui ne laisse pas de trace dans les airs, c'est une nouvelle à retenir. Juste avant de mettre la friture en route, faites bouillir quelques fleurs de badiane (anis étoilé). (Elles s'achètent dans les grandes surfaces.) Laissez la casserole sur le feu pendant la cuisson de la friture et 15 minutes après. Bonne odeur garantie.

La menthe neutralise l'oignon

L'odeur de l'oignon est parfois si tenace que même la poêle a du mal à s'en défaire. La solution est de frotter une feuille de menthe fraîche contre le fond de l'ustensile. Et respirez le bon air.

Cuisiner du chou sans que ça se sache

Le chou, c'est délicieux. Mais lorsqu'on le cuisine, tout l'appartement, voire l'immeuble, en profite ! Une tranche de pain trempée dans l'eau de cuisson absorbera ce parfum indésirable.

Désodoriser le réfrigérateur

Pour peu que vous y stockiez des oignons, du fromage ou des poireaux, il arrive un moment où vous y regardez à deux fois avant d'ouvrir votre réfrigérateur. Pour remédier en toute urgence à ce problème, déposez sur le rayonnage central une coupelle de lait : il absorbera toutes les mauvaises odeurs. Cette réaction chimique signifie aussi que vous avez intérêt à bien fermer votre pack de lait... Si vous avez en stock plus de café que de lait, vous pouvez poser une coupelle avec deux cuillerées à soupe de café moulu. Le résultat sera le même.

Présentation

Un bouillon doré

La couleur du bouillon n'est pas toujours aussi appétissante qu'on l'espérait. La pelure d'un oignon glissée dedans avant la cuisson lui donnera un ton doré.

Une viande colorée

Cuite au micro-ondes, la viande n'a pas forcément bonne mine. Badigeonnez-la d'abord de sauce de soja ou de sauce pour barbecue. La différence saute aux yeux.

Aumônières faciles

Certaines aumônières (feuilles de brick, galettes de riz) doivent être cuites au four. Les zestes et autres brins de ciboulette sont trop fragiles pour les fermer solidement et ils brûleraient à la cuisson. Nouez-les avec du fil alimentaire ou un ruban d'aluminium. Enfournez. Pour servir, remplacez le fil ou l'aluminium par un zeste de citron ou un brin de ciboulette.

Petits nids de pâtes

Amusez-vous à enrouler vos spaghettis ou vos tagliatelles autour d'une fourchette à gigot et déposez ces petits nids dans les assiettes. Ils feront plus d'effet que des pâtes présentées en vrac.

De beaux artichauts

Pour que vos artichauts ne virent pas au marron à la cuisson, plongez-les dans l'eau bouillante avec un morceau de sucre et une cuillerée à soupe de vinaigre.

Des radis en fleurs

Munissez-vous d'un couteau de cuisine, fendez vos radis en six et plongez-les dans de l'eau froide. Ils s'ouvriront comme des fleurs. C'est magique.

Liens de ciboulette

Immergé quelques instants dans de l'eau bouillante, le brin de ciboulette prend des forces pour ensuite servir de lien. Vous pouvez alors nouer des aumônières ou des roulades de saumon.

Un chou-fleur blanc

Pour qu'un chou reste blanc au lieu de virer au jaune, additionnez à l'eau de cuisson une cuillerée à soupe rase de farine par litre d'eau ou le jus d'un citron.

Un os avec sa moelle !

Enfoncez quelques grains de gros sel à chaque extrémité de l'os à moelle avant de le faire cuire comme à l'accoutumée. Vous ne devriez pas repêcher d'os sans sa moelle à l'intérieur. Celle-ci restera bien à sa place et les amateurs de ce délice vous remercieront.

Viande blanche bien grillée

Arrosez poulets et rôtis de jus de citron ou de miel avant de les enfourner. Vous ne le regretterez pas ; cela grille la viande à merveille. C'est bon et joli.

Boudin présentable

Des boudins blancs éventrés au fond de la poêle, ce n'est ni beau ni appétissant. C'est même rageant pour le cuisinier de service. Bref, avant toute cuisson, trempez le boudin dans de l'eau chaude. Il se cuisinera ensuite sans s'abîmer.

Des verres givrés !

Avant de servir l'apéritif, frottez les bords de vos verres d'une tranche de citron et retournez-les sur une soucoupe pleine de sucre en poudre imbibé de sirop (grenadine, menthe...). Succès garanti !

Santé

Acné et boutons

Nettoyer sa peau avec les bons produits

Contrairement à une idée reçue, l'alimentation ne joue pas de rôle dans l'apparition de l'acné. Ne culpabilisez pas si vous avez englouti une tablette de chocolat ou autre aliment riche en matières grasses. En revanche, il faut entretenir votre peau correctement. Évitez de vous nettoyer avec un lait démaquillant, trop gras. Utilisez chaque jour un gel nettoyant moussant sans savon, vendu par presque toutes les marques.

Pour atténuer l'acné

Appliquée régulièrement, une décoction de pensées sauvages peut atténuer cette petite maladie de peau. Réduisez simplement quelques pensées en poudre jusqu'à en obtenir une cuillerée à soupe. Faites-la macérer dans 50 cl d'eau bouillie. Laissez tiédir, filtrez et pulvérisez la totalité sur votre visage ; tamponnez avec une serviette éponge pour sécher.

L'art de la dissimulation

Pour cacher ce petit bouton disgracieux qui vient d'apparaître là où il est le plus visible, appliquez un peu de produit anticernes à l'aide d'un pinceau fin : il disparaîtra comme par enchantement.

Infections : pas question !

Vous avez tendance à avoir des petits boutons inesthétiques qui s'infectent ? Appliquez dans ce cas un glaçon sur la zone concernée. Le bouton finira par mûrir et vous pourrez l'extraire sans douleur ni risque d'infection.

Fini les points noirs

Mélangez deux cuillerées à soupe de farine de maïs ou d'avoine à un blanc d'œuf battu, appliquez la pâte en masque sur le visage. Laissez poser quelques minutes, enlevez avec un linge sec et rincez à l'eau de rose. Plus de points noirs, à vous la peau douce.

Bobos et petits trucs

Soulager une brûlure

Pour soulager les brûlures superficielles, celles qui ne sont pas graves mais qui font mal, il suffit de passer l'endroit douloureux sous l'eau fraîche du robinet. Mais attention, pas quelques secondes furtives ! Cinq minutes montre en main ! À cette condition, c'est vraiment efficace.

Des piquants de cactus plein les mains

La pince à épiler est la première des solutions pour extraire des épines plantées dans les doigts. La deuxième solution est plus spectaculaire. Allumez une bougie et laissez-la légèrement couler à l'endroit où sont plantés les piquants, puis plongez vite la main dans de l'eau froide. La cire ainsi solidifiée emportera les indésirables quand vous la détacherez.

Ôter un pansement sans souffrir

L'art et la manière de décoller un pansement sans provoquer de hurlements existent ! Passez-le sous le robinet en faisant mousser du savon dessus et tirez délicatement.

Si le pansement fait de la résistance, trempez la peau incriminée dans de l'eau oxygénée à 20 volumes.

Une solution antidémangeaisons

En cas de varicelle ou autre maladie éruptive, faites participer votre enfant aux soins prodigués à ses boutons. Donnez-lui un Coton-Tige imprégné d'éosine et le tour est joué. Pendant qu'il joue l'artiste en peignant ses boutons, il oublie de se gratter. S'il est assez grand, aidez-le à tenir un sèche-cheveux à température douce pour sécher l'antiseptique.

Adieu les crampes !

Rien de plus douloureux qu'une crampe à la jambe. Et pourtant, on peut la soulager facilement grâce à un moyen aussi étonnant qu'inconnu ! Dès que vous ressentez les premières douleurs, liez fortement au-dessus du genou la jambe « attaquée » (comme un garrot), mais pas plus de quelques minutes. C'est radical ! Vous vous sentirez très vite beaucoup mieux.

Adieu les aphtes

Pour faire disparaître un aphte aussi vite qu'il est apparu, tamponnez-le avec un Coton-Tige imbibé d'alcool à 90° (ou, à défaut, d'alcool à 70° ou tout autre désinfectant). C'est incroyablement efficace !

Cicatriser une petite coupure

Les très grosses coupures nécessitent parfois une intervention chirurgicale. Les petites coupures et les écorchures légères, elles, doivent être immédiatement désinfectées. Pour qu'elles cicatrisent plus rapidement, écrasez quelques feuilles de géranium sur un linge et appliquez-les directement sur la plaie. Généralement, une seule application suffit.

Soigner les bosses

Bleus, bosses, ecchymoses et meurtrissures sans déchirure de la peau s'appellent contusions ou lésions. Pour dégonfler rapidement ces bobos, appliquez dessus un gant de toilette rempli de glaçons ou une lingette rafraîchissante conservée en prévision au congélateur.

Extraire une épine

Tout d'abord, ramollissez la peau du doigt en lui donnant un bain d'eau chaude additionnée d'une cuillerée à soupe de gros sel pendant 5 minutes. Ensuite, vous pourrez extraire l'épine avec une pince à épiler ou une aiguille passée sur une flamme. Elle ne résistera pas. N'oubliez surtout pas de désinfecter !

Coups de soleil

Grande prudence avec les enfants. Méfiez-vous du soleil, même caché par les nuages. On connaît maintenant ses effets cancérigènes. Écran solaire, chapeau et tee-shirt pour se baigner sont de rigueur.

Adieu les bleus

Vous vous êtes cognée, et ça fait mal ? Pour apaiser la douleur et éviter d'avoir un bleu, appliquez un peu de margarine là où vous vous êtes cognée. Le soulagement est instantané.

Morsure de chien

Il faut bien sûr consulter un médecin le plus rapidement possible, muni de votre carnet de vaccination, mais, avant tout, lavez soigneusement la plaie avec de l'eau bouillie et appliquez sur la blessure un peu de jus de citron.

Petite hémorragie

Vous vous êtes coupée superficiellement et il n'y a plus ni alcool à 90° ni eau oxygénée. Désinfectez la blessure avec du jus de citron : une façon naturelle d'arrêter l'hémorragie et de nettoyer la plaie.

Écharde dans le doigt

N'essayez pas de l'enlever avec une épingle. Prenez plutôt une pince à épiler. Si vous n'y arrivez pas, mettez un peu d'huile d'olive sur le doigt, l'écharde sortira facilement.

Allergie, un remède maison

Préparez une infusion calmante avec du thym, puissant agent antibactérie. Des infusions d'orties ou de sauge ont aussi des vertus apaisantes.

Gorge saine

Il existe un remède naturel qui soigne toutes sortes d'infections de la gorge et des bronches. Coupez une grosse gousse d'ail en larges rondelles et glissez-les dans la bouche, entre les gencives et la partie interne des lèvres. Au bout de 8 à 10 minutes, remplacez-les par d'autres. En plus de soigner les infections, ce traitement fortifie les gencives.

Des doigts bien soignés

Les petits bobos dont souffrent nos doigts comme nos orteils s'infectent souvent. Si vous avez ce problème, laissez le doigt malade dans de l'eau chaude salée le plus longtemps possible. L'eau doit être très chaude, sans vous brûler. En recommençant l'opération deux à trois fois par jour, vous aurez vite fait d'être soulagée.

Maux de gorge

Pour les soulager efficacement, préparez-vous un jus de citron mélangé à de l'eau chaude avec deux cuillerées à soupe de miel. Prenez cette boisson juste avant de vous coucher et buvez-la lentement, par petites gorgées. Le lendemain, vous vous sentirez déjà beaucoup mieux.

Fesses de bébé

Les couches finissent souvent par provoquer des rougeurs sur les fesses de bébé. Pour prévenir ces irritations, ajoutez à l'eau de son bain un peu d'huile pour le corps et évitez de le talquer. Le talc s'accumule en effet dans les plis de la peau et freine la transpiration.

Lierre vénéneux

À son contact, cette plante peut provoquer des rougeurs ou des éruptions, accompagnées de démangeaisons. Pour soulager l'irritation, faites cette préparation : mélangez deux cuillerées à soupe de bicarbonate par litre d'eau froide et utilisez ce liquide en compresses sur les zones irritées ; vous pouvez également ajouter à l'eau de votre bain une demi-tasse de bicarbonate.

Un peu d'eau tiède pour la fièvre

Pour faire baisser une forte fièvre, n'utilisez pas d'eau froide, car les vaisseaux sanguins se contracteraient, et cela empêcherait la température de baisser. Passez, sur le front du malade, une éponge imbibée d'eau tiède qui va favoriser la circulation.

Fièvre, dans les cas extrêmes

Si la fièvre est très élevée, en attendant le médecin, il faut déshabiller le malade et le couvrir juste d'un drap de coton, en veillant néanmoins à ce qu'il ne prenne pas froid.

Un œuf dur pour vos névralgies

Une façon très simple d'apaiser une névralgie, c'est d'appliquer sur la zone endolorie un œuf dur chaud. C'est un excellent calmant, qu'on a très facilement sous la main.

Les bienfaits de la laitue pour les douleurs

Pour en finir avec ces douleurs difficilement supportables, préparez un jus de laitue. Il vous faut pour cela un blender (ou une centrifugeuse) et trois ou quatre grosses laitues bien fraîches. Commencez par boire un grand verre de ce jus, puis continuez par un petit verre (du type verre à vin), toutes les heures, jusqu'à ce que vous soyez parfaitement soulagée. Pour que le goût soit plus agréable, ajoutez un peu de miel ou de sucre de canne.

Assainir l'atmosphère en cas de rhume

Vous respirerez plus facilement si vous vaporisez un peu d'eau vinaigrée ou mentholée dans la pièce.

Douce camomille contre le rhume

La camomille est un excellent remède contre le rhume. Jetez dans un grand bol d'eau bouillante deux cuillerées à soupe de camomille, couvrez-vous la tête d'une serviette au-dessus du bol pendant 10 minutes.

Infusion miracle contre la toux

Si vous toussez et que vous avez mal à la gorge, concoctez-vous une infusion à base de miel, de citron et de clous de girofle. Vous pouvez même aller jusqu'à sucer un clou de girofle entier pour calmer les irritations de la gorge.

Infusion de camomille contre l'urticaire

Vous avez une crise d'urticaire après avoir ingéré un aliment auquel vous êtes allergique ? Préparez une infusion d'aigremoine, très utile pour calmer les irritations intestinales, et de camomille, aux propriétés antiallergiques. Vous trouverez ces deux plantes en herboristerie. Laissez reposer l'infusion 5 minutes, puis filtrez et conservez le liquide dans un flacon hermétique. Prenez-en une tasse trois fois par jour tant que persistent les symptômes.

Urticaire, du bon usage des feuilles de chou

Prenez quelques feuilles de chou et écrasez-les. Appliquez-les sur les éruptions d'urticaire, elles soulageront les démangeaisons en quelques minutes.

Oignon contre orties

Les piqûres d'orties provoquent une urticaire très vive. Vous apaiserez les démangeaisons en passant un demi-oignon sur la zone irritée.

Orties sans soucis

Dès que les beaux jours arrivent, on a tous envie d'aller se promener à la campagne. Attention toutefois aux orties, dont le contact est très irritant pour la peau. Pour calmer rapidement les démangeaisons occasionnées, frottez la peau avec un coton imbibé d'alcool camphré.

Savon apaisant pour les piqûres

En cas de coup, de piqûre ou de brûlure, frottez la zone affectée avec un savon de Marseille humidifié. Cela vous évitera bleus et autres cloques.

Soleil, S.O.S. brûlures

Vous soulagerez les coups de soleil en appliquant sur la peau une rondelle de tomate mûre crue. On peut aussi poser sur la brûlure un sachet de thé humidifié. Il apportera une délicieuse sensation de fraîcheur.

Tout le monde à l'ombre du soleil

Si vous avez la peau fragile, les crèmes solaires pour enfants assurent une bonne protection. Laissez vos tubes et flacons à l'ombre, ils peuvent s'altérer sous l'effet de la chaleur. Sachez aussi que sur la plage, même à l'ombre d'un parasol, vous n'êtes pas complètement à l'abri des effets (et des méfaits) du soleil : vous pouvez même bronzer, puisque le sable renvoie une grande quantité d'ultraviolets. L'eau réfléchit environ 50 % des rayons solaires, et le sable très blanc, jusqu'à 80 %. Même à la plage, mieux vaut porter des vêtements en lin ou coton, qui ne laissent passer que 10 % des UV.

Antibiotiques ? À vos yaourts !

Difficile de se passer de ce type de médicament, même s'il malmène parfois notre flore intestinale. Pour pallier cet inconvénient, consommez 3 à 4 yaourts nature par jour pendant toute la durée du traitement. Et si les antibiotiques prescrits par le médecin vous occasionnent des maux d'estomac, demandez-les sous une autre forme : crème, suppositoires, injections...

Au bain !

Prendre un bain chaud avant de se coucher, c'est excellent. Mais ne vous parfumez pas, et n'oubliez pas de vous démaquiller : vous dormirez mieux.

Un dîner léger

Si vous souffrez régulièrement d'insomnies, sachez que vous devez dîner légèrement, car si la digestion est difficile, on dort mal. L'idéal, une soupe légère en hiver et une salade en été.

Nuits blanches

Si vous traversez une période d'insomnies, vous pouvez toujours essayer ces petits trucs : plongez-vous dans un livre particulièrement ennuyeux ; ne vous couchez pas tout de suite après avoir éteint la télé, attendez au moins 20 minutes. Si vous savez pourquoi vous ne trouvez pas le sommeil (souci ou préoccupation personnelle...), essayez de vous occuper, en marchant dans la maison, par exemple. Plus fatigué, vous dormirez mieux.

Votre nez rougit au soleil…

Si, après une exposition au soleil, votre nez a pris des couleurs ou gonfle, voici la solution : ajoutez une cuillerée à soupe d'amidon à un peu d'eau citronnée et mélangez de façon à obtenir une crème. Appliquez sur le nez à l'aide d'un coton.

… à cause du froid

Vous avez tendance à avoir le nez tout rouge dès que l'hiver pointe le bout du sien ? Tamponnez-le régulièrement avec un mélange de 4 cl d'eau de rose, 4 cl d'eau de fleur d'oranger et 4 g de borax (en pharmacie).

Hémorragie nasale

Elle survient sans prévenir et est généralement impressionnante car le saignement est très abondant. En cas d'hémorragie nasale, asseyez-vous, tête inclinée vers l'avant au-dessus d'une cuvette. Éventuellement, crachez l'excès de sang qui se trouve dans la bouche. Appuyez légèrement sur les ailes du nez pendant 10 minutes, voire davantage si nécessaire. Une fois l'hémorragie stoppée, nettoyez votre visage avec un coton et de l'eau tiède. Ne vous mouchez pas car vous risqueriez de saigner de nouveau.

Enrhumée = peau desséchée

Les ailes du nez ont été agressées par les interminables séances de mouchage. Prenez soin d'elles en exfoliant la partie desquamée puis hydratez-la avec un baume pour les lèvres, qui s'avère beaucoup plus nourrissant que n'importe quelle crème pour le visage.

Trouver le sommeil avec une infusion

Vous voudriez dormir comme un loir ? Préparez-vous une infusion de camomille, mélisse et aubépine à parts égales et buvez-en une tasse au coucher. Cette délicieuse infusion soulage également les douleurs prémenstruelles.

La camomille, un bon anti-inflammatoire

Une infusion de camomille bien concentrée ajoutée à l'eau du bain vous procurera un grand moment de détente. Elle a en outre une action anti-inflammatoire. Cette plante médicinale a aussi des propriétés déodorantes.

Maux de tête

Une migraine peut être due à une exposition au soleil trop prolongée. Si c'est votre cas, prenez une infusion de camomille ou allongez-vous dans l'obscurité, yeux fermés, avec quelques feuilles de menthe fraîche appliquées sur le front.

Mal aux dents

En attendant votre rendez-vous chez le dentiste, préparez une infusion de deux pincées de thym, deux d'eucalyptus et deux de pétales de rose. Faites ensuite quelques bains de bouche avec cette infusion tiède.

Adieu aux boutons de fièvre

Un bouton de fièvre est sur le point d'éclore ? Ne désespérez pas... Préparez-vous 1 l de tisane à base d'une pincée de sauge, une de mélisse et deux de verveine. Buvez cette infusion dans la journée.

Pour apaiser la soif

Si vous avez très soif, préparez-vous une tasse de thé léger en y ajoutant un filet de jus de citron. Effet garanti !

Des oreilles toujours propres

Les Cotons-Tiges sont, bien sûr, d'un grand secours, mais ils peuvent également entraîner la formation de bouchons de cire. Si vous êtes un peu brusque dans vos mouvements, vous pouvez aussi vous faire mal. En utilisant des Cotons-Tiges spécial enfants, vous n'aurez aucun risque de vous blesser.

Oreilles à l'abri du froid

Ne faites plus souffrir vos oreilles : en hiver, portez un bonnet ou une écharpe et couvrez-les. Si vous êtes une adepte de la bicyclette ou encore de la moto, portez des protège-oreilles sous le casque.

Oreilles fragiles, attention aux feux d'artifice

C'est le 14 juillet, jour des feux d'artifice avec son lot de tirs de pétards ? Pour que vos oreilles résistent mieux au bruit, essayez de rester le plus possible la bouche entrouverte.

Pour en finir avec la cigarette

Vous arrêtez de fumer ? C'est une des meilleures décisions de votre vie ! Parlez-en à tous vos amis et collègues, vous vous sentirez dans l'obligation de tenir pour ne pas les décevoir. Éloignez de votre vue paquets de tabac et autres cigarettes, briquets, cendriers... bref, tout ce qui peut vous remettre le geste de fumer en mémoire. Commencez un matin, de préférence un week-end ou pendant les vacances, car le stress sera moindre. Essayez aussi de boire moins de thé, de café et d'alcool.

Tisanes, un problème : une plante

Choisissez les plantes selon vos besoins : la sauge aide à la digestion, la mélisse apaise les nerfs, la verveine aide à dormir et facilite aussi la digestion, la camomille traite les maux d'estomac et de tête, la racine de guimauve calme la toux, la lavande lutte contre l'hypertension, le thym soigne les rhumes et les angines, le romarin et la marjolaine soulagent les rhumatismes. Enfin, un mélange romarin et menthe ou mélisse et thym aide à combattre la fatigue.

Vaccin, un délai de 4 semaines

En général, il faut attendre 4 semaines entre chaque dose d'un même vaccin. S'il s'agit de vaccins différents, ce n'est pas nécessaire, sauf dans le cas de ceux que l'on ne fait qu'à titre exceptionnel, généralement avant un voyage dans un pays tropical (fièvre jaune ou choléra).

Vaccin antigrippe

Le virus de la grippe mue avec une grande facilité et, chaque année, un nouveau vaccin est mis sur le marché, spécialement adapté au virus le plus susceptible de toucher la population. Il est donc judicieux de se faire vacciner tous les ans, à l'automne ou au début de l'hiver. Les personnes âgées et celles qui souffrent d'une maladie chronique font partie des groupes à risques. Les spécialistes recommandent la vaccination.

Vergetures, un soin 100 % naturel

Pour atténuer ces marques si inesthétiques, appliquez une crème préparée avec un demi-avocat, une cuillerée à soupe de jus de citron et une de miel. Elles s'estomperont.

Vitamines à l'abri de la lumière

Lorsque vous faites une salade avec des légumes crus, attendez le dernier moment pour les couper ou les râper car, exposées à la lumière, les vitamines perdent très vite leurs propriétés.

Ne perdez pas une vitamine

Consommez des fruits et des légumes chaque jour, ce sont de véritables mines de vitamines. Planifiez vos menus en début de semaine, en détaillant les produits que vous devez consommer quotidiennement : le lundi, vitamine C, un jus d'orange ; le mardi, vitamine A, des carottes râpées... Vous équilibrerez plus facilement votre régime alimentaire.

Enfants

Un insecte dans l'oreille

Un insecte inoffensif s'est glissé dans l'oreille de votre bébé ? Pas de panique ! Braquez l'ampoule allumée d'une lampe, de préférence de poche, près du pavillon. Attiré par la lumière, l'insecte ressortira vite de lui-même.

ZOOM

Calendrier des vaccinations

• *Dès le premier mois*

Vous devez faire vacciner votre nouveau-né contre la tuberculose (BCG). Impossible sans cela de l'inscrire à la crèche...

• *À partir de 2 mois*

C'est le DTP (diphtérie, tétanos, polio), obligatoire, qui s'effectue en trois injections à un mois d'intervalle. Premier rappel un an après, puis tous les 5 ans. Procédez également à la vaccination contre la coqueluche, en trois injections à un mois d'intervalle. Pensez au premier rappel, un an plus tard, puis au second, lorsque votre enfant aura entre 11 et 13 ans.

On conseille également, un vaccin contre la méningite de l'enfant (antihaemophilus), en trois injections à un mois d'intervalle. Faites faire un unique rappel, un an après. Enfin, n'oubliez pas le vaccin contre l'hépatite B, qui s'effectue en trois injections, deux à un mois d'intervalle, la troisième 5 ou 12 mois après la première.

• *Vers 12 mois*

C'est au tour du vaccin contre la rougeole (avec un rappel six mois plus tard), couplé avec les vaccins contre les oreillons et la rubéole.

• *Chez l'adulte*

Effectuez un rappel tous les 10 ans de TP (tétanos, polio). À partir de 65 ans, pensez chaque année au vaccin contre la grippe.

En cas de doute, rendez-vous sur le site www.doctissimo.fr. C'est une mine d'informations sur la santé !

Non aux « gastros »

Apprendre aux petits à se laver les mains plusieurs fois par jour est essentiel. Plus particulièrement avant de manger et après être allé aux toilettes. Pour éviter d'être contaminé par les épidémies de gastro-entérite et autres microbes dévastateurs, une seule solution : l'hygiène !

Technique pour faire baisser la fièvre

Si vous n'avez pas de médicament adapté pour enfant, faites à votre bambin le contraire de ce que vous feriez pour vous ! Découvrez-le : enlevez couverture et pyjama et laissez-le en maillot de corps. S'il a vraiment très chaud et qu'il est agité, un bain à 37 °C, pendant 10 à 15 minutes, le calmera et fera tomber la fièvre. Vous pouvez aussi lui passer sur le front un gant de toilette mouillé à l'eau froide. Si la fièvre persiste, consultez votre généraliste.

Nez débouché, sommeil de plomb

Un nez bouché réveille bébé et toute la famille par la même occasion. Pensez eucalyptus. Pour dégager les voies respiratoires, posez en hauteur, sur l'armoire ou sur la commode de la chambre, une décoction de cette plante.

Petit rhume ne deviendra pas grand

Ça y est ! Bébé a le nez qui coule ! C'est reparti pour un tour ! Mais peut-être pas... En lavant soigneusement, matin et soir (plus si possible), le nez de votre enfant avec du sérum physiologique, les écoulements devraient s'arrêter dans les deux jours. Sinon, consultez le médecin.

De beaux rêves pour bébé

Un nouveau-né doit dormir beaucoup et dans les meilleures conditions possibles : sa chambre doit être à la bonne température et à l'abri de la lumière. Vous pouvez le bercer doucement en laissant votre main sur sa joue ou sur son épaule. Ça le tranquillisera.

L'heure du rituel

Dès son plus jeune âge, habituez votre enfant à un rituel à l'heure du coucher. Commencez par lui donner son bain, puis son dîner, et pour finir, instaurez un moment d'échange, de câlins et de jeu calme, cela lui donnera le sentiment d'être aimé. Après, il sera prêt pour aller se coucher...

numéros utiles

SEXUALITÉ, DES ADOS BIEN INFORMÉS

Les ados sont encore trop souvent mal informés sur la sexualité. Même si cela n'est pas évident, faites l'effort de favoriser le dialogue. Il existe des réseaux de psychologues et de spécialistes prêts à leur répondre, quelle que soit la nature du problème. Les jeunes peuvent aussi interroger librement les centres d'appels et consulter les sites Internet au sujet de l'homosexualité, du sida, de la contraception, ou signaler les violences dont ils sont victimes.

• **Cap écoute adolescents :**
0800 33 34 35 (N° Vert régional, anonyme et gratuit, du lundi au vendredi, de 9 h à 21 h).
04 72 33 34 35 (numéro national).

• **Planning familial :**
0800 803 803 (N° Vert nord de la France)
0800 105 105 (N° Vert sud de la France)

• **Santé jeunes :**
32 24 (N° Vert national, anonyme et gratuit, tous les jours, de 8 h à minuit).

• **Sida Info Service :**
0800 840 800 (N° Vert national, 24 h/24, anonyme et gratuit).

• **S.O.S. Viols :**
0800 05 95 95 (N° Vert national, anonyme et gratuit).

Digestion

Le secret d'un ventre plat

Bien digérer est un atout essentiel pour garder la ligne. Tout réside dans le comportement à table. Avaler à toute allure sa nourriture suppose qu'on ne la mastique pas assez, on aura donc du mal à la digérer, d'où d'épouvantables ballonnements qui font gonfler l'abdomen. Il faut donc prendre son temps et savourer les aliments. Si vous êtes du genre pressée, obligez-vous à reposer vos couverts entre chaque bouchée. C'est radical !

Les ballonnements

Un ventre gonflé n'est pas une fatalité. Traquez les pièges : ils sont partout ! Premier point, faites le tri parmi vos aliments. Chou, légumes secs et crudités sont riches en fibres fermentescibles donc à consommer légèrement. Tomates ou raisin sont des fruits et légumes à peau épaisse, donc à peler. Les laitages sont souvent porteurs d'intolérance au lactose qui peut être l'une des raisons du ballonnement. Fromages fermentés, charcuterie et alcool sont à oublier sans regret. Quant aux chewing-gums et sodas multipliant l'air ingéré, ils accentuent les troubles ! Et le stress ? Souvenez-vous de votre enfance lorsque vous aviez mal au ventre avant un contrôle. Même principe une fois devenu adulte. Alors, n'oubliez pas : détendez-vous !

Nausées chez les femmes enceintes

Au cours de la grossesse, surtout dans les premiers mois, les femmes ont souvent des nausées. La solution ? Prenez 30 minutes avant chaque repas, et avant le coucher, un petit verre d'eau tiède auquel vous aurez ajouté le jus d'un demi-citron, une pincée de gingembre en poudre et une cuillerée à soupe de miel.

Thym et digestion

Des branches de thym infusées quelques minutes dans une eau frémissante donnent une délicieuse tisane très efficace contre les indigestions, le mal de cœur et les gargouillements d'estomac.

Pour en finir avec le hoquet

Le hoquet agace celui qui hoquette autant que son entourage. Pour le mettre K.-O., prenez un verre d'eau et buvez à petites gorgées. Sans respirer, c'est le grand truc. Autre solution : avalez une cuillerée à café de sucre en poudre, toujours sans respirer. Vous pouvez aussi tout simplement retenir votre respiration le plus longtemps possible, plusieurs fois si nécessaire !

Pamplemousse et maux d'estomac

Que ceux qui souffrent de maux d'estomac après les repas cessent de se faire du souci. Qu'ils essaient plutôt de manger un pamplemousse. Bien-être radical.

Ail, digestion facile

L'ail est mieux toléré et sa digestion est plus facile si on le consomme haché ou écrasé. Mieux vaut cependant enlever le germe, très indigeste.

Gueule de bois, des grains de café à croquer

Un truc vraiment efficace contre la terrible gueule de bois, c'est de mastiquer lentement quelques grains de café, puis de les avaler. Buvez ensuite un grand verre d'eau fraîche. Vous vous sentirez ensuite beaucoup mieux.

Après la fête, un bon bouillon dégraissé...

Vous venez de vous lever, et décidément, ça ne va vraiment pas... Ce que vous pouvez faire de mieux, c'est encore de boire un bouillon bien dégraissé, mais assez salé. Buvez ensuite une bonne quantité d'eau minérale. Le bouillon apaisera vos besoins en sel et en eau après une consommation excessive de boissons alcoolisées...

... ou avec des légumes

Si vous voulez prévenir les pénibles conséquences de votre consommation exagérée d'alcool, prenez un bouillon à l'oignon et au poireau avant d'aller vous coucher. La recette est simple : il suffit de faire bouillir les deux légumes dans 1 l d'eau salée.

Mal des transports

Voyagez tranquille

Un remède maison très efficace est de sucer un demi-citron, de la réglisse, ou de manger des fruits secs. La saveur acide et forte de ces produits aide à combattre les nausées. En règle générale, si vous y êtes sujette, essayez d'être à jeun au moment de partir et, pendant le voyage, évitez de lire : vous profiterez du trajet sans avoir à supporter ces sensations désagréables.

Nausées, tranquillisez les enfants

Les jeunes enfants sont un peu effrayés lorsqu'ils vomissent. Avant tout, tranquillisez-les, puis aidez-les : inclinez la tête de l'enfant au-dessus d'une cuvette tout en le soutenant par les épaules. Lavez ensuite son visage à l'eau tiède. Pour éliminer le goût désagréable, faites-lui boire beaucoup d'eau, par petites gorgées. C'est aussi une façon de le réhydrater. Enfin, laissez-le se reposer sur son lit. Si les vomissements persistent, appelez le médecin. Ne lui donnez pas de lait, cela favorise souvent les nausées.

Ulcère

Cinq repas par jour

Les médecins préconisent une alimentation variée, en excluant les produits qui augmentent l'acidité ou irritent la muqueuse gastrique ; il vaut mieux, par exemple, éviter les laitages. On recommande donc de faire des repas fréquents, cinq par jour, et peu copieux. L'une des règles principales est aussi de manger très lentement et de bien mastiquer. Il est également important de ne pas s'alimenter juste avant d'aller se coucher : laissez passer un délai d'au moins 2 heures.

Aliments interdits et autorisés

Ne consommez pas d'aliments riches en fibres, comme les légumes cuisinés entiers, les céréales complètes et les fruits secs. Évitez aussi les aliments trop salés ou trop épicés ainsi que les conserves marinées. Supprimez le café, même décaféiné, et le thé qui stimulent les sécrétions gastriques. Remplacez-les par des infusions douces, comme le romarin ou la camomille. La menthe poivrée est conseillée, car elle favorise la relaxation du sphincter de l'œsophage. Éliminez aussi de votre alimentation les boissons gazeuses et ne consommez pas trop de sucre. Si vous souffrez d'acidité, oubliez les dérivés de la tomate ainsi que le jus des agrumes. Pour finir, n'abusez pas des aliments très chauds ou très froids qui irritent les muqueuses gastriques.

Ni aspirine ni tabac

Dès lors que l'on a diagnostiqué chez un patient un ulcère gastroduodénal, les analgésiques et anti-inflammatoires non stéroïdiens, comme l'aspirine, sont déconseillés, car ils accentuent les problèmes de la muqueuse gastrique. Le tabac risque également d'augmenter les symptômes.

Éviter le stress

Les spécialistes ont prouvé que l'ulcère était souvent lié au stress. Une personne qui connaît des situations stressantes est plus susceptible de développer un ulcère. Un peu d'exercice physique et une respiration profonde aident à contrôler ce problème.

Troubles intestinaux

Transit intestinal

Pour commencer, il est indispensable de boire beaucoup de jus de fruits et de consommer légumes verts et fruits frais sans modération. Pruneaux et rhubarbe, par exemple, sont excellents pour un bon transit intestinal. Si la constipation résiste à un tel régime, essayez de boire un grand verre d'eau froide tous les matins à jeun. Si les troubles persistent, consultez votre généraliste.

Stopper la diarrhée

Il existe plusieurs recettes. La première : mettez une cuillerée à café de gros sel et quatre cuillerées à soupe de riz dans 1 l d'eau. Laissez cuire 30-35 minutes, puis filtrez pour recueillir l'eau de cuisson. Laissez tiédir, puis buvez. La deuxième : une purée de carottes accompagnée d'un riz blanc. La troisième : deux pommes râpées crues. Voilà un repas antidiarrhéique de choc, boisson comprise. Bon appétit !

La recette antiflatulences

Grâce à ces différents ingrédients – 50 g de coing, 50 g de persil et 50 g de chou chinois –, vous aurez un bon remède pour éliminer les flatulences. Passez le tout au mixeur et prenez cette boisson après chaque repas. Et si, par exemple, vous préparez du chou, ajoutez à la cuisson un peu de cumin.

Des boissons peu recommandables

Ce sont les mauvaises habitudes alimentaires qui sont souvent à l'origine des gaz intestinaux. Si vous avez tendance à souffrir de ces petits désagréments, évitez l'alcool, les boissons gazeuses et les médicaments sous forme effervescente, qui tous favorisent les fermentations.

Les bons aliments et les mauvais

Pour réduire ces troubles, il est conseillé d'inclure à son alimentation ail, carottes, fenouil et gingembre, par exemple. En revanche, il faut éviter les chewing-gums et les bonbons.

Prévenir les troubles

Vous éviterez ces problèmes digestifs si vous pensez à manger lentement et à bien mastiquer. Il est aussi déconseillé de parler entre chaque bouchée sous peine d'avaler trop d'air, ce qui amplifie le phénomène. Si malgré cela, les troubles persistent, prenez une infusion de menthe, d'anis, de graines de fenouil ou de camomille, après les repas. Cela devrait vous soulager.

Fini la constipation

Faites tremper toute une nuit quelques pruneaux dans un peu d'eau. Le lendemain, prenez les fruits avec leur jus, c'est un laxatif très efficace.

Stress

Chouchoutez-vous

Pensez à vous une fois par semaine sans contrainte de temps. Lecture, cinéma, musée, hobby, salon de thé, institut de beauté ou un bain chaud à la maison et rien d'autre.

Bâiller sans retenue

Ne vous empêchez pas de bâiller car c'est une détente naturelle. Un réflexe qui vient du corps et non du mental, utilisé par les yogis en Inde pour adopter certaines postures avec plus d'efficacité.

Le sport, ça défoule !

Le sport est l'un des meilleurs antistress s'il n'est pas pratiqué comme un challenge. Une à deux fois par semaine est la bonne cadence. Si vous manquez de temps, empruntez les escaliers plutôt que l'ascenseur chaque fois que c'est possible.

conseils malins

PRATIQUER UN SPORT SANS RISQUE

Selon la Fédération française de cardiologie, la pratique d'un exercice physique régulier améliore la circulation sanguine, rend le cœur plus tonique, diminue les effets du stress et fait perdre les kilos superflus. Pour pratiquer un sport sans risque, apprenez à calculer votre fréquence cardiaque limite et ne la dépassez pas.

Votre fréquence maximale théorique (FMT) = 220 – votre âge.

Exemple : si vous avez 40 ans, FMT = 220 – 40 = 180 battements par minute. La prudence recommande toutefois de ne pas dépasser 80 % de sa fréquence cardiaque maximale théorique (soit 144 battements par minute pour cet exemple).

Les 5 règles d'or pour ménager votre cœur

1. Contrôlez souvent votre FMT en prenant votre pouls, soit le nombre de pulsations pendant 15 secondes x 4.
2. Accordez-vous des temps de repos au cours desquels votre fréquence cardiaque doit diminuer de 30 battements en 3 minutes, au moins.
3. Respirez à fond.
4. Entraînez-vous régulièrement, de préférence 1/2 h à 1 h trois fois par semaine.
5. À partir de 40 ans, faites un bilan chez votre médecin.

Les vertus du rire

Riez, riez et riez : c'est le meilleur chemin vers la relaxation. Un quart d'heure de fou rire par jour serait idéal !

Bien dans sa peau

Tentez de vous offrir régulièrement un nettoyage de peau chez une esthéticienne. Une heure de relaxation assurée !

Bain relaxant

Boire des tisanes à la camomille calme les nerfs. Se baigner dedans, c'est encore mieux. Mettez 2 l d'eau dans une casserole et jetez-y trois poignées de fleurs de camomille. Laissez bouillir 10 minutes et infuser 30 minutes. Retirez les fleurs et versez dans l'eau du bain. Prélassez-vous un bon quart d'heure. La journée harassante sera vite oubliée.

Bain de détente

Pour que ce moment soit une vraie détente, ajoutez à l'eau du bain sept à huit cuillerées à soupe de bicarbonate de soude. L'effet « bulle » produira une bonne relaxation de tous les muscles.

Huiles relaxantes

Extraites de plantes, les huiles essentielles sont de vrais concentrés d'énergie, indispensables à notre bien-être. Versez 2 à 3 gouttes d'huile d'orange douce ou de mélisse sur un mouchoir et respirez profondément leur parfum. La sensation de stress disparaîtra. Si vous sentez que vous êtes à la limite de vos forces, versez-en 10 gouttes dans l'eau de votre bain à 35 °C. En 5 minutes, vous vous sentirez mieux.

Bouger au bureau

Au bureau, levez-vous souvent et, au lieu d'utiliser votre téléphone pour régler les problèmes avec vos collègues, déplacez-vous. Pour la communication, c'est mieux...

ZOOM

Le petit guide des calories

Pour vivre vieux, mangeons mieux : surveiller son alimentation est la meilleure façon de rester en forme.

Vitamines	Source alimentaire	Leur rôle sur l'organisme
A	Lait, beurre, fromage, huile de foie de poisson, jaune d'œuf, foie, poisson gras, carottes.	Qualité de la peau et des muqueuses. Agit sur la vision et les défenses immunitaires.
B	Viande, poisson, coquillages, beurre, œufs, lait, fromage, céréales complètes.	Système nerveux, muscles, croissance.
C	Tous les fruits, en particulier la fraise, le cassis, les agrumes, le kiwi. Légumes : choux, cresson, épinards, salade, persil.	Permet l'assimilation du fer. Augmente la résistance aux infections et à la fatigue. Agit sur l'ossification.
D	Poissons, volailles, foie, œufs, lait, fromage, yaourts, beurre, huile végétale.	Croissance des os. Vitamine antirachitique. Agit sur l'assimilation du calcium et du phosphore.
E	La plupart des aliments, en particulier les huiles, les céréales complètes, le germe de blé et le beurre.	Vitamine antioxydation. Elle contribuerait à protéger contre le vieillissement, la cataracte et l'athérosclérose.
K	La plupart des légumes verts (chou, épinards, salade), les fruits, les céréales, le poisson, le foie.	Vitamine anti-hémorragie, aidant à la coagulation du sang. Aide aussi à la calcification des os et des dents.

• Calories : les besoins journaliers

Enfants

1 à 3 ans : *1 360 calories*

4 à 6 ans : *1 360 à 1 830*

7 à 9 ans : *1 830 à 2 190*

Adolescent(e)s

10 à 12 ans : *jusqu'à 2 700 (filles, 2 300)*

13 à 15 ans : *2 800 (filles, 2 400)*

16 à 19 ans : *3 000 (filles, 2 300)*

Hommes
Vie sédentaire : *de 2 400 à 2 700*
Vie très active : *de 3 200 à 3 800*

Femmes
Vie sédentaire ou légère activité : *2 200*
Femmes enceintes (5e au 9e mois) : *2 800 à 3 200*
Personnes âgées : *de 1 800 à 2 000*

Minéraux	Source alimentaire	Leur rôle sur l'organisme
Fer	Abats (foie de veau), viande maigre, œufs, poisson, coquillages (huîtres, praires, coques), légumes et fruits secs, légumes verts, cacao, persil.	Élément essentiel de l'hémoglobine qui véhicule l'oxygène des poumons aux différents organes. Lutte contre la fatigue physique et intellectuelle.
Potassium	Lentilles, viande, thon, sardines, bananes, légumes verts, cacao, levure de bière, avocats, fruits secs.	Intervient dans la répartition de l'eau de nos cellules. Il agit sur l'excitabilité nerveuse et sur la contraction musculaire.
Phosphore	Lait et fromage, légumes et fruits secs (amandes, noisettes, noix), féculents, poisson et œufs.	Formation des os, des dents et des cellules nerveuses du cerveau, production d'énergie.
Calcium	Tous les produits laitiers, en particulier les fromages à pâte ferme (emmental), les œufs, les eaux de source, les légumes secs (lentilles, haricots) et les légumes verts.	Formation des os et des dents, coagulation du sang, fonctionnement des cellules nerveuses et régulation du rythme cardiaque.
Magnésium	Épinards, bananes, chocolat, fruits et légumes secs, céréales complètes, pain complet.	Contraction des muscles, régulation du système nerveux, accroissement du rendement musculaire.

Le petit guide des calories : quelques exemples

Haricots verts ou épinards (200 g) : 80 calories ; brocolis : 60 calories (plus de glucides).

Maquereau frais (100 g) : 128 calories ; moins gras, le cabillaud apporte 80 calories.

Tomates (200 g) : 40 calories, soit deux fois moins que des carottes râpées nature.

Lait demi-écrémé (un verre) : 74 calories, autant qu'un yaourt au lait entier.

Pâtes (250 g) : 225 calories. Les pâtes fraîches apportent davantage de lipides.

Pêches, pommes (à l'unité) : 75 calories ; la poire (98 calories) est plus riche en glucides.

Pain complet : 36 calories par tranche. Il est plus riche en fibres que la baguette.

Fromage : une portion de brie, 105 calories ; une portion de gruyère : 157 calories.

Salade : laitue, scarole (80 g), 15-20 calories ; la vinaigrette : 90 calories.

Café et thé : Aucune calorie ; un morceau de sucre : 20 calories.

Jambon cru (une tranche) : 165 calories, soit deux fois plus que du jambon de Paris.

Corn-flakes (un bol de 40 g sans lait) : müesli ou flocons d'avoine : 148 calories.

Alcools : vin (15 cl), 93 calories ; bière (25 cl), 110 calories ; whisky (8 cl), 384 calories.

Quiche lorraine : 340 calories ; une part de pizza : 271 calories.

Noix et amandes (100 g) : 550 calories ; les noisettes : 381 calories.

Sardines en boîte ou thon à l'huile (100 g) : 280 calories ; thon frais : deux fois moins.

Hamburger : 255 calories ; jambon-beurre ou croque-monsieur : 390 calories.

Côtes de porc (100 g) : 330 calories, soit l'équivalent de 2 bavettes de bœuf.

Agrumes : une orange (60 calories) équivaut à 3 mandarines ou 1/2 pamplemousse.

Chocolat (une barre) : 160 calories, soit 4 crêpes ou 2 cuillerées à soupe de confiture.

Viennoiserie : pain au chocolat, 278 calories ; croissant, 183 calories ; brioche, 208 calories.

Jus de fruit (un verre) : orange ou pamplemousse, 63 calories ; raisin : 106 calories.

Œuf (à l'unité) : dur, 80 calories ; brouillé au beurre, 140 calories ; œuf mayonnaise, 189 calories.

Beurre (une noisette) : 70 calories ; allégé : 41 calories ; une cuillerée à soupe d'huile : 100 calories.

Crustacés : une langoustine (35 calories) équivaut à 7 crevettes ou 3 huîtres.

Riz (125 g) : blanc, 119 calories ; complet, 121 calories (plus de fibres).

Frites maison (140 g) : 508 calories ; pommes de terre à l'eau : 135 calories.

Des massages bien-être

Essayez ces trucs un jour où vous vous sentez stressée. Il s'agit de mini-massages du visage, très relaxants.

- De la base du cou et en remontant vers le menton, en faisant alterner les mains.
- Avec le bout des index, faites des petites pressions autour des arcades sourcilières, depuis l'angle interne de l'œil jusqu'aux tempes.

• Lissez doucement le front en remontant depuis les sourcils jusqu'à la racine des cheveux. Massez en alternant la main droite et la main gauche.

• Du bout des doigts, massez chaque côté de la bouche. Procédez par petites pressions circulaires ascendantes en partant du coin des lèvres pour remonter vers les ailes du nez.

• Pincez doucement la zone où apparaissent les pattes d'oie, puis lissez en massant doucement avec le bout de l'index, toujours de bas en haut.

Soyez égoïste

Prenez du temps pour vous : jardiner, cuisiner, écouter de la musique, faire de la poterie, toute activité qui vous permet d'exprimer vos émotions. Vous finirez par stimuler vos dons de créativité.

De l'exercice

Grimper les escaliers, c'est aussi une façon d'apaiser son stress. Monter 3 étages active la circulation et élimine l'angoisse et la mauvaise humeur.

Respirer quand on fait sa gym

Pour qu'un exercice physique soit vraiment bénéfique, encore faut-il respirer correctement. En fait, il faut expirer au moment de la contraction musculaire et inspirer lorsque les muscles se relâchent. Adaptez le rythme de la respiration à celui de l'exercice.

Un exercice respiratoire en trois temps

Il est souhaitable de pratiquer des exercices respiratoires aussi souvent que possible. Sur l'inspiration, gonflez le ventre et la cage thoracique au maximum. Sur l'expiration, rentrez le ventre et la poitrine. Entre les deux, retenez l'air un instant dans les poumons. Pour vous aider, adoptez la formule 3-1-5 : inspirez sur 3 secondes, retenez l'air 1 seconde et expirez sur 5 secondes.

De la laitue pour dormir

Chaque soir, avant de vous coucher, prenez une tasse d'infusion de laitue. Préparez-la en faisant infuser 75 g de feuilles de salade dans 1 l d'eau. Votre sommeil sera réparateur.

Vers le nord pour bien dormir

Autrefois, on disait que dormir la tête dirigée vers le nord favorisait le sommeil. Des recherches récentes réalisées à l'université de Berkeley (États-Unis) l'ont confirmé. Durant l'expérience, les personnes devaient dormir dans des lits orientables. Il est apparu que la tension artérielle baissait lorsque la tête était orientée au nord, alors qu'elle augmentait lorsque la tête du sujet était dirigée vers une autre direction.

La température idéale pour dormir

Si on dort mal dans une pièce froide, on dort encore moins bien dans une pièce trop chauffée. La température idéale de la chambre ? Entre 18 et 20 °C.

Lait du soir, meilleur sommeil

Boire un verre de lait au coucher a un effet relaxant. En effet, il contient du tryptophane, une substance qui se transforme en sérotonine lorsqu'elle arrive au cerveau. Et c'est bien connu, la sérotonine, un neurotransmetteur, est l'hormone de la bonne humeur.

Yeux

Nettoyer ses lentilles sans produit

Le cauchemar des porteurs de lentilles est de se retrouver un soir sans sérum physiologique. La solution : dissoudre du gros sel dans de l'eau bouillante. Laissez refroidir et nettoyez comme d'habitude.

Hydrater leur contour

Cette zone du visage, très pauvre en glandes sébacées, est la plus fragile. Si elle n'est pas protégée, elle tend à se déshydrater. Démaquillez-vous les yeux chaque soir et appliquez une crème spécifique autour des yeux et sur les paupières. Faites-la pénétrer par petits mouvements circulaires.

Dents

Dents blanches au vert

Usez et abusez de l'argile verte en plongeant votre brosse à dents dans la pâte épaisse obtenue avec l'argile mélangée à un peu d'eau. Frottez, rincez. Elle blanchit les dents et élimine l'haleine douteuse. Un vrai bonheur !

Soulager un abcès

En cas d'abcès, il est impératif de courir chez le dentiste. Pour soulager la douleur en attendant, il existe un vieux remède qui a fait ses preuves : faites ramollir une figue sèche dans du lait bouillant et appliquez-la sur l'abcès. Vous vous sentirez beaucoup mieux.

Oublier les maux de dents

Pour vous soulager, pensez aux clous de girofle. Rincez-vous la bouche avec une décoction bien bouillie obtenue avec cinq clous. Le goût vous rappellera le cabinet du dentiste, que vous ne manquerez pas de consulter si le mal persiste.

Tout sourire

Une façon économique et simple d'avoir des dents blanches et de faire disparaître les taches de nicotine, c'est d'utiliser chaque jour, avec parcimonie, du bicarbonate de soude.

Encore plus blanches

La sauge est très utile contre le jaunissement des dents. Une ou deux fois par semaine, frottez vos dents avec cette plante, et vous verrez le résultat.

Nettoyage croquant

Croquer une carotte ou une pomme après chaque repas est un excellent moyen de se nettoyer les dents tout en renforçant les gencives.

N'oubliez pas !

Vos habitudes alimentaires influent sur la santé de vos dents. Évitez les produits raffinés (ou élaborés à partir de produits raffinés), comme le sucre et les viennoiseries. En revanche, consommez davantage de fruits et de céréales.

Et toutou...

Il faut aussi soigner la dentition de son chien. Rien de tel que de lui frotter les dents avec un morceau de citron. Bonne nouvelle, les chiens, en général, aiment beaucoup ce fruit.

Chouchoutez vos gencives

Vos gencives vous mettent sur les nerfs ? Préparez une infusion corsée de feuilles de menthe fraîche et d'ortie. Passez la préparation sur l'endroit douloureux.

Mauvaise haleine

Bain de bouche maison

Dans un demi-litre d'eau, mettez quelques pétales de rose, des feuilles de menthe et deux ou trois grains de café. Laissez bouillir pendant 6 minutes. Une fois refroidie, utilisez cette décoction en bains de bouche, et vous serez assurée d'avoir une haleine fraîche !

Plus de mauvaise haleine

Mastiquer un grain de café, manger un brin de persil ou sucer un clou de girofle permet de retrouver une haleine fraîche.

La bonne infusion

Le soir, après le brossage des dents, rincez-vous la bouche avec une infusion de thym, de marjolaine ou de genévrier.

Potion magique

Quand il vous arrive d'avoir mauvaise haleine, prenez après chaque repas un verre de la préparation suivante, bien mixée : 250 g de carottes, 125 g d'épinards, 125 g de concombre. Adoptez aussi une hygiène dentaire stricte, ce problème disparaîtra peu à peu.

Les meilleurs aliments

La mauvaise haleine peut être due à un problème digestif. Il est donc essentiel de surveiller votre alimentation. Terminez le repas par un aliment dur, comme un fruit dont la peau a été lavée (la pomme en particulier est très efficace), mais jamais par un café ou une pâtisserie.

Nos amies les bêtes aussi

Votre chien a mauvaise haleine ? Essayez le truc suivant : pendant quelques jours, parsemez sur sa nourriture un peu d'ortie ciselée : son halitose disparaîtra.

Mains

Pour soigner les mains crevassées

Les mains ont la vie dure. Pour en soigner les crevasses, appliquez une fois par semaine cette mixture bien délayée dans un bol : deux cuillerées à soupe d'huile d'olive, une d'eau et deux d'argile en poudre. Laissez l'emplâtre sur la crevasse pendant une demi-heure, puis retirez-le au lait démaquillant.

Si elles sont abîmées

Même quand on prend des précautions, les travaux ménagers entraînent parfois crevasses et gerçures. Ce soin les protégera : mélangez de la pomme de terre crue râpée à deux cuillerées à soupe d'huile d'olive jusqu'à obtenir une pâte. Appliquez-la sur vos mains et laissez poser quelques minutes : la peau retrouvera sa douceur et son élasticité. Recommencez ce soin aussi souvent que vous le souhaitez.

Quand elles sont rêches

Après avoir fait le ménage, vos mains sont rêches ? Faites-leur prendre un bain d'eau chaude salée pendant quelques minutes. Séchez-les soigneusement, puis préparez ce soin : mélangez 1 jaune d'œuf et deux cuillerées à café d'huile d'olive. Appliquez cette crème sur les mains et laissez poser 20 à 30 minutes, le temps que le mélange commence à sécher. Rincez abondamment à l'eau tiède.

Éviter un pinçon

Vous venez de vous coincer un doigt dans une porte. Ne le mettez pas sous l'eau froide, même si elle soulage la douleur. Préférez l'eau très chaude : un peu plus difficile à supporter, elle évite néanmoins la disgracieuse formation de sang coagulé sous l'ongle.

Jambes

L'hygiène des jambes lourdes

En changeant quelques habitudes, vous aurez la jambe plus légère. Évitez le chauffage par le sol qui a tendance à dilater les veines, le sauna, le hammam, les bains bouillants et le soleil de plomb ; les talons trop hauts ou trop plats : 3 à 5 cm, c'est l'idéal ; les jeans moulants ; les bas et mi-bas qui saucissonnent les jambes. Et vive la bonne circulation !

Joindre l'utile à l'agréable

Ne faites pas l'offensée lorsque votre médecin vous conseille des collants de contention antifatigue et antijambes lourdes. Même les hôtesses de l'air en portent ! C'est dire si la mode a mis son grain de sel en ce domaine. On en trouve aujourd'hui partout, de toutes les couleurs et dans toutes les matières !

Fatiguée ? Bougez !

Environ 90 % des femmes se plaignent de douleurs dans les jambes. Il faudrait en chercher la cause dans les problèmes de circulation et/ou hormonaux, ou encore dans notre mode de vie trop sédentaire... Sachez que la première façon de soulager vos jambes, c'est de bouger : marchez au moins 30 minutes par jour. En outre, pensez à boire 2 l d'eau quotidiennement. Lorsque vous sentez que vos jambes sont lourdes, asseyez-vous et posez-les quelques minutes sur un appui surélevé. Surtout, bannissez les vêtements serrés et les talons hauts.

Genoux tout doux avec de l'huile et du citron

Vous trouvez la pierre ponce trop agressive pour atténuer les callosités des genoux... Essayez une méthode douce. Frottez les zones rugueuses avec un demi-citron, puis appliquez une compresse d'huile d'olive tiède. Laissez agir le soin pendant quelques minutes.

Bien envelopper vos genoux

Lorsque vous appliquez une crème sur vos genoux, elle pénétrera bien mieux si vous les enveloppez dans un film alimentaire... Laissez ce soin agir toute la nuit.

De bonnes promenades contre les rhumatismes

Si vous souffrez de rhumatismes dans les jambes et dans les hanches, il est essentiel de faire régulièrement de bonnes marches. Au retour, reposez-vous un moment, les jambes surélevées. Sachez aussi que certains aliments sont à éviter : c'est le cas des pommes de terre, piments, poivrons, aubergines, viandes rouges, graisses saturées. Les farines et le sucre raffinés ainsi que les sucreries sont également déconseillés.

Pieds

Soigner les cors

Achetez un coupe-cors, une crème nourrissante et un pansement mousse. Avec douceur, obstination et régularité, vous vous en débarrasserez. Et si vous pouvez éviter de porter la même paire de chaussures deux jours de suite, ce sera encore plus rapide.

Soins faciles

Les règles d'hygiène s'appliquent aussi... aux pieds. Une fois par semaine, commencez le soin par un bain de pieds de 10 minutes avec un savon bactéricide. Coupez ensuite les ongles avec un coupe-ongles stérilisé et limez-les. Passez un peu d'huile sur les cuticules, et enlevez-les avec un bâtonnet. Ensuite, à l'aide d'une pierre ponce, retirez les peaux mortes en insistant sur les parties calleuses. Massez chaque pied avec une lotion rafraîchissante et, pour finir, séchez-les dans une serviette chaude.

Durillons, de l'oignon pour les pieds

Voici un truc simple qui vous aidera à vous débarrasser des cals qui se forment fréquemment sous les pieds : prenez un oignon, coupez-le en deux et dégagez un petit trou au centre. Remplissez-le de sel, et laissez reposer 6 heures. Recueillez le liquide qui se forme et, à l'aide d'un pinceau, appliquez-le sur les talons. Ils seront plus lisses.

Enfants

Bain

Un iceberg dans la baignoire

Une nouvelle attraction pour le bain : remplissez d'eau un gant de caoutchouc, fermez-le en faisant un nœud et placez-le au congélateur. Lorsqu'il a durci, démoulez et plongez l'iceberg dans la baignoire. Le succès est assuré. Vos enfants seront fous de joie. Mieux vaut toutefois réserver cette attraction aux mois d'été.

Attention : fragile !

Le sexe des enfants est fragile ; les infections des organes génitaux sont désagréables et souvent longues à soigner.

Pour limiter les risques, quelques règles sont à respecter. Si vous avez une petite fille, nettoyez-lui le sexe de l'avant vers l'arrière pour éviter les infections vaginales et n'écartez pas les lèvres. Si vous avez un petit garçon non circoncis, ne repoussez pas le prépuce quand vous le nettoyez. Vous risqueriez de le blesser.

Des séances de shampoing rigolotes

Deux solutions pour faire barrage aux trombes d'eau et de shampoing qui se déversent dans les yeux de votre enfant : des lunettes de plongée ou un gant de toilette plié en deux dans sa longueur.

Ranger et égoutter les jouets du bain

Certes, canards en plastique et autres tortues d'eau décorent le tour de la baignoire mais ils sont un peu encombrants. Recyclez le filet de la poussette dont vous ne vous servez plus : accrochez-le aux robinets ou suspendez-le à l'aide de ventouses. Non seulement vous aurez tout rangé mais, en plus, les jouets s'égoutteront au-dessus de la baignoire.

Plus de sol glissant

Pour que votre salle de bains ne se transforme pas en piscine, disposez tout autour de la baignoire des serviettes en éponge usagées qui absorberont les débordements et éviteront ainsi de rendre le sol glissant et dangereux.

Chambre

Des autocollants pour ses disques

Victor a 5 ans ; il aime écouter ses disques mais un peu moins les remettre dans leur pochette. Apposez une vignette autocollante sur le disque et une autre sur sa pochette. Vert, rouge, bleu, jaune, noir, autant de couleurs que de compacts. Ainsi, l'enfant s'amusera à ranger le disque qui a une vignette rose dans l'étui qui possède une vignette de la même couleur. Un jeu d'enfant !

Un bocal pour ranger les chaussettes

Joli et pratique, un bocal à bonbons peut servir à stocker ses minuscules chaussettes et à les choisir en un clin d'œil. Idéal aussi pour chouchous et barrettes.

L'empreinte de bébé

Versez un peu de plâtre dans une boîte à camembert sans couvercle, par exemple, et prenez l'empreinte de la menotte ou du peton de votre bébé. Après avoir attendu le séchage complet, coloriez, vernissez et démoulez. C'est prêt !

Des murs qui ne craignent rien

Pourquoi ne pas carrément poser un tissu résistant et lavable sur les murs de la chambre des petits ? Une toile cirée fera l'affaire. Il en existe de très jolies.

L'heure du rangement

Quand il a l'âge de comprendre, apprenez-lui à être ordonné. Attribuez une boîte de couleur différente pour chaque type de jouets (poupées, voitures, jeux de construction...). Préférez les étagères à sa hauteur au placard, votre enfant repérera ses jouets sans tout chambouler.

Bien ranger les petits jouets

Les récipients et autres boîtes alimentaires (barquettes de glace ou de beurre) sont idéales pour ranger les tout petits jouets comme les dés, les billes, les figurines...

Cheveux

Une frange parfaitement droite

Cessez de vous arracher les cheveux lorsque vous coupez la frange de votre enfant. La prochaine fois, attrapez un rouleau de ruban adhésif avant d'empoigner votre paire de ciseaux et scotchez ses cheveux à la longueur désirée. Plus rien ne bougera et sa frange sera bien droite. Le résultat sera... à la hauteur ! Utilisez du ruban adhésif qui ne colle pas trop (type invisible). Cela vous évitera les cris au moment de le retirer.

Prévenir les croûtes de lait

Durant les deux ou trois premiers mois de la vie, les cheveux de bébé doivent être lavés tous les jours. Mais attention : rincez son cuir chevelu à l'eau claire et non avec l'eau du bain comme on le voit souvent faire (même dans certaines maternités). Vous éviterez ainsi l'apparition de croûtes de lait, désagréables pour bébé (démangeaisons) et très inesthétiques.

Des p'tits frisés bien coiffés

Il existe des démêlants à sec sous forme de spray et ne nécessitant pas de rinçage (vendus en grandes surfaces ou dans les salons de coiffure). N'hésitez pas à les utiliser chaque matin avant de peigner votre bambin. En plus de soulager bébé de la douleur et les parents des cris et des mouvements brusques, il nourrit et fortifie les cheveux. À défaut, mouillez-les !

Habillement

Habiller bébé en un clin d'œil

Il pleure, se débat… vous met en retard tous les matins ! Pour éviter ce cauchemar et l'habiller en toute tranquillité, préparez ses vêtements la veille mais, surtout, accélérez le processus : enfilez à l'avance le maillot de corps dans la chemise, laquelle sera déjà dans le pull. Vous économiserez ainsi ses réactions !

Des lacets qui tiennent bien

Évidemment, le Velcro, c'est idéal ! Et cette paire de chaussures vous plaît bien mais elle ferme avec des lacets ! Le double nœud ne tenant pas toute la journée, remplacez-le plutôt par une astuce. Humidifiez les lacets de chaussures avec une éponge avant de les nouer et vous n'aurez plus à vous rebaisser !

Une fermeture Éclair facile à attraper

Les petits doigts ont beaucoup de mal à attraper les fermetures. Pour leur faciliter la tâche, glissez un joli ruban dans le trou du fermoir et nouez-le. Votre enfant pourra fermer son manteau tout seul ! Astuce valable pour les pantalons comme pour les vestes. Vous pouvez utiliser tout ce qui vous passe par la tête : scoubidous, lacets multicolores, porte-clés...

Le bon pied dans la bonne chaussure

Pour que l'enfant reconnaisse facilement le pied droit de son pied gauche avant d'enfiler ses chaussures, dessinez un point au feutre indélébile sur la paroi interne de ses paires de chaussures et de chaussons. Expliquez ensuite à votre enfant qu'il faut toujours mettre les points de la paire de chaussures l'un contre l'autre avant de se chausser.

Longue vie aux pyjamas !

Sa grenouillère commence à être trop juste mais elle est tellement mignonne que vous n'avez pas envie de vous en séparer. Coupez-lui donc les pieds (ceux de la grenouillère pas de bébé !) : une idée astucieuse pour la faire durer quelques semaines de plus.

Gants toujours présents

Pour que les enfants ne perdent plus moufles et gants à tout moment, cousez-les solidement aux extrémités d'un élastique assez long pour le passer dans les manches du manteau. C'est le meilleur moyen de ne pas les perdre.

Jouets et jeux

Amusement garanti

Réunissez trois ou quatre enfants. L'un d'eux doit avoir les yeux bandés. Le jeu consiste à lui présenter des objets (une pomme, une balle de tennis...) pour qu'il les décrive en ne se servant que du toucher. Vous pouvez aussi jouer avec les autres sens (ouïe, odorat...). Autre divertissement qui a toujours du succès : les déguiser et les maquiller pour des improvisations théâtrales.

Fabriquer un puzzle maison

Sur un carton, collez une photographie ou une image que vous aimez particulièrement. Recouvrez le tout d'une feuille de plastique transparent autocollante. Il vous suffit ensuite de découper des formes harmonieuses et régulières à l'aide d'un cutter. Ainsi, le tour est joué et le puzzle personnalisé de monsieur bébé est prêt pour des heures de jeu !

Des peluches propres

Passées à la machine à laver, les peluches perdent généralement leur douceur originelle. Pour pallier cet inconvénient, enfermez-les dans une taie d'oreiller avant de les glisser dans votre machine à laver. Vous conserverez ainsi la douceur de ces fourrures si tendres.

La petite maison dans la prairie

Une vieille tente canadienne fera un tipi d'Indien formidable ou une maison de poupées originale. Faites appel à votre imagination. Pour ce qui est de la décoration, c'est une histoire de coups de pinceaux : n'hésitez pas à utiliser vos vieux pots de peinture à l'huile.

trucs malins

ÂGE ET STATURE

Les correspondances pour ne pas se tromper

Dans les boutiques, on trouve de plus en plus de vêtements classés par centimètres et non plus par âge. Combien de fois nous sommes-nous trompées en essayant de leur acheter un pantalon ou un blouson ?

En vous référant à la toise ci-contre, vous ne devriez plus faire d'erreurs.

Pour les chaussures, mesurez le pied de votre enfant avant de faire votre shopping, éventuellement en vous servant de votre main comme point de repère.

Pour les petits pieds, les longueurs varient selon les marques.

Pour bien l'habiller

cm	
150	11/12 ans
138	9/10 ans
126	7/8 ans
114	6 ans
108	5 ans
102	4 ans
94	3 ans
86	2 ans
81	18 mois
74	1 an
71	9 mois
67	6 mois
60	3 mois
54	1 mois

Pour bien le chausser

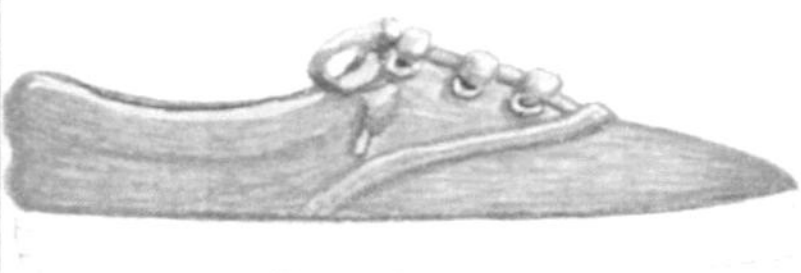

Longueur des pieds en cm	10,3	11	11,6	12,3	13	13,6	14,3	15	15,6	16,3	17	17,6	18,3	19
Pointures	17	18	19	20	21	22	23	24	25	26	27	28	29	30

Un tapis amusant

Prenez une petite couverture qu'il apprécie et bricolez vous-même un tapis de jeux en y cousant des gants de toilette de couleurs vives. Votre enfant se fera un plaisir d'y cacher ses petits jouets.

Des boîtes à œufs multi-usage

Vous pouvez confectionner un masque, en y perçant deux trous pour les yeux et un pour la bouche. La décoration sera confiée à l'artiste en herbe qui pourra utiliser une autre boîte à œufs en guise de godets à peinture.

Des marionnettes en chaussettes

Quand une chaussette est trouée, l'autre ne l'est pas forcément. Évitez-lui la poubelle en la transformant en marionnette. La reconversion est possible et très facile en cousant un bouton qui fera office de nez, un morceau de papier colorié en rose pour la bouche et une multitude de brins de laine pour les cheveux.

Des ballons originaux

Soufflez dans un gant en caoutchouc, du type de ceux que vous utilisez pour faire les vitres ou cirer des chaussures noires sans vous en mettre plein les mains. Vous obtiendrez alors un ballon rigolo et, qui plus est, très facile à attraper par l'un de ses cinq doigts.

Les poupées prennent le relais

Les landaus nouvelle génération sont bien plus petits et plus maniables que leurs ancêtres. Celui qui a promené votre fille sera parfait pour ses poupées quand elle sera en âge de le pousser (vers 4 ou 5 ans).

Des jouets sans danger

N'achetez pas n'importe quel jouet sous prétexte qu'il est amusant. Choisissez toujours des produits aux normes CE, c'est une garantie pour la sécurité et l'hygiène des enfants.

Vêtements recyclés

Il est toujours un peu difficile de se séparer des premiers vêtements de son bébé. Grenouillères, barboteuses, robes minuscules et autres bodies en taille naissance habillent à merveille les grosses poupées.

Peindre sans pinceau

Les artistes, c'est bien connu, peignent avec tout. Vos enfants les copieront. Fournissez-leur brosses à dents, Cotons-Tiges, cure-pipes, éponges usagées, etc.

Votre fille aime jouer à la maman

Vous la portiez dans un porte-bébé, qu'en avez-vous fait ? S'il dort au fond d'un placard, offrez-le à votre fille. Elle se fera un plaisir d'y glisser sa poupée pour la promener.

Découpages rigolos

Un vieux catalogue fera le bonheur d'un enfant aux envies « destructrices ». Il pourra à loisir le froisser, le déchirer ou découper sagement les images avec des petits ciseaux à bouts ronds.

Un landau dans un bac à légumes

Poupées et peluches ont envahi la chambre de votre enfant. Ne vous ruinez plus et transformez votre ancien bac à légumes monté sur roulettes en landau pour famille nombreuse. Chaque petit panier pourra accueillir une poupée. Sieste à tous les étages, chacune bien à sa place.

Recycler les gobelets des fast-foods

Après les déjeuners « fast-food » du mercredi, pensez à emporter avec vous les grands gobelets en plastique fermés par un couvercle. Ils vous rendront des services jusque-là insoupçonnés. Transformez-les en pots à peinture. Agrandissez le trou prévu pour la paille et le petit artiste y enfoncera son pinceau sans éclabousser alentour. Propreté garantie et dessin sauvegardé en cas de maladresse.

Boîtes à trésors

Ne les jetez pas car elles pourront vous rendre bien des services. Une boîte à chaussures peut se transformer en lit de poupée, en garage à voitures, en étable pour les animaux de la ferme... Laissez vos enfants imaginer librement comment les objets quotidiens les plus insignifiants peuvent devenir des jouets très amusants.

Tous au lave-vaisselle

Il existe un moyen facile et rapide pour bien nettoyer les jouets en plastique : le lave-vaisselle. Rangez les plus petits dans un filet, ce qui évitera qu'ils s'éparpillent. Procédez au lavage en cycle normal.

Repas

Plaisir des yeux et du goût

Les plus jeunes se laissent guider par leurs yeux. Et, plus un plat les attire visuellement, plus ça leur plaît ! Ou du moins, cela leur donne envie d'y goûter. Variez les présentations pour exciter leur intérêt et leur ouvrir l'appétit. Par exemple, congelez un yaourt et présentez-le comme s'il s'agissait d'une glace, coupez le fromage ou le jambon en forme d'étoile ou de cœur... Ça demande un peu de travail, beaucoup d'imagination mais vous serez récompensée de vos efforts.

Alimentation des jeunes enfants

Évitez de leur proposer trop souvent des sodas, des chips et des sucreries. Le mieux pour éviter les tentations étant d'en acheter le moins possible. En leur expliquant les qualités nutritives des fruits et légumes, ils apprendront petit à petit à bien s'alimenter.

Refroidir le plat de bébé en un rien de temps

Il suffit de mettre un glaçon dans le plat trop chaud. Soit vous le retirez quand c'est à la bonne température, soit vous le laissez fondre jusqu'au bout.

Des crêpes en Technicolor

En préparant la pâte à crêpes, il suffit d'y ajouter une goutte de sirop de menthe ou de grenadine. Vos petits gourmands auront ainsi l'impression de basculer dans la quatrième dimension !

Une tétine pour les médicaments

Si vous devez donner un médicament liquide à votre bébé, faites-le avant le repas lorsqu'il a bien faim. S'il refuse néanmoins d'avaler son sirop, versez-le dans la tétine de son biberon et donnez-lui à boire la dose prescrite, la tête légèrement penchée en arrière ou carrément allongé sur sa table à langer. Il se montrera bien plus docile qu'avec une cuillère.

Une drôle de fondue

Proposez de temps en temps à votre enfant de tremper des légumes crus, coupés en petits morceaux, dans une sauce au fromage blanc et aux herbes. Testez aussi les fruits frais, trempés dans un yaourt sucré ou coloré d'une goutte de grenadine. Toutes les inventions sont possibles. Votre enfant mangera légumes, fruits et laitages sans rechigner.

Brochettes surprises pour les fêtes

Avec de simples piques en bois, les plus longues possibles, confectionnez des gourmandises inoubliables. Enfilez tour à tour, en alternant les couleurs et les friandises, Chamallows, guimauves et autres nounours. C'est spectaculaire.

Rien ne se perd

Dans la série « bébé mange tout seul mais ne maîtrise pas encore le maniement de la cuillère », certains débordements restent inévitables. Offrez-lui un bavoir « pélican ». En plastique rigide, il possède une rigole qui récupère tout ce qui tombe de la cuillère. Autre avantage, la plupart passent au lave-vaisselle.

Protéger la chaise haute

Dans la série « simplifiez-vous la vie », avant le repas de bébé, installez un film étirable sur le plateau de sa chaise haute. Ainsi, vous n'aurez même plus besoin de passer un coup d'éponge. Vous vous bornerez à le remplacer après chaque utilisation.

Des glaçons rigolos

Pour épater vos enfants avec des glaçons originaux, prenez des moules pour figurines en plâtre et versez-y de l'eau et de la grenadine, de l'eau et du sirop à la menthe... Glissez-les dans votre congélateur : succès assuré !

Des glaces maison aux fruits

Dans un bac à glaçons souple (ou n'importe quel autre récipient à votre convenance), déposez dans chaque case un petit morceau d'ananas frais, une framboise, une moitié de fraise, un bout de kiwi... et versez du jus de fruits de votre choix par-dessus. Placez au congélateur. Lorsque la glace se fige légèrement, plantez alors un bâtonnet ou une cuillère en plastique. Laissez de nouveau reposer jusqu'au durcissement complet de ces petites glaces. À coup sûr, vous deviendrez l'artisan glacier favori de vos enfants !

Sécurité

Évitez les accidents domestiques

Mettez tous les médicaments hors de portée des petits. Tournez systématiquement les manches des casseroles vers l'intérieur de la cuisinière, de sorte qu'ils ne puissent pas les attraper. Protégez vos prises de courant avec des caches spéciaux. Rendez inaccessible l'ouverture des fenêtres. Apprenez-lui les dangers de la rue et des inconnus... Autant d'attentions qui peuvent leur sauver la vie. Bref, surveillez votre enfant comme du lait sur le feu !

Fabriquer une clé passe-partout

Si vos portes ferment avec des grosses clés à bout rond, faites une petite encoche à leur extrémité avec une scie à métaux. Ainsi, si votre enfant s'est par malheur enfermé dans une pièce et qu'il ne peut plus en sortir, vous serez en mesure d'actionner la clé de là où vous vous trouvez (autrement dit de l'autre côté de la porte) au moyen d'un tournevis aimanté. Le plus simple restant bien sûr d'ôter la clé et de la ranger si on n'en a pas besoin.

Dangers dans la maison

ZOOM

La salle de bains

• Armoire à pharmacie

Rassemblez tous vos médicaments dans une vraie armoire à pharmacie qui se ferme à clé.

• Lavabo

Ne laissez pas traîner sur le rebord les paires de ciseaux, épingles à cheveux, produits à nettoyer les lentilles ou autre rasoir mécanique.

• Sèche-cheveux ou rasoir électrique

Rangez-les systématiquement car ils pourraient être pris pour jouer avec des mains ou des pieds mouillés. C'est un jeu qui peut mener à l'électrocution.

• Chauffage électrique

Fixez au mur et en hauteur ce chauffage d'appoint.

• Chauffe-eau

Réglez sa température à 50 °C grand maximum.

• Prises de courant

Dès que bébé est en mesure de ramper, installez cache-prise ou prises à éclipses.

Ne laissez pas traîner une rallonge débranchée, très dangereuse pour un bébé qui porte tout à la bouche par curiosité.

• Baignoire

Posez un tapis antidérapant dans le fond et ne laissez jamais un bébé seul dans une baignoire : il peut se noyer dans 20 cm d'eau.

Testez avec le coude la température de l'eau. Placez hors de portée les shampoings ou mousses, nocifs s'ils sont absorbés.

La chambre d'enfant

• Fenêtres

Pas de chaise dans la chambre d'un petit enfant. Elle pourrait se transformer en échelle.

Posez des garde-fous et des entrebâilleurs. Pour les vitres, il existe même des films protecteurs en plastique qui retiennent les morceaux de verre en cas de casse provoquée par un jouet projectile.

• Lits superposés

Ne couchez pas un enfant de moins de 6 ans dans le lit supérieur et posez un garde-fou pour les plus grands.

• Jouets

Surveillez l'état des jouets ; jetez les petits morceaux qui peuvent être à l'origine d'un étouffement. Changez les piles usagées qui peuvent être toxiques.

• Armoire

Fixez l'armoire au mur, ainsi que les étagères, pour les empêcher de basculer.

• Lampes

Mettez des ampoules basse tension. Branchez leur prise pour que l'enfant ne soit pas tenté de le faire lui-même.

• Prises électriques

Mettez un cache-prise : les petits trous attirent les petits doigts.

• Lit d'enfant

Les barreaux ne doivent pas être espacés de plus de 8 cm de façon que bébé n'y passe pas la tête. Attention au matelas surélevé : ne sous-estimez pas les dons d'acrobatie de votre enfant. Éliminez couette et oreiller. Optez pour une turbulette.

Le salon

• Cheminée

Faites-la ramoner une fois par an et posez une grille devant l'âtre pour éliminer tout risque de brûlure. Mettez le tisonnier hors de portée des enfants.

• Téléviseur

Quand vous partez en vacances, débranchez systématiquement la télévision, le lecteur DVD, la chaîne hi-fi.

Ne laissez aucun appareil sous tension, en prévention d'un éventuel orage.

Ne laissez pas un enfant glisser sa main dans l'emplacement des cassettes du magnétoscope ; il risque de recevoir une décharge électrique.

• Tapis

Sur du parquet ou du carrelage, placez une semelle spéciale antidérapante sous les tapis.

• Lampadaire, halogène

Placez-les loin des voilages et des rideaux. N'y posez jamais de journaux ou de tissus pour atténuer la luminosité.

Visite des pompiers garantie.

- **Apéritif**

Attention à l'asphyxie avec les cacahuètes et autres petits apéritifs qui se bloquent dans les voies respiratoires.
Gare également aux verres d'alcool qui traînent ainsi qu'aux briquets, cigarettes et cendriers.

- **Tables aux angles pointus**

Équipez les angles avec des protections pour éviter que les petits enfants ne se cognent la tête ou les yeux.

La cuisine

- **Réfrigérateur**

Gare au compartiment congélation où des petits doigts peuvent se coller à la paroi. Dans la partie réfrigérateur, attention aux piments, aux condiments (moutarde) et aux boissons alcoolisées.

- **Lave-vaisselle**

Ne laissez pas la porte entrouverte : une main d'enfant peut s'y glisser et attraper couteaux et fourchettes.
Pour les mêmes raisons, verrouillez ou bloquez le tiroir à couverts.

- **Appareils électriques**

Rangez-les toujours après usage : ne laissez pas d'appareils électroménagers et leurs accessoires à hauteur d'enfant.

- **Cuisinière**

Orientez la queue des casseroles et des poêles vers le fond de la cuisinière pour ne pas tenter les petits curieux qui pourraient s'ébouillanter.

- **Four**

Il est très chaud et brûle : installez devant une grille de protection, une serviette humide ou un linge un peu épais.
Apprenez-leur à s'en méfier.

- **Produits ménagers**

Rangez tous les produits ménagers dans un endroit fermé à clé ou bloqué avec un système de fermeture spécial.
Ne les transvasez pas dans des bouteilles d'eau minérale ou de jus de fruits pouvant entraîner confusion donc accidents.

Poignées à l'envers

Un autre moyen d'empêcher bébé de s'enfermer dans une pièce est de monter la poignée à l'envers. Lorsque votre enfant appuiera dessus pour l'actionner, la poignée ne bougera pas d'un poil !

Sommeil

Un dodo sûr et confortable

Soyez très vigilant en achetant le matelas de bébé. S'il est plus étroit que la largeur du lit, votre bambin risque de se coincer entre les deux et de se blesser.

Un somnifère très naturel

Une demi-heure avant d'aller au lit, faites manger un petit quartier de pomme à votre enfant. En plus des vitamines, ce fruit a des effets soporifiques reconnus.

S'il refuse d'aller au lit

Pour aider votre enfant à rejoindre plus facilement son lit, retardez soudain l'heure du coucher d'une demi-heure environ puis, chaque jour, avancez-la de 5 à 10 minutes, jusqu'à ce que vous soyez revenue à l'heure habituelle. Bébé ne devrait y voir que du feu et vous n'aurez plus de mal à le coucher.

Pour éviter qu'il se réveille la nuit

Bien des raisons peuvent le réveiller la nuit : cauchemars, gros pipi, ou... soif ! Pour éviter ce dernier désagrément, en hiver notamment, déposez un verre d'eau sur le radiateur de sa chambre. Ainsi, il n'aura pas la bouche sèche. Surtout, changez l'eau tous les jours pour éviter que les microbes ne s'y développent.

Humidificateur pour bébé

Votre enfant traîne un vilain rhume depuis des jours ? Préparez-lui une atmosphère humidifiée pour la nuit. Remplissez le chauffe-biberon d'eau et branchez-le dans sa chambre. Si vous avez de l'huile essentielle d'eucalyptus en réserve, vous pouvez en ajouter dans l'eau. C'est très efficace pour dégager les voies respiratoires.

Voyages

L'amour de la nature

Il n'est jamais trop tôt pour inciter les enfants à découvrir et à respecter la nature. Profitez de vos balades à la campagne, à la montagne, en forêt... pour leur apprendre à reconnaître les arbres et les oiseaux. Expliquez-leur qu'il ne faut pas arracher les fleurs ou les champignons, mais couper les tiges et les pieds avec des ciseaux ou un couteau, afin de laisser les racines dans le sol pour une nouvelle pousse. Si vous partez en pique-nique, emportez des sacs plastiques pour rassembler les déchets et les emballages : et profitez de ce moment privilégié pour leur donner envie de préserver la planète.

Des jouets à portée de main

Lors de longs trajets en voiture, attachez les jouets de bébé à son siège auto à l'aide d'une ficelle ou de rubans. Ainsi, vous n'aurez pas à vous contorsionner toutes les 2 minutes pour les ramasser. Votre enfant se débrouillera tout seul.

Étouffer les odeurs

Où que vous alliez avec votre bébé, ayez toujours sur vous des sachets plastiques (type sacs congélation) pour y mettre les couches sales avant de les jeter. Ainsi, que vous voyagiez en train, en voiture ou en avion, personne ne sera indisposé par les mauvaises odeurs...

Yeux

Des yeux bien nettoyés

Pour laver les yeux de votre enfant, préférez la compresse de gaze au coton hydrophile. Utilisez une compresse par œil et humectez-la de sérum physiologique (ou, à défaut, d'eau bouillie et refroidie). Pensez à toujours nettoyer l'œil du coin interne vers le coin externe afin de ne pas boucher le canal lacrymal.

Attention au soleil

Achetez-leur de bonnes lunettes de soleil. De nombreuses études ont prouvé que c'est avant 6 ans que le cristallin laisse passer le plus d'UV. Évitez donc les lunettes « gadget », très rigolotes mais particulièrement inefficaces !

Soins du corps

Cheveux

Couper sa frange

Vous n'avez pas le temps d'aller chez le coiffeur et votre frange commence à vous transformer en bobtail. Tentez l'aventure : coupez-la vous-même. Donnez-lui des petits coups de ciseaux à ongles à la verticale (légèrement en biais) sur toute sa largeur, sans la mouiller et ce jusqu'à la longueur désirée. Ainsi raccourcie, elle sera joliment effilée.

Un soin aussi efficace que chez le coiffeur

Une crème capillaire n'est vraiment efficace que si elle pénètre le cheveu. Pour cela, il faut que les écailles de celui-ci soient ouvertes. Seule la chaleur peut provoquer ce phénomène. D'où les rinçages à l'eau très chaude chez le coiffeur et autres casques à infrarouges. À la maison, une fois le soin appliqué, enveloppez vos cheveux dans une feuille de papier aluminium et posez dessus une serviette humide, préalablement réchauffée au micro-ondes (1 minute suffit). Le temps de pause sera réduit de moitié et le produit montrera toute son efficacité.

Réveiller le blond

C'est une vieille recette qui a fait ses preuves. Pour retrouver un joli blond éclatant, il n'y a rien de tel qu'une décoction de camomille faite maison. Laissez-la macérer 20 minutes et posez-la sur vos cheveux après le shampoing. Rincez. L'effet sera aussi naturel qu'inoffensif. Vous pouvez aussi appliquer un jus de citron sur vos cheveux essorés et les sécher au soleil. Ils brilleront comme de l'or.

Coiffure regonflée

Des cheveux fins ne gardent pas longtemps le volume donné par un brushing. Prenez l'habitude de les brosser tête en bas et de crêper quelques mèches cachées afin de garder un joli gonflant.

Cheveux gras

Plusieurs facteurs peuvent en être responsables. Les chapeaux, serre-tête et autres couvre-chefs étouffent le cuir chevelu. Un shampoing mal adapté, pour bébé par exemple, graisse le crâne et assèche les pointes. Se shampouiner trop énergiquement et utiliser un séchoir brûlant aggrave le problème. La solution : se laver les cheveux aussi souvent que nécessaire, avec un shampoing adapté, en se massant le crâne. Impératif : le rinçage doit être long. Un filet d'eau froide pour terminer donne éclat et tonus. Enfin, évitez de les sécher à l'air chaud.

Une coloration sans bavure

Cacher ses cheveux blancs, c'est bien. Sortir avec un casque dessiné sur la peau, ça l'est moins. Pour éviter de colorer sa peau en même temps que sa chevelure, il suffit d'étaler une barrière de crème grasse sur le front, les tempes, les oreilles et la nuque. Attention cependant à ne pas priver les petits cheveux blancs récalcitrants de leur bain de couleur. S'il reste des traces, on peut les effacer en les frottant énergiquement avec de la cendre de cigarette froide. Cette technique quelque peu étonnante est fréquemment utilisée par les plus grands coiffeurs.

Cheveux électriques

Ils se collent partout sur votre visage et vous rendent folle. Maîtrisez-les en les séchant à l'air froid ou tiède (l'air chaud les électrise) et en bannissant les brosses à poils synthétiques (les poils naturels ne conduisant pas l'électricité statique). Si le mal est déjà fait, mouillez vos mains et passez-les dans votre chevelure. Autre solution :

coiffez-la avec une brosse préalablement vaporisée de laque. Elle sera définitivement domptée.

L'huile d'olive fortifiante

En ce moment, vos cheveux sont tout raplapla et ternes, et vous êtes persuadée qu'il n'y a rien à faire ! Erreur ! Battez 2 œufs entiers, ajoutez une cuillerée à soupe d'huile d'olive, une de glycérine et une cuillerée à café de vinaigre de cidre. Posez ce masque après le shampoing, sur cheveux rincés, et laissez poser de 15 à 30 minutes, puis rincez soigneusement. Ce soin réparateur est aussi excellent en été, quand les cheveux ont souffert des expositions au soleil et des baignades.

Soin à l'avocat

Pour avoir des cheveux brillants et en pleine forme, appliquez un masque composé d'avocat mixé avec un yaourt nature. C'est super efficace.

Trois shampoings maison

• Antipelliculaire : diluez une cuillerée à café de bicarbonate dans 50 cl d'eau tiède et lavez vos cheveux avec ce mélange.

• Spécial cheveux gras : mélangez deux cuillerées à soupe d'argile verte à 10 gouttes d'huile essentielle de bois de rose. Délayez la préparation avec un verre d'eau chaude. Appliquez le mélange en massant et laissez agir pendant 10 minutes avant de rincer.

• Pour cheveux secs : selon la longueur de votre chevelure, battez vigoureusement 1 à 2 œufs entiers avec une cuillerée à café d'huile d'olive. Appliquez ce mélange en massant bien et laissez agir 10 minutes avant de rincer. Si vos cheveux sont ternes, vous pouvez remplacer l'huile d'olive par deux cuillerées à café de miel et le jus d'un citron.

Les conseils du coiffeur

De beaux cheveux même en voyage

Les deux produits indispensables

• Le shampoing, surtout si vous devez vous laver les cheveux tous les jours. Si vous partez en famille, évitez d'utiliser le même produit, sauf si c'est un shampoing spécial soleil.

• Un soin sans rinçage, en spray et sans gaz. Il sert de démêlant, de soin traitant et de coiffant. Pratique et instantané, on peut l'appliquer le matin sur les cheveux non mouillés pour nourrir et protéger les longueurs, reformer des boucles, discipliner des frisures ou donner du maintien au brushing.

Le démêlage sans peigne ni brosse

Avec vos doigts, maintenez une mèche par sa pointe et démêlez celle-ci en remontant étape par étape jusqu'à la racine. Mèche par mèche, vous éliminerez doucement les nœuds. Le cheveu étant retenu, vous ne tirez pas dessus. Si vos cheveux ont beaucoup de volume, commencez le démêlage par la nuque, mèche après mèche, en rabattant progressivement la masse de cheveux. Résultat : un démêlage parfait sans risque de casser la fibre capillaire.

Le coiffage sans sèche-cheveux

• Après votre shampoing, séchez vos cheveux sans les frotter ni les tordre, en les emmaillotant dans une serviette. Tamponnez doucement. Utilisez ensuite un soin sans rinçage ou un coiffant pour donner du mouvement et de la tenue.

• À l'aide d'un bandeau ou d'une barrette, vous pouvez fixer un cran ou une boucle.

• Pour lisser les cheveux sans brushing, plaquez-les en arrière puis rassemblez-les en une queue-de-cheval et attachez avec un chouchou en tissu (l'élastique traditionnel laisse une marque et casse le cheveu).

• Créez de belles ondulations grâce à de petites tresses que vous réaliserez sur la chevelure mouillée avant de les libérer dès que vos cheveux sont secs.

Formules antichute et antipelliculaire

Pour stimuler le cuir chevelu et freiner la chute des cheveux, vous ajouterez 3 gouttes d'huile essentielle de gingembre à la dernière eau de rinçage et contre les pellicules 3 gouttes d'huile essentielle d'arbre à thé.

De la brillance pour toutes

En dernier rinçage, ajoutez un demi-jus de citron ou 3 gouttes d'huile essentielle de citron dans 1,5 l d'eau fraîche. Le citron referme les écailles du cheveu et neutralise les effets du calcaire. Pour assainir le cuir chevelu des cheveux gras, additionnez 3 gouttes d'huile essentielle de romarin à votre dernière eau de rinçage.

De la Maïzena pour booster les cheveux fins

Mélangez un peu d'eau tiède, une cuillerée à soupe de votre shampoing habituel et 3 cuillerées à soupe de Maïzena. Appliquez la pâte ainsi obtenue sur toute la chevelure. Émulsionnez avec de l'eau avant de bien rincer. L'amidon de maïs gaine et épaissit les cheveux fins, leur donnant ainsi davantage de volume.

L'huile de macadamia nourrit les cheveux secs

Utilisez une huile, et plus particulièrement l'huile de macadamia dont la composition est la plus proche de celle du sébum. Vous la trouverez facilement en pharmacie et dans les magasins bio. Chauffez-la en vous frottant les mains avant de l'appliquer mèche par mèche. Attention, si vos pointes sont sèches mais que vos racines sont plutôt grasses, limitez l'application aux demi-longueurs. L'idéal est de laisser poser l'huile quelques heures avant le shampoing, voire toute la nuit. Vous pouvez également optimiser son action hydratante en vous glissant dans un bain chaud : la vapeur d'eau ouvre les écailles du cheveu et permet à l'huile de pénétrer. Pour conserver la chaleur, vous pouvez placer vos cheveux sous une charlotte en tissu « aluminium » employée habituellement pour les colorations. Vous la trouverez dans les magasins spécialisés.

Lèvres

Un duvet bien caché

Vous avez un fin duvet sur la lèvre supérieure, mais pas assez cependant pour vous faire épiler... Deux fois par jour, passez dessus un coton imbibé dans le jus de citron.

Contre la sécheresse

À cause du froid ou des expositions au soleil, vos lèvres se dessèchent... Avant de vous maquiller, appliquez de la crème hydratante... et votre bouche sera pulpeuse à souhait.

conseils malins

CONCOCTER SON ROUGE ET SON BLUSH PERSO

- Avec un crayon à mine tendre, dessinez le contour de vos lèvres, puis coloriez-les. Unifiez le tout avec une légère touche de gloss. Grâce aux pigments du crayon, vous obtenez de cette façon un rouge à lèvres longue tenue et ultrabrillant. En remplaçant le gloss par une pointe de crème hydratante, il devient traitant.
- Dans la paume de la main, délayez un léger tracé de bâton de rouge à lèvres avec une touche de fond de teint, puis appliquez ce mélange du bout des doigts, en tapotant, sur les joues. En un clin d'œil, vous obtenez un blush « ton sur ton » en parfaite osmose avec le reste votre maquillage.

Si elles se fendillent

Sous l'effet du vent ou de la chaleur, vos lèvres se gercent... Appliquez plusieurs fois par jour une bonne couche de crème hydratante. Maquillez-vous ensuite avec un brillant à lèvres incolore : il masquera ces petites irrégularités. Vous pouvez aussi appliquer un peu de miel du bout des doigts. Laissez agir aussi longtemps que possible et rincez à l'eau tiède. Posez ensuite un peu de vaseline ou un baume à base de beurre de cacao.

Bien maquillées

Pour que votre rouge à lèvres tienne mieux, appliquez-le généreusement sur les lèvres, passez ensuite du papier à démaquiller ; pour finir, appliquez une seconde couche de rouge.

Opération démaquillage

Voici une façon simplissime d'enlever son rouge à lèvres : posez un peu de dentifrice sur une éponge à démaquiller, puis frottez doucement vos lèvres. Rincez à l'eau tiède, vous verrez comme elles seront fraîches.

Un masque naturel

Ce soin est très efficace pour prévenir les gerçures : mélangez quelques gouttes de jus de citron à du yaourt nature. Laissez poser 45 minutes sur les lèvres avant de rincer à l'eau tiède. Elles seront douces et hydratées.

Baume fruité

Vous avez oublié votre baume à lèvres ? Achetez une banane et appliquez-en un petit bout sur vos lèvres, c'est excellent pour soigner les gerçures.

Yeux

Préparer ses yeux avant de se maquiller

Si vous trouvez vos yeux battus, cernés, accordez-leur 10 minutes de détente avant de les maquiller.

• Allongez-vous sur votre lit et posez des compresses d'eau de bleuet sur vos paupières. Elles auront le mérite de les décongestionner.

• Maquillez-vous ensuite très légèrement. Une touche d'anticernes, un peu d'ombre beige ou rosée, du mascara brun... C'est tout ce qui vous est permis. Restez dans des tons neutres.

• Pour éclairer votre regard, vous pouvez poser une petite pointe d'ombre blanche sur le milieu de la paupière mobile jusqu'aux cils.

Contre la fatigue due aux écrans

La technologie, c'est merveilleux, mais plutôt mauvais pour nos yeux. Par exemple, regarder la télévision le soir ne leur fait pas le plus grand bien. En plaçant une lampe allumée derrière votre poste, vous limiterez grandement les dégâts. Face à l'ordinateur ou plongée dans un livre, prenez l'habitude de reposer vos yeux toutes les 20 minutes en regardant au loin pendant 1 à 2 minutes afin de les décontracter. Ce conseil est également valable devant la télévision.

En cas de fatigue

Vous avez mal dormi et vous avez de très vilains cernes qui vous donnent une mine toute grise... Cachez-les en appliquant un trait de crayon blanc au bord de la paupière inférieure.

Hydrater leur contour

Cette zone du visage, très pauvre en glandes sébacées, est la plus fragile. Si elle n'est pas protégée, elle tend à se déshydrater. Démaquillez-vous les yeux chaque soir et appliquez une crème spécifique autour des yeux et sur les paupières. Faites-la pénétrer par petits mouvements circulaires.

Gonflés

Vous vous réveillez souvent avec les yeux gonflés... Si vous avez le temps, trempez un sachet de thé dans de l'eau chaude, imbibez-en deux cotons et laissez-les sur les paupières jusqu'à ce qu'ils aient refroidi. Pour compléter ce soin, passez sur le contour des yeux, cinq fois dans un sens, cinq fois dans l'autre, un glaçon enveloppé d'un linge.

conseils malins

À CHAQUE FORME DE VISAGE SES LUNETTES

Visage carré

Pour adoucir l'aspect dur de ce type de visage, choisissez une monture épaisse et un peu large, rectangulaire ou octogonale. Derrière, votre visage paraîtra plus fin.

Visage triangulaire

Comme pour les visages ovales, toutes les fantaisies vous sont permises. Ce qui vous va le mieux : les montures effilées en ailes de papillon.

Visage ovale et long

Pas de problème ; tout vous va. Si votre visage est vraiment très allongé, optez alors pour une forme rectangulaire ou effilée (style années 1950), voire invisible.

Visage rond

Vous avez deux possibilités : soit vous choisissez des lunettes ovales classiques, de taille moyenne ; soit des rondes, fines ou, au contraire, épaisses.

Dans tous les cas, la partie supérieure de la monture doit épouser la forme des sourcils, pourvu que ceux-ci se situent un peu au-dessus ou confondus avec elle mais jamais en dessous.

Concombre magique

Quelques rondelles de concombre bien frais posées sur les yeux sont un remède simple et naturel pour décongestionner des yeux rougis ou gonflés.

Après les larmes

Vous avez pleuré ? Mouillez-vous les yeux alternativement avec de l'eau chaude et de l'eau froide. Finissez toujours par de l'eau froide. Les compresses de thé vous aideront aussi à les décongestionner.

Deux cuillères pour les paupières

Vos yeux sont un peu fatigués ? Mettez 2 cuillères à café au congélateur pendant 15 minutes. Allongez-vous et posez le dos des cuillères sur vos yeux fermés durant 20 minutes.

Regard tendre

Maquillez vos yeux avec une ombre claire sur toute la paupière supérieure, en étirant bien vers les tempes, puis posez une ombre plus foncée sur la partie mobile de la paupière, en laissant la partie centrale un peu plus claire. Pour finir, posez sur les cils un mascara incolore. Vous aurez un regard plus doux.

Soins du visage

Un tonique à la rose

Lancez-vous et fabriquez des glaçons à l'eau de rose. Vous les passerez sur votre visage pour vous rafraîchir ou pour fixer votre maquillage. C'est économique et très certainement courageux.

ZOOM

Décodez les étiquettes de vos produits de beauté

• A

Acacia = gomme arabique

Ce gélifiant naturel est facilement soluble dans l'eau. Il donne un effet épaississant ou gélifiant aux parfums, fards, savons liquides.

Acetum = vinaigre

Antiseptique et astringent, il est employé dans la formulation des lotions pour peaux grasses.

Alcohol = alcool

L'alcool éthylique est obtenu par fermentation. Il est présent, en petites quantités, dans les lotions et les toniques. Il dégraisse, apaise et aseptise.

Alcohol Denat = alcool dénaturé

Moins cher, l'alcool dénaturé a été rendu non comestible avant transformation par le fabricant afin de ne pas être taxé par l'État. La qualité d'un cosmétique reste la même.

Algae = algue ou extrait d'algues

Riches en vitamines et minéraux, elles forment un film protecteur et raffermissent la peau.

Aqua = eau purifiée

Un grand nombre de cosmétiques sont composés à plus de 50 % d'eau. On l'utilise comme solvant et hydratant.

Ascorbic Acid = vitamine C

Cet antioxydant neutralise les radicaux libres. On le trouve principalement dans les crèmes pour le visage.

• C

Castor Oil = huile de ricin

Cette huile végétale est surtout utilisée dans les rouges à lèvres.

Cera Alba = cire d'abeille

C'est la cire purifiée des rayons de miel. Elle est utilisée dans les crèmes comme stabilisant et dans le maquillage pour apporter de la consistance.

Cocamidopropyl Betaine = tensioactif

Dans les shampoings, ce détergent doux est obtenu à partir de l'huile de noix de coco.

• G

Glycerin = glycérine ou glycérol

On utilise cet agent hydratant, solvant et lubrifiant dans les crèmes pour le corps et le visage.

• L

Lanolin = lanoline

Agent hydratant obtenu à partir du suint de la laine de mouton. Cette cire de laine est présente dans les crèmes corps et visage. Elle maintient la teneur en eau, regraisse et rend la peau lisse.

• M

Maris sal = sel de mer

Contenant des oligoéléments, on le retrouve dans certains soins pour le visage et le corps : crèmes, masques, gommages.

Mel = miel

Nourrissant et adoucissant, on le retrouve dans la composition de crèmes de soin et de produits capillaires.

• O

Oil = huile

Les huiles minérales et végétales entrent dans la composition de la plupart des émulsions (crèmes, laits, huiles) nettoyantes ou traitantes.

• P

Panthénol = provitamine B5

Elle stimule le processus de renouvellement de l'épiderme, agit contre le dessèchement et renforce les cheveux.

Parabens = conservateurs

Il n'a pas été scientifiquement prouvé que les doses de parabens utilisées dans les cosmétiques soient de nature cancérigène, mais ils peuvent provoquer des allergies.

Paraffin = paraffine

Hydratante, elle s'obtient à partir du pétrole. Elle est employée comme agent de texture pour les baumes à lèvres et les crèmes.

• R

Retinyl Acetate = vitamine A

Efficace contre les effets des radicaux libres et des rayons ultraviolets, elle se retrouve dans les crèmes pour le visage.

• S

Sodium Laureth = lauryl Sulfate = tensioactif

Ce détergent synthétique est souvent employé dans les gels douche et les shampoings.

• T

Thicone employé en suffixe (dimethicone, cyclomethicone...) = silicones

Les silicones sont sans danger mais dommageables pour l'environnement car ils se dégradent difficilement. Dérivés du silicium, ils sont employés dans les produits de coiffage, les crèmes de soin, le maquillage. Ils gainent et lissent le cheveu, matifient et adoucissent la peau...

Tocopheryl Acetate = vitamine E

Antioxydant naturel, la vitamine E protège la peau de l'oxydation due à la lumière et à l'oxygène. On la trouve dans les crèmes pour le visage.

• W

Wax = cire

Il existe des cires d'origine minérale (cérésine) issue de l'industrie pétrochimique, des cires végétales (cire de jojoba...) et animales (cire d'abeille). On les trouve dans les soins pour la peau, le maquillage et les produits coiffants.

Cacher la brillance des peaux grasses

Le principal inconvénient de la peau grasse, c'est qu'elle brille ! On peut la tamponner avec un mouchoir de papier mais le plus efficace est encore de la poudrer légèrement. Choisissez de préférence une teinte naturelle ou transparente.

Supprimer un bouton

Si vous avez un petit bouton sur le visage, vous pouvez prendre le risque de le presser avec vos doigts, mais désinfectez-le bien ensuite. S'il saigne, déchirez un minuscule morceau de mouchoir en papier, imbibez-le de désinfectant et posez-le dessus pendant quelques minutes. Veillez à ce que la peau saine autour ne soit pas irritée par le produit.

Masque purifiant anti-grise mine

Prenez de l'argile blanche en sachets, vendue dans les magasins de produits naturels. Versez-en deux cuillerées à soupe dans un bol et délayez avec un peu d'eau minérale jusqu'à l'obtention d'une pâte lisse et épaisse. Appliquez le mélange sur tout le visage en évitant bien le contour des yeux et laissez poser pendant 10 minutes. Rincez à l'eau tiède.

Un gommage fait maison

La farine d'avoine vendue dans les magasins de diététique peut facilement se transformer en crème exfoliante bon marché. Malaxez-la avec un peu d'eau jusqu'à l'obtention d'une pâte épaisse. Appliquez-la ensuite sur votre peau en petits mouvements circulaires pendant 1 minute. Rincez abondamment à l'eau claire. Et caressez la différence !

Le blanc d'œuf, un excellent masque

Pour obtenir un masque raffermissant, utilisez le blanc d'œuf qui est un tenseur naturel. En séchant, il tire la peau. On trouve d'ailleurs de l'albumine dans les ampoules « éclat du teint ». Mélangez une dose de crème de jour avec du blanc d'œuf et appliquez ce mélange en masque sur le visage. Patientez quelques minutes et essuyez sans rincer.

Joli teint longue durée

La qualité du maquillage dépend beaucoup de celle de la peau. Il tient moins facilement, par exemple, sur une peau grasse. Il est donc essentiel de préparer son visage avant de l'appliquer. Une décoction de camomille et de persil (faite maison et conservée au réfrigérateur) peut faire la différence. Pulvérisez-la ou tamponnez-la comme un tonique.

Rose, camomille... concoctez votre crème perso

Selon la saison et votre état de fatigue, vous souhaiteriez une crème plus hydratante, assainissante ou anti-grise mine... Bonne nouvelle : vous pouvez conserver la même crème de jour ou le même lait pour le corps tout au long de l'année. Il suffit de les enrichir grâce aux principes actifs des huiles essentielles. Selon vos besoins, ajoutez à votre dose de crème ou de lait habituel :

- Pour les peaux ternes, 1 goutte d'huile essentielle de citron.
- Pour les peaux grasses, 1 goutte d'huile essentielle d'arbre à thé.
- Pour les peaux matures, 1 goutte d'huile essentielle de rose.
- Pour les peaux sensibles, 1 goutte d'huile essentielle de camomille.
- Pour les peaux mixtes, 1 goutte d'huile essentielle d'ylang-ylang.

Frottez-vous les mains et le mélange est fait. Vous pouvez appliquer votre produit maison !

Maquillage/démaquillage

Les clés de la réussite

Un soupçon de blush clair sur les pommettes pour raviver le teint, une touche de rose délicat sous l'arcade sourcilière pour éclairer le regard, un rien d'ombre transparente sur les paupières afin de l'accentuer et le tour est joué.

Des cils de star

Pour éviter au mascara de couler ou de faire des paquets, il suffit de poudrer légèrement les cils avant de l'appliquer (si vous portez des lentilles, oubliez ce conseil !). Ensuite, essuyez bien la brosse pour éviter toute surcharge de produit et passez-la en prenant les cils à la racine. Les perfectionnistes répètent l'opération une ou deux fois pour obtenir un regard plus profond.

Un bouton déguisé

Autant le savoir : un bouton ne se cache pas ! Sur lui, le maquillage prend très vite des allures de plâtras disgracieux. Pour éviter le pire, le bon truc consiste à mettre ce bouton en valeur en le déguisant en grain de beauté. Il suffit de passer dessus la mine tendre d'un crayon brun et le laid devient beau.

Se maquiller à l'improviste

Un tube de rouge à lèvres suffit. Colorez votre index avec et appliquez discrètement quelques touches de couleur sur vos pommettes et paupières, puis estompez bien. Le tour est joué. Le tout sera assorti à vos lèvres bien sûr !

Un joli sourire

Gare au brillant à lèvres utilisé seul. Il prend parfois un aspect « luisant baveux » peu attrayant. Pour un effet plus heureux, passez un peu de rouge dessus avec la pointe d'un pinceau. Rouge franc ou sombre pour les brunes, légèrement rosé pour les blondes. Pour un effet plus naturel, oubliez le brillant et adoptez de préférence un rouge discrètement irisé.

De jolies couleurs

Le rose à joues est un fard indispensable, à condition de l'appliquer avec légèreté. Pas question de s'orner de ronds rouges sur les joues à la manière des clowns. Choisissez des tons doux et frais et, surtout, estompez ! Un teint clair s'accorde mieux avec des roses tendres ou des bordeaux légers ; un teint mat autorise les roses toniques et les teintes orangées. Si vous avez du mal à manier le blush en pâte, optez pour ceux en poudre, bien plus faciles à appliquer.

La technique de l'œil de biche

L'eye-liner n'est pas facile à poser. Sous une main inexpérimentée, le trait devient vite un pâté d'écolier. Pour éviter cela, tracez une ligne en pointillés sur votre paupière le long des cils ; laissez sécher et passez dessus un applicateur en mousse. Vous obtiendrez un joli trait ombré.

Le bon dosage

Pour commencer, mieux vaut se maquiller à la lumière du jour : cela évite les mauvaises surprises ! Si votre salle de bains ne possède pas de fenêtre, maquillez-vous dans une autre pièce ou ayez la main légère. En cas de surcharge, estompez avec un mouchoir en papier. Méfiez-vous du coton qui se colle aux cils et finit dans l'œil. En cas de trait d'eye-liner trop appuyé ou de rouge à lèvres qui déborde, utilisez un crayon démaquillant. Vous apprécierez sa précision.

Tailler un crayon sans l'écraser

Les crayons pour les yeux sont plutôt délicats à tailler. La mine s'écrase bien souvent sur la lame au lieu de s'affiner. On peut très bien y remédier en plaçant le crayon pendant quelques heures au réfrigérateur. C'est réglé !

Petite bouche deviendra grande

Hériter d'une petite bouche n'est pas une catastrophe. Il suffit de la mettre en valeur avec un rouge à lèvres clair et brillant (pêche nacrée ou brun rosé) qui donne du volume, à l'inverse des rouges sombres qui affinent la bouche. Dernier trompe-l'œil pour les plus habiles : agrandissez le contour de vos lèvres avec un trait de crayon et appliquez la couleur. Le résultat : une bouche sensuelle et pulpeuse.

ZOOM

Déchiffrez les mentions

Les mentions sur les emballages ou les flacons n'ont aucune valeur légale.

- ***Testé sous contrôle dermatologique.***

Un dermatologue (souvent attaché au laboratoire de la marque) a effectué les essais cliniques.

- ***Essais cliniques***

Le produit a été testé sur un panel de personnes sélectionnées.

- ***Non comédogène***

Le produit a été formulé et testé pour être utilisé par les personnes ayant une peau à tendance grasse ou acnéique.

- ***Hypoallergénique***

Le produit a été formulé et testé de manière à minimiser les risques d'allergies, notamment chez les personnes très sensibles, mais le risque zéro n'existe pas. Par définition, les cosmétiques hypoallergéniques ne contiennent ni formaldéhyde, ni toluène, ni parabens (les 3 conservateurs les plus allergisants) et sont sans parfum.

Avant de lancer un cosmétique sur le marché, les fabricants doivent déposer la formule du produit auprès des centres antipoison, fournir des études toxicologiques et des informations sur les contrôles effectués. Ceci garantit au consommateur qu'il achète un produit sûr.

Économiser les produits

Les produits de soins, comme le tonique et le shampoing, sont toujours plus concentrés que nécessaire. Vous pouvez les faire durer en les diluant (shampoing, démêlant) ou en vous servant d'un coton déjà humidifié à l'eau (tonique), ce qui vous évitera d'en utiliser trop.

S.O.S. rouge cassé

Il n'y a rien de plus agaçant que de casser son bâton de rouge à lèvres. Généralement, on le croit perdu et on le finit à l'aide d'un pinceau. Il existe pourtant un moyen tout simple de le réparer. Pressez délicatement le morceau cassé sur celui qui est resté sur la base, passez éventuellement le doigt autour de la brisure et placez votre tube dans le bac à légumes du réfrigérateur toute une nuit. Le lendemain matin, il sera comme neuf !

Eye-liner sans défaut

Pour corriger un trait d'eye-liner mal dessiné, un Coton-Tige bien humidifié rattrape les dégâts. Si vous avez déjà posé l'ombre sur la paupière, reprenez soit votre eye-liner pour épaissir le trait et le rectifier, soit un applicateur mousse humidifié, une ombre poudre ou un crayon gras que vous passerez sur le trait initial.

Blush mal posé

La meilleure façon de poser un blush est de se poudrer le visage avant. En cas de surplus, il sera alors plus facile de l'estomper. Si le teint n'est pas encore maquillé et que vous avez eu la main trop lourde, prenez un mouchoir en papier légèrement humidifié et tamponnez délicatement. Poudrez ensuite avec une houppette. Résultat impeccable !

trucs malins

DÉTOURNEMENT DE PRODUITS AUTORISÉ

En dépannage, vous pouvez utiliser...

- **Votre shampoing** pour la toilette du corps. Attention, l'inverse n'est pas vrai. Ne vous servez pas de savon pour vous laver les cheveux qui ont absolument besoin de tensioactifs pour être nettoyés.
- **Votre crème de soin** pour le visage peut parfaitement servir à hydrater le corps. Les principes actifs sont plus dispersés dans une crème corps qui est donc toujours moins hydratante que la crème visage.
- **Votre crème de jour** peut se transformer en masque hydratant pour le visage si vous l'appliquez en couches épaisses. Le gras de la crème fait occlusion et permet une meilleure pénétration des lipides et de l'eau dans l'épiderme.
- **Votre mascara** peut servir de camouflage express le temps d'une soirée pour dissimuler quelques cheveux blancs. Appliquez par petites touches. Bien sûr, les blondes s'abstiendront !

Masquer des paupières gonflées

Les habituées des yeux bouffis peuvent masquer ce défaut en maquillant ces derniers d'un anticernes, puis d'une poudre. Ombres rosées ou nacrées sont à proscrire. Les premières donnent l'impression de sortir d'un flot de larmes ; les secondes pointent le doigt sur le gonflement. Soyez futée : attirez les regards sur votre bouche en la faisant briller d'un beau rouge lumineux. Vos paupières passeront alors complètement inaperçues.

Des cils recourbés

Après avoir posé votre mascara, juste avant qu'il ne soit sec, placez vos index à l'horizontale à la base des cils de chaque œil et fermez les yeux. Attendez quelques secondes. Les voilà au garde-à-vous !

Le sourcil idéal

Posez deux crayons sur votre visage : l'un longeant l'arête du nez, l'autre le coin externe de l'œil. L'arc idéal du sourcil va de l'un à l'autre. L'espace entre la paupière et le sourcil doit par ailleurs être égal à la taille de l'iris. Avant l'arrachage des poils, tamponnez vos sourcils avec un coton imbibé d'alcool à 90° pour réduire la douleur. Ces derniers doivent s'épiler un à un dans le sens de la pousse. Un poil mal arraché repousse mal ou jamais. Malgré ces précautions, il arrive d'avoir la pince à épiler agressive. Dans ce cas, dessinez au crayon de nouveaux sourcils en prenant soin de les estomper.

Un œil trop rond s'allonge toujours

Oubliez votre eye-liner dont le trait épais accentuerait le défaut et munissez-vous plutôt d'un crayon tout bête. Ensuite, toute tremblote est interdite : appliquez un trait au ras des cils en partant de la paupière vers la tempe, puis complétez avec un peu d'ombre en poudre. Le truc : toujours la choisir dans une teinte foncée pour accentuer l'effet allongé.

Nez et yeux rouges : ni vu ni connu !

Si vous pleurez facilement, voici l'attirail qu'il vous faut pour que ça passe inaperçu : un rouge à lèvres vif et brillant qui attire les regards sur la bouche, un fond de teint beige neutre compact pour le nez, une crème contour des yeux qui lisse les paupières gonflées et des gouttes adoucissantes bleues pour les yeux.

Un coup de jeune

Quand vous vous maquillez, pensez à accentuer les lignes ascendantes. Estompez l'ombre à paupières en l'étirant vers la partie supérieure externe de la paupière, brossez vos sourcils en oblique vers le haut. Si les commissures des lèvres s'affaissent un peu, corrigez-les à l'aide d'un rouge à lèvres. Les clés d'un visage rajeuni.

Le blush qu'il vous faut

Si vous utilisez habituellement du fard à joues en poudre, appliquez-le de préférence avec un gros pinceau en forme de goutte. Utilisez la partie la plus fine pour les tempes et la plus large pour les pommettes. De texture crème, laissez-le un instant dans le réfrigérateur avant de vous maquiller. Pour le poser, mettez un peu de produit sur le bout de vos doigts, puis appliquez-le par petits tapotements ascendants. De cette façon, le blush adhérera parfaitement à la peau. Si vous avez la peau sèche, préférez cette texture.

Impeccable toute la journée

En fin de journée, le maquillage a tendance à donner des signes de fatigue. Le matin, commencez par poser votre fond de teint, puis poudrez légèrement tout le visage avant d'appliquer le blush et autres ombres à paupières. Grâce à la poudre, les fards tiendront plus longtemps.

Il est facile de rajeunir un vieux mascara

Déposez une lichette de crème hydratante assez épaisse sur la brosse de votre mascara avant de la replacer dans le tube. Vous pourrez ainsi facilement récolter le produit qui s'est asséché dans le fond. Magique ! S'il est quasiment vide et sec, ne le jetez pas pour autant. Vous pouvez prolonger sa durée de vie en y versant simplement une ou deux gouttes d'eau de bleuet. Remuez bien avec la brosse. C'est reparti pour un tour !

Plus de démaquillant ?

Vous arrivez au bout de votre soin démaquillant... En y ajoutant un peu de lotion tonique, vous pourrez encore l'utiliser plusieurs fois.

Démaquillant à l'huile d'olive

Rien de tel pour se démaquiller les yeux qu'un coton imbibé d'huile d'olive que vous passerez délicatement sur les paupières. Rincez à l'eau tiède.

Corps

Pieds : halte à la transpiration !

Si vos pieds transpirent facilement, talquez-les après votre douche et ne portez que des semelles en cuir. Essayez en outre de ne pas mettre la même paire de chaussures deux jours de suite. Il faut au moins 24 heures à un soulier pour s'aérer parfaitement.

Automassage du dos

Pour soulager ses reins, on peut se masser soi-même. On pose le dos des mains, les doigts repliés, de chaque côté de la colonne vertébrale et on procède par pressions en remontant et en descendant. Effet défatigant garanti, à condition de bien appuyer.

Chouchouter soi-même son dos

Même avec la meilleure volonté du monde, on ne peut hydrater convenablement la peau de son dos, tout simplement parce qu'on n'y a pas accès. On peut ruser en étalant sa crème sur une grosse éponge ou un linge quelconque. Il suffit simplement d'en tenir chacune des extrémités et de passer lentement l'éponge ou le linge le long du dos jusqu'à complète absorption de la crème hydratante.

Le secret d'un joli port de tête

Les Africaines, les Indiennes prennent la posture dès l'enfance : porter une charge sur la tête oblige à marcher le dos bien droit. Pour avoir un beau port de tête, entraînez-vous à en faire autant. Vous éviterez les catastrophes en utilisant plusieurs livres à la place d'une cruche ! Tête haute, épaules en arrière, ventre rentré : en avant !

Bronzée toute l'année

Pour donner une jolie couleur aux peaux privées de soleil, il y a mieux que l'autobronzant : le thé. Préparez-le bien fort, laissez-le refroidir et passez-le sur votre visage, vos jambes, vos bras ou vos mains à l'aide d'un carré de coton. Vous pouvez également vous passer le sachet de thé directement sur la peau. Laissez sécher. Il est ensuite fréquent que la peau tire un peu. Pour l'assouplir, passez un lait hydratant. En plus, il unifiera la couleur.

Soulager les jambes lourdes

Si vos jambes pèsent une tonne le soir, c'est peut-être le signe d'une mauvaise circulation sanguine. Une consultation chez un phlébologue serait indiquée. En attendant, vous pouvez vous soulager en les massant avec une crème décongestionnante et en adoptant quelques habitudes saines : jet d'eau froide de bas en haut sous la douche et pieds de votre lit surélevés pour activer la circulation. Surtout, marchez et montez les escaliers sur la pointe des pieds parce qu'en se contractant, vos muscles massent vos veines.

Peau de pêche

Pour que le bain vous soit vraiment profitable, ajoutez à l'eau dix gouttes d'huile d'olive. Votre peau sera toute douce et vous n'aurez pas besoin de l'hydrater davantage.

Douceur du son

Mettez 500 g de son dans un sachet en mousseline. Plongez-le dans la baignoire et pressez-le jusqu'à ce que l'eau prenne une couleur laiteuse : et voilà un bain digne d'une princesse ! Le parfum et la douceur de l'eau vous procureront une détente et un bien-être extraordinaires.

Sans excès

Il n'est pas très bon de rester dans son bain plus de 15 minutes. Après un bain relaxant, bien chaud, rien de tel que de se doucher à l'eau fraîche pour stimuler la circulation sanguine.

Anticallosités

Vous voulez éliminer une bonne fois pour toutes les callosités des coudes et des talons ? Frottez, tous les jours, ces zones avec quelques feuilles de thé. Cette plante prévient en effet la formation de kératine.

Un teint doré

Vous tenez à rentrer de vacances avec un bronzage parfait… Préparez votre peau, une dizaine de jours avant de partir, en buvant chaque matin un grand verre de jus de carotte.

Ralentir la transpiration

Rares sont les solutions qui luttent efficacement contre une transpiration excessive. Ajouter des feuilles de sauge dans l'eau du bain permet néanmoins de la ralentir.

Gommage, la bonne mesure

N'abusez pas trop du gommage. Certes, il enlève les cellules mortes, mais pratiqué trop souvent, il peut finir par irriter la peau. La bonne fréquence se situe tous les 6 à 7 jours.

Deux soins en un

Frottez vos jambes avec un gant de crin sur lequel vous aurez préalablement étalé un peu de crème hydratante, et vous ferez d'une pierre deux coups : gommage et hydratation.

Les bienfaits de la corde à sauter

C'est un exercice très sain, qui aide à se maintenir en forme. Il est excellent pour le système cardio-vasculaire, pour les poumons et les muscles. Vous pouvez sans problème le pratiquer tous les jours. Commencez par 5 minutes les premières fois, et prolongez jusqu'à 10 minutes dès que vous maîtrisez la technique. Sautez à un rythme régulier.

Des jambes d'acier

Asseyez-vous sur le sol, le dos bien droit en appui contre un mur. Une jambe fléchie, l'autre bien étirée, soulevez-la à quelques centimètres du sol, doigts de pied pointés. Soulevez lentement la jambe jusqu'à faire un angle de 45°. Restez quelques secondes, puis baissez-la sans la reposer au sol. Recommencez 15 fois et alternez.

Des fesses toniques

À quatre pattes, repliez une jambe, doigts de pied fléchis. Levez-la au maximum, maintenez pendant quelques secondes et revenez à la position initiale. Recommencez 15 fois de chaque côté. Pour faire cet exercice correctement, il est important que le bassin ne bouge pas. De cette façon, vous ferez travailler correctement les muscles fessiers.

Adieu tensions

Les bras le long du corps, levez-les à l'horizontale et étirez-les au maximum pendant 5 secondes, puis relâchez d'un coup. La tension accumulée dans les muscles disparaîtra aussitôt. Un exercice très efficace, facile à réaliser n'importe où.

Un dos en forme

Vous passez de longues heures assise, et votre dos finit par en souffrir ? Allongez-vous sur le sol pendant 10 minutes, jambes tendues et bras étirés de chaque côté du corps, jusqu'à ce que vous commenciez à sentir que les tensions diminuent. Il est très important de pratiquer cet exercice relaxant chaque jour. En effet, la position assise entraîne à la longue une contraction des muscles du dos.

Haut les seins

Constitués de glandes mammaires et de tissus graisseux, les seins ne comportent aucun muscle et ne sont soutenus que par la peau. Pour conserver la tonicité de cette enveloppe naturelle, pensez à vous tenir bien droite, les épaules en arrière. La poitrine sera bien maintenue à sa place.

Des seins toniques

Massez-les doucement avec le jet de la douche, par petits mouvements circulaires. Commencez par de l'eau chaude (mais pas trop pour ne pas vous brûler) pour terminer par de l'eau froide.

Fini les règles douloureuses

Sous le nombril, à deux doigts exactement, se trouve un point d'acupuncture qui permet de soulager les douleurs menstruelles. Pour cela, massez quelques minutes ou exercez des pressions. Selon les acupuncteurs, en massant ce point la veille des règles, les douleurs n'apparaîtront même pas. Essayez !

Contre l'insomnie

Vous ne parvenez pas à vous endormir parce que vous êtes trop nerveuse... Massez-vous le cuir chevelu du bout des doigts. C'est une technique toute simple mais très efficace pour faire rapidement de beaux rêves.

Apprendre à se relaxer

Ce truc vous aidera à vous détendre après une dure journée de travail. Prenez une bille et faites-la rouler avec les doigts d'une main sur la paume de l'autre pendant 3 à 4 minutes. Cela suffit pour agir sur le système nerveux et entraîner une profonde relaxation. Vous pouvez procéder de même avec la plante des pieds. En effet, cette zone compte de nombreuses terminaisons nerveuses, et les stimuler de cette façon procure une détente totale.

Gommage au café

Récupérez le marc de café de votre cafetière (ou le café moulu et passé à travers le filtre). Frottez-vous les mains et les pieds avec cet exfoliant d'une étonnante douceur. Légèrement abrasif et un peu gras, il hydrate et adoucit la peau.

De l'huile pour les lèvres et cheveux

Hydratante, l'huile d'olive peut s'utiliser en dépannage à la place d'un baume pour les lèvres (une goutte sur le bout des doigts suffit). Elle sert aussi de masque capillaire nourrissant : versez une toute petite quantité d'huile d'olive sur les paumes, frottez-vous les mains et passez-les dans vos cheveux.

Pas de crème au réfrigérateur !

Les crèmes cosmétiques ont été formulées pour être stables à température ambiante et non à 4 °C. Sous l'action du froid, elles se délitent. De plus, contrairement à une idée reçue, une crème conservée à basse température n'aura aucun effet tenseur sur la peau. Évitez de les garder au réfrigérateur donc, sauf si le fabricant l'indique explicitement sur l'étiquette. En revanche, vous pouvez placer sans problème votre brumisateur au frigo afin d'augmenter son pouvoir rafraîchissant.

Épilation

Un épilateur improvisé

Un chauffe-biberon électrique peut se transformer en épilateur de fortune. Il suffit de remplacer le biberon par un pot de verre résistant à la chaleur et d'y faire fondre la cire. Grand avantage : elle sera à la température idéale.

Le feu du rasoir

Le manque de temps nous fait parfois prendre des risques, comme celui de couper ou d'irriter notre peau en la rasant à sec. Mieux vaut talquer nos jambes ou nos aisselles avant. Cela permet à la lame du rasoir de bien glisser. Après le rasage, n'utilisez surtout pas de déodorant alcoolisé ! Si vous avez commis l'irréparable, rincez votre peau à l'eau et talquez-la. Le talc agira à la fois comme adoucissant et comme déodorant.

Poils sous la peau

L'épilation à la cire présente un inconvénient : le poil affaibli repousse sous la peau parce qu'il n'a plus la force de la percer. Il faut donc le sortir de sa retraite pour l'arracher à nouveau. Le meilleur remède est le gommage exfoliant. Si la crème est impuissante, reste un grand moyen : le gant de crin. Courage !

Gommage préparatoire

Pour éviter que les poils restent incrustés sous la peau, commencez par gommer la zone à épiler avec un gant de crin ou un gel exfoliant.

Cire maison

L'épilation à la cire est une des techniques les plus efficaces. Si vous avez épuisé votre stock, vous pouvez la faire vous-même. Chauffez à feu doux 1,5 l d'eau avec vingt morceaux de sucre ou vingt cuillerées à soupe de sucre. Une fois qu'il se forme un caramel jaune et onctueux, ajoutez le jus d'un citron sans cesser de tourner, puis laissez refroidir. Il ne vous reste plus qu'à malaxer cette pâte et à l'utiliser comme votre cire habituelle : appliquez sur la zone à épiler et arrachez d'un coup sec.

Avant de tirer...

N'appliquez jamais de crème hydratante avant de vous épiler à la cire ; la crème formerait une pellicule grasse qui rendrait l'opération difficile, voire impossible.

... et après

Avec la main, exercez une pression sur la zone épilée, pour soulager la douleur provoquée par les poils arrachés. Pour terminer, appliquez une crème adoucissante à l'aloe vera : elle calmera les irritations et fera disparaître les rougeurs.

Derniers conseils

Après l'épilation des aisselles et du maillot, passez un peu d'alcool avec un coton pour désinfecter. Si vous appliquez un glaçon sur la zone épilée, la peau ne sera pas irritée. Évitez aussi de vous mettre au soleil juste après, attendez au moins 3 heures.

Mains

Traces de nicotine

Les cigarettes laissent de vilaines traces jaunes sur les doigts des grands fumeurs. Heureusement, il existe plusieurs moyens de s'en débarrasser. Ainsi, au lieu de vous écorcher avec une pierre ponce, vous les blanchirez en les frottant, à l'aide d'un coton, avec un mélange de citron et d'eau oxygénée à 20 volumes. Radical !

Un traitement antisécheresse

La vaisselle, ennemie n° 1 des mains, peut devenir votre alliée : en portant des gants de caoutchouc et en enduisant vos mains de crème adoucissante ou d'huile d'olive avant de les enfiler. La sensation n'est pas très agréable au départ mais la douceur de votre peau, une fois la vaisselle terminée, vous incitera à recommencer.

Ôter la peinture en douceur

La peinture à l'huile colle aux mains et est difficile à nettoyer. On en vient à bout avec du white-spirit mais il irrite parfois la peau. L'huile alimentaire, en revanche, est un savon inattendu et efficace. Il suffit de se frotter énergiquement les mains avec pour qu'elles retrouvent leur couleur d'origine et une nouvelle douceur.

Venir à bout des mains moites

Quoi de plus désagréable que des mains moites en permanence ? Il existe un excellent remède contre ce désagrément : le talc ! Poudrez-les légèrement après les avoir frottées avec de l'eau de Cologne. Vous pouvez aussi utiliser un déodorant doux et répéter son application au cours de la journée si nécessaire.

Si elles sont abîmées

Même quand on prend des précautions, les travaux ménagers entraînent parfois crevasses et gerçures. Ce soin les protégera : mélangez de la pomme de terre crue râpée avec deux cuillerées à soupe d'huile d'olive jusqu'à obtenir une pâte. Appliquez-la sur vos mains et laissez poser quelques minutes : la peau retrouvera sa douceur et son élasticité. Recommencez ce soin aussi souvent que vous le souhaitez.

Quand elles sont rêches

Après avoir fait le ménage, vos mains sont rêches ? Faites-leur prendre un bain d'eau chaude salée pendant quelques minutes. Séchez-les soigneusement, puis préparez ce soin : mélangez 1 jaune d'œuf et deux cuillerées à café d'huile d'olive. Appliquez cette crème sur les mains et laissez poser 20 à 30 minutes, le temps que le mélange commence à sécher. Rincez abondamment à l'eau tiède.

Bien protégées

Les gants de caoutchouc protègent efficacement mais ne sont pas bons pour la peau... Glissez dessous une autre paire de gants, en coton fin. Vos mains seront ainsi à l'abri.

Une crème naturelle

Votre tube de crème pour les mains est vide... Voici une recette qui la remplacera avantageusement. Mélangez 1/4 de tasse de glycérine avec une cuillerée à soupe de jus de citron et une tasse d'eau de rose. Versez cette préparation dans un flacon hermétique et mettez-le dans le réfrigérateur. Vous l'aurez toujours sous la main !

Ongles

Retoucher un vernis mal posé

Main qui tremble ? Couche trop généreuse qui déborde ? Les manucures prélèvent un peu de dissolvant au bout d'un Coton-Tige et le passent aux endroits critiques. Tout rentre alors dans l'ordre.

Le b.a.-ba de la manucure

Ne limez jamais vos ongles avec une lime en fer. Elle les dédouble et les casse. Préférez une lime en carton. Ne coupez pas vos cuticules. Repoussez-les avec un bâtonnet. Vous pouvez couper les petites peaux qui longent les ongles avec des ciseaux de manucure.

Rempart antisaletés

Avant de bricoler ou de jardiner, pour empêcher la crasse de s'installer sous vos ongles (où elle sera difficile à déloger), griffez un savon sec. La pellicule formée sera alors la meilleure des protections.

Effacer une éraflure sur le vernis

Vous bougez avant que votre vernis ne soit sec et il prend des marques. Passez sur l'ongle abîmé un Coton-Tige imbibé de dissolvant et revernissez. Pour les expertes, mettez une goutte de dissolvant sur le bout d'un doigt et égalisez ainsi le vernis. Pour les sécher, passez vite vos ongles sous l'eau froide.

Ongles trop courts

Des ongles cassés ou coupés trop courts, ce n'est pas très joli. Pour faire illusion le temps qu'ils repoussent, passez dessous un crayon blanc spécial ongles en forçant bien sur les bords. Cela suffit à donner l'impression qu'ils sont moins ras.

De beaux ongles pour longtemps

Pour qu'un vernis tienne plus de deux jours, avant qu'il ne soit sec, passez vos mains sous l'eau fraîche. Laissez glisser l'eau du poignet vers les ongles.

Il est incarné ?

Ne laissez jamais un ongle incarné s'infecter. Placez, le plus délicatement possible, un petit pansement de coton imprégné d'alcool à 90° sous l'ongle concerné. Changez-le tous les jours. Peu à peu, la croissance de l'ongle redeviendra normale.

Attention, fragiles

Si vos ongles se cassent facilement, offrez-leur ce soin : chaque matin, plongez-les dans un bol d'eau chaude salée (8 g/litre d'eau). Pendant la durée du traitement, ne posez pas de vernis.

Propres et brillants

Vous aurez toujours des ongles impeccables si vous suivez ces conseils. Frottez-les avec un coton imbibé d'eau oxygénée, puis laissez-les 10 minutes dans de l'eau tiède à laquelle vous aurez ajouté du jus de citron.

Éviter les coulures

Lorsque vous appliquez du vernis, évitez de trop charger le pinceau. Posez une petite bande de vernis sur la partie centrale de l'ongle, puis continuez de part et d'autre. Évitez de mettre du vernis à la base de l'ongle, de cette façon, vous n'en aurez pas sur les doigts. Si malgré ces précautions un peu de vernis coule sur la peau, nettoyez avec un Coton-Tige et du dissolvant.

Du vernis plus liquide

Pour que votre vernis soit moins épais, faites chauffer doucement le pot dans une casserole d'eau au bain-marie.

Bouchon de vernis collant

Les bouchons de vos flacons de vernis ne colleront pas si vous passez un peu de vaseline tout autour du goulot.

Vernis rebelle ?

Votre vernis ne tient pas ? Faites-vous les ongles le matin de bonne heure, au réveil, avant de vous laver les mains. Votre vernis adhérera beaucoup mieux si vos ongles sont parfaitement secs. Après la première couche de vernis, attendez 5 à 8 minutes avant de passer la seconde couche.

Vêtements & accessoires

Silhouette

ZOOM

Astuces pour une jolie silhouette

Quelques conseils

• **Pour mincir et allonger**

Portez des vêtements avec des lignes verticales, à condition qu'elles soient fines ou en diagonales, qui convergent vers la taille.

• **Pour grossir**

À vous les lignes horizontales et gros motifs. Mettez l'accent sur la partie du corps concernée en y apportant du volume.

• **Pour équilibrer**

Jouez sur les couleurs et les tissus, sachant que le clair renforce le volume et que le foncé l'atténue.

• **Pour dissimuler**

Soit vous faites diversion en mettant l'accent sur vos atouts, soit vous choisissez un vêtement discret et élégant pour la partie concernée.

• **Pour valoriser**

Portez des vêtements avec des détails qui attirent l'œil (boutons, broderies...).

• **Pour avoir l'air plus grande**

Privilégiez les lignes verticales : décolletés en « V », manches longues... Portez des vestes et petits hauts ajustés avec des jupes étroites ou légèrement évasées. Optez pour la même couleur du haut en bas et assortissez vos collants et vos chaussures. Évitez les grosses ceintures et les lignes trapèze qui coupent le corps en deux, ainsi que les couleurs vives, les bottes et les grands sacs à main.

• **Pour avoir l'air moins grande**

Les jupes et robes plissées, à lignes horizontales, les longues vestes, les manches larges sont pour vous, le tout en tissu épais et aux couleurs contrastées. Accompagnez-les de gros accessoires et de ceintures larges. Par contre, évitez les rayures verticales, les jupes courtes et les vêtements serrés. Ne coupez pas non plus vos cheveux trop courts.

Le cou idéal

• **Cou trop long**

À vous les encolures rondes, montantes ou bateau, les cols chinois ainsi que les colliers courts, les écharpes et les boucles d'oreilles rondes. Évitez les décolletés trop prononcés, les robes bustiers, les sautoirs ainsi que les coupes à la garçonne ou les chignons.

• **Cou trop court**

Préférez aux épaulettes, cols roulés, vêtements ras-de-cou et tee-shirts classiques, les encolures en « V » et les cardigans. Les chignons hauts, les coupes courtes dégradées, les petites boucles d'oreilles et les sautoirs le mettront en valeur.

Une poitrine parfaite

• **Poitrines menues**

Optez pour des hauts clairs et des bas foncés. Empiècements larges, fronces, manches courtes et grands décolletés sont vos alliés. Profitez du choix actuel de soutiens-gorge à balconnet. Attention aux tissus trop moulants et aux encolures en « V ».

• **Poitrines généreuses**

Réduisez la distance entre le cou et la poitrine avec des cols en « V » et des vestes à col relevé. Préférez les couleurs foncées pour vos hauts et pâles pour le bas. Les soutiens-gorge amincissants réduiront votre poitrine.

Les conseils de la styliste

Vous avez peu de poitrine et des hanches rondes

• C'est ce que l'on appelle la silhouette en A. Attirez l'attention vers le haut de votre corps tout en camouflant cette poitrine que vous jugez trop petite. Portez des tuniques ceinturées en haut des hanches et plusieurs colliers pour attirer le regard sur votre buste. Jouez les superpositions avec un boléro, une cape, une veste sans manches, pour rééquilibrer le haut par rapport au bas. Les robes taille empire aussi sont parfaites pour ce genre de silhouette (comme pour celles qui ont de la poitrine). Avec quelques pampilles autour du visage ou du cou, on attire la lumière sur le haut du corps tandis que le flou de la robe masque les hanches.

Vous n'aimez pas vos bras

• Préférez les tee-shirts à manches longues ou 3/4. En été, c'est une bonne alternative à la manche courte. Elles laissent voir la main, l'avant-bras mais pas la partie supérieure des bras. À adopter aussi les emmanchures chauve-souris qui donnent un côté théâtral aux mouvements, dont on peut jouer. Attention aux textures trop moulantes, non seulement pour les bras mais aussi pour le dos. On ne le voit pas, et ces matières ne cachent rien des petits bourrelets autour du soutien-gorge ou au-dessus de la ceinture. Vous pouvez aussi jouer avec une tunique transparente à manches, un top en satin et en mousseline porté sous une veste en velours.

Votre taille n'est pas assez fine

• Le pantacourt taille basse et tout droit, c'est le vêtement idéal. Surtout sans pinces. On peut aussi choisir un jean, il galbe bien les fesses. À porter avec une tunique un peu longue, floue et gaie, pour couvrir le haut des fesses. Si vous avez peu de poitrine, ajoutez une grosse fleur sur l'épaule. Enfin, on peut prendre un pantalon d'inspiration années 1930, flou et large dans le bas, en préférant des teintes sourdes. À porter avec une veste en velours cintrée et des chaussures à petits talons.

conseils malins

DES SOUTIENS-GORGE ADAPTÉS

Sexy

Si votre poitrine est menue, un balconnet vous avantagera. Réservez-le aux occasions car cette forme remodelante soutient peu.

Discret

Les soutiens-gorge sans couture sont très confortables et invisibles sous les tenues moulantes. Ils conviennent aux poitrines peu fortes.

Spécial sport

Avec les soutiens-gorge au dos large et aux attaches réglables, c'est le confort assuré. Un maintien irréprochable.

Amincissant

Moulés d'un seul bloc, ces soutiens-gorge sont de précieux alliés pour un maintien parfait tout en confort et en beauté

Les conseils de la styliste

Votre poitrine est généreuse

• Commencez par acheter un bon soutien-gorge. Les seins ne doivent être ni trop hauts ni trop bas. Il existe des modèles parfaitement adaptés et il suffit de trouver le bon. Pour gommer un buste très présent, travaillez les couleurs unies, les tons mats, et évitez le satin. Jouez de votre décolleté avec des cache-cœurs, de belles encolures en V ou en carré. En revanche, écartez définitivement les encolures rondes, les grands cols et les poches plaquées sur la poitrine. Attention au blanc, il fait doubler de volume. Mieux vaut des tons sourds comme les marrons, les bleus durs...

ZOOM

À chacune son maillot de bain

Profitez du grand choix de formes proposé aujourd'hui pour faire de votre maillot de bain un allié.

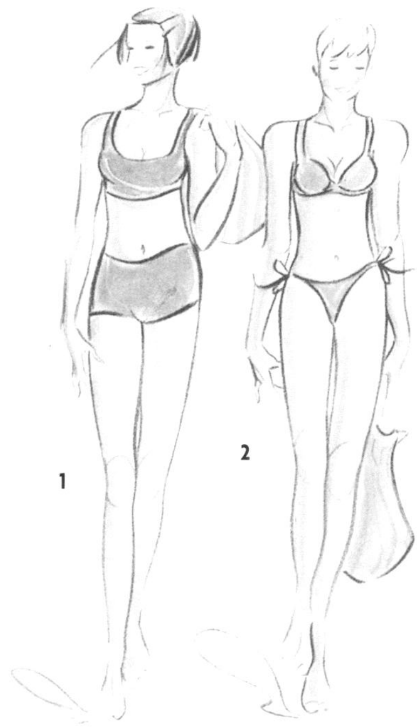

1) Si vous êtes mince, avec une poitrine et des fesses menues

Le deux-pièces est parfait pour mettre en valeur votre minceur. Un haut brassière ou balconnet fera oublier votre petite poitrine tout en rehaussant votre carrure. Accompagnez-le d'un bas type boxer ou short qui équilibrera votre silhouette. Attention au Bikini qui accentue la maigreur.

2) Si vous avez des épaules carrées et un bassin étroit

Dans le cas où vous choisissez un deux-pièces, préférez un soutien-gorge balconnet pour mettre en valeur votre poitrine avec un bas Bikini rehaussé de nœuds qui accentueront les hanches. Un maillot une pièce structuré, avec un décolleté carré, accompagné d'une large culotte rééquilibrera votre silhouette.

3) Si vous avez la taille peu marquée

Afin de redessiner votre taille, les maillots une pièce aux décolletés en « V » ou carrés, échancrés au niveau des hanches, sont pour vous. L'idéal : un maillot orné de bandes verticales foncées sur les côtés ou comportant un empiècement qui se resserre au milieu du ventre. Évitez une forme d'échancrure carrée, proche d'une forme sport.

4) Si vous êtes menue avec des hanches larges

Pour mettre en valeur vos épaules, optez pour un maillot une pièce « nageur » ou à emmanchures à l'américaine. Le bas échancré allongera vos jambes. Si vous préférez un deux-pièces, un haut balconnet et une culotte échancrée seront les mieux adaptés. Bannissez les soutiens-gorge en triangle et les shorts.

5) Si vous êtes ronde

L'idéal est un maillot une pièce un peu échancré qui allongera vos jambes tout en gommant vos rondeurs. Un décolleté en « V » et des armatures incorporées mettront l'accent sur votre poitrine. Si vous avez le ventre un peu rond, choisissez un maillot à empiècement drapé à la taille ou aux hanches. Évitez les couleurs pâles qui ont tendance à grossir.

Les conseils de la styliste

Se faire relooker n'est plus réservé aux top models.
Pour vous en convaincre...

- **Les 4 critères pour reconnaître un bon conseiller en image**

La compétence.

Il doit avoir l'œil du professionnel et posséder une triple compétence en stylisme, coiffure et maquillage.

Il vous apprend à gérer votre image et à devenir autonome. Pour que vous puissiez, par exemple, constituer votre garde-robe ou fréquenter les boutiques sans son aide. Son but n'est pas de vous affubler d'un vêtement avec pour seule explication un vague « cela vous va bien ». Le relookeur est en quelque sorte votre professeur en image. Ses choix doivent être rationnels et toujours justifiés.

La rigueur.

Il vous aiguille vers les meilleurs professionnels. Son réseau est souvent le fruit d'une longue expérience et d'une recherche permanente.

L'indépendance.

Il n'a pas d'intérêt direct avec ses prestataires. En clair, le relookeur ne reçoit aucune commission ou gratification.

L'objectivité.

Il fait preuve de psychologie et de diplomatie en respectant toujours les attentes de son client. Il n'impose pas de changement radical si la personne n'est pas prête. Le déclic peut se faire plus tard. 80 % des relookings ne se soldent pas par une modification spectaculaire mais par de petites corrections et de nouvelles orientations. On parle plutôt d'évolution que de transformation.

Lainages

Laver vos lainages

Faites bouillir une quinzaine de feuilles de lierre dans 1 l d'eau. Vous aurez une préparation idéale pour laver un vêtement en laine, surtout s'il est foncé.

Pulls mohair

Les pulls en laine mohair ont une fâcheuse tendance à pelucher. Une vaporisation de laque évitera cet inconvénient.

Plus de chute de poils pour l'angora

Votre pull en angora ne perdra plus ses poils si vous le laissez quatre jours au réfrigérateur, enveloppé dans un sac en plastique. S'il présente des marques de pliure, mettez-le au congélateur pour quelques heures : n'attendez pas qu'il soit congelé.

Angora, lavage à la main

Pour laver votre pull angora préféré, oubliez les produits spécial laine. L'idéal : un shampoing pour bébé.

Pas de marques de pince à linge pour vos pulls

Quand vous faites sécher vos pulls, les pinces à linge laissent des marques. Pour les tendre sur le fil, passez un collant dans les manches et fixez les pinces... sur le collant !

Comment essorer un lainage sans tordre les fibres

Pour laver un pull à la main, utilisez une lessive spéciale pour tissus fragiles ou, à défaut, un produit de vaisselle liquide de très bonne qualité : il s'agit en effet de dégraisser la fibre du fond de teint ou de la transpiration, par exemple. Quelques gouttes suffisent avec de l'eau froide. Rincez abondamment. Si vous avez opté pour la lessive, ajoutez une goutte d'adoucissant (un geste à déconseiller pour les lainages d'enfants dont la peau est très sensible aux allergènes contenus dans les produits adoucissants). Placez le pull sur une serviette éponge, puis roulez-la sur elle-même dans le sens de la hauteur afin d'essorer le pull d'une manche à l'autre. Ce système permet d'éviter de tordre les fibres ou de déformer le vêtement. Enfin, faites sécher votre lainage à plat.

Laine recyclée

Vous adoriez ce pull bleu marine... alors, ne le jetez pas. Commencez par récupérer la matière première ! Avant de la réutiliser, faites-lui subir ce traitement : mettez à chauffer de l'eau dans un fait-tout. Quand elle est sur le point de bouillir, glissez l'extrémité de l'écheveau dans une anse, puis dans l'autre. Tirez lentement sur le fil pour qu'il s'imprègne de vapeur et enroulez-le au fur et à mesure. La laine est prête à être retricotée !

Faire et défaire...

Il existe une autre méthode pour récupérer la laine d'un pull tricoté main. Commencez par le détricoter en faisant des petits écheveaux, puis glissez-les dans la jambe d'un vieux collant et lavez en machine sur le cycle laine. Faites sécher en enroulant la laine autour de trois ou quatre fils de l'étendoir. Les brins doivent être tendus pour que les marques du tricot disparaissent. Une fois la laine parfaitement sèche, reformez des écheveaux.

Lavage des lainages à la machine

Normalement, les vêtements en laine sont interdits de lave-linge. Néanmoins, si vous les protégez dans un filet pour sous-vêtement, vous pouvez quand même les mettre en machine, à 30 °C maximum. Étendez ensuite vos lainages à plat pour qu'ils ne se déforment pas.

Mon pull a rétréci ?

Votre pull préféré a perdu une taille au lavage ? Laissez-le tremper toute une journée dans de l'eau à laquelle vous ajouterez une bouteille d'adoucissant spécial laine. Rincez et, sans l'essorer, tendez-le sur le fil à linge. En séchant, il va retrouver sa forme. Vous pouvez aussi le laver avec du shampoing. Dans ce cas, laissez-le tremper 15 minutes. Il retrouvera sa taille normale.

Tout doux les pulls

Ajoutez quelques gouttes de glycérine à votre eau de lavage. Vos pulls seront plus doux.

Un pull chenille rénové

Pour lui redonner son velouté, profitez d'une journée de brouillard pour accrocher votre pull sur un cintre, dehors, sur le balcon ou la terrasse. L'humidité va regonfler les fibres du tricot et leur rendre leur aspect originel.

Fini de boulocher

Enroulez un ruban adhésif large sur une bouteille en plastique (adhésif vers l'extérieur) jusqu'à la recouvrir entièrement. Puis roulez-la sur le pull : les peluches y resteront collées. Un autre truc pour les enlever consiste à mettre le vêtement au congélateur, ou à ajouter quelques gouttes de vinaigre à l'eau de rinçage. Si le résultat n'est pas satisfaisant, passez un rasoir sur le vêtement. Pensez à enlever de temps en temps la laine qui s'accumule sur la lame.

Du neuf avec du vieux

Vos vieux tricots démodés et autres vêtements en lainage peuvent vous servir à faire un plaid ! Découpez des carrés de même taille dans ces différents tissus et faites une piqûre tout autour. Entourez chaque pièce d'un biais ou d'un ruban pour que le tissu ne s'effiloche pas. Assemblez-les par un point invisible. Résultat ? Une couverture très originale, bien chaude… et très tendance.

Brossez la laine polaire comme on brosse un chien

Cette matière révolutionnaire et confortable a l'inconvénient de perdre rapidement de sa superbe... Si votre laine polaire fait grise mine, munissez-vous d'une étrille de chien neuve et brossez votre laine polaire. La matière retrouvera sa douceur et tout son moelleux.

Sang, l'aspirine au secours de la laine

Sur un tissu en laine, il est beaucoup plus difficile d'enlever des traces de sang. Faites dissoudre une aspirine dans de l'eau et versez sur le tissu. Si le sang est très sec, faites une pâte avec l'aspirine et un peu d'eau, couvrez-en la tache et laissez poser jusqu'à ce qu'elle disparaisse. Lavez à l'eau savonneuse.

Détacher de la laine

Appliquez du blanc d'œuf, attendez 1 à 2 minutes, puis rincez à l'eau froide. S'il reste une trace de gras, enlevez-la avec un peu d'alcool à 90°.

Des traces sur une robe en laine

Votre robe en lainage commence à être usée au col et aux poignets. Mélangez 50 g d'eau, 10 g de gros sel et 10 g d'ammoniaque et frottez-les avec cette solution. Les traces disparaîtront.

Lessive

Laver soi-même la soie

La soie ne doit être lavée qu'à l'eau froide, avec un maximum de précautions. Ne la froissez surtout pas. Si votre chemise en soie est blanche, vous pouvez ajouter à la dernière eau de rinçage deux cuillerées à soupe de lait afin de préserver sa blancheur. Faites-la sécher à l'ombre et repassez-la sur l'envers. Si le tissu a jauni avec le temps, préparez-lui un bain d'eau et d'eau oxygénée à 12 volumes (4 mesures d'eau pour 1 mesure d'eau oxygénée) mélangées à quelques gouttes d'ammoniaque. Rincez soigneusement et faites sécher à l'ombre.

Nylon sali

Cette matière se nettoie tout simplement à l'eau savonneuse. Rincez dans de l'eau additionnée d'un peu d'eau oxygénée et d'un peu d'ammoniaque.

Le glaçon décolle le chewing-gum

Un vilain chewing-gum s'est pris d'affection pour l'une de vos jupes ? Et bien sûr, c'est votre jupe favorite ! Pas de panique. Un simple glaçon peut venir à votre secours. En le frottant sur l'envers de la jupe ou du vêtement malmené, vous réussirez à vous débarrasser de cette pâte à mâcher qui aura durci grâce à l'intervention du froid. Vous n'aurez plus qu'à saisir un couteau pour la séparer délicatement du tissu. Le tour est joué.

Tissus toujours noirs

Les vêtements noirs se décolorent petit à petit. Lavez-les à la main et à la place de votre lessive habituelle, qui contient des agents blanchissants, utilisez du liquide vaisselle.

Bouton de nacre

Si un bouton de nacre se ternit et prend une couleur plus sombre, frottez-le avec une solution composée d'eau et de craie.

Raviver les couleurs des broderies

Les teintes ont un peu passé et vous aimeriez retrouver les couleurs d'origine de votre broderie ? Faites-la tremper dans de l'eau salée (cinq cuillerées à café de sel fin par litre d'eau) avant de la laver. Cette opération la protège aussi de la poussière.

ZOOM

Savoir lire les étiquettes

Souvent inesthétiques ou inconfortables, les petites étiquettes apportent pourtant une foule de renseignements bien utiles. Votre teinturier en aura parfois besoin pour connaître la composition de votre veste préférée et savoir quel produit utiliser... Pour vous, c'est aussi un allié qui vous indique comment laver et repasser votre linge. Ces sigles internationaux restent pourtant, pour la plupart d'entre nous, aussi clairs que du chinois.

Décodage...

indique la température de lavage en machine (ici 40 °C).

indique la température de lavage mais signale également qu'il faut effectuer un essorage et une action mécanique réduits. En d'autres termes, il ne faut pas trop charger le tambour. Et, si possible, opter pour un rinçage à température décroissante...

lavage à la main obligatoire.

repassage à température maximale de 200 °C.

repassage interdit.

lavage à la main interdit.

chlorage (c'est-à-dire utilisation de Javel, diluée et à froid) autorisé.

chlorage (Javel) interdit.

repassage à température maximale de 110 °C.

Ces sigles permettent au professionnel du nettoyage à sec de savoir quel solvant utiliser.

A : tous les solvants sont possibles ;
P : tous, sauf le trichloréthylène ;
(F) : uniquement les solvants pétroliers.

nettoyage à sec interdit.

température du sèche-linge non restreinte.

température du sèche-linge à limiter à 60 °C.

sèche-linge interdit.

Robe blanche, un peu de talc…

Vous portez cette robe blanche qui vous va si bien. Un moment d'inattention, et vous voilà tachée de sauce. Saupoudrez vite la tache avec un peu de talc, personne ne la verra.

Zut, une tache de bière !

La bière ne laisse généralement pas d'auréole sur un vêtement. Néanmoins, si une tache apparaît, frottez-la avec une goutte de glycérine. Rincez à l'eau tiède et lavez le vêtement.

Galon or ou argent ?

Pour nettoyer un galon ou une broderie en fils d'or ou d'argent, frottez-les avec une petite boule de mie de pain chaude. Passez ensuite une brosse douce mouillée dans un peu d'alcool à 60°.

Lingerie toujours blanche

Les articles de lingerie en Nylon jaunissent rapidement. Lors du dernier rinçage en machine, ajoutez un peu d'eau oxygénée à 10 ou 20 volumes.

Lingerie délicate

Difficile de l'essorer sans la déformer. Lorsque vous lavez votre lingerie fine à la main, passez-la dans l'essoreuse à salade. Un moyen délicat de retirer l'eau.

Nettoyage à sec

Vous avez peut-être près de chez vous un « Lavomatic » équipé d'une machine avec nettoyage à sec. Dans ce cas, faites-y tourner vos vêtements fragiles et oubliez le pressing. Économie garantie.

Taches d'alcool sur les vêtements

Appliquez du détergent liquide et séchez avec un papier absorbant. Mettez ensuite une solution de vinaigre blanc et d'eau, à parts égales, et séchez de nouveau avec du papier absorbant. Passez le vêtement sous l'eau. Pratiquez de même pour les taches de soda.

Chemises, un peu de craie avant lavage

Avant de les mettre à la machine, frottez le col des chemises avec un morceau de craie blanche : elle absorbera les traces graisseuses. Si le col est très sale, frottez-le avec un peu de shampoing.

Cols jaunis

Passez sur le col, en insistant, un chiffon propre imbibé d'eau oxygénée.

Fini le lavage à la main

Récupérez une vieille taie d'oreiller pour y nicher tout ce qui est fragile à laver : culottes, collants, soutiens-gorge... et engouffrez l'ensemble dans la machine à laver, programme laine. Abandonnez sans scrupule le lavage à la main.

Détachant express

Vous vous êtes tachée avec du café ? Ne laissez pas sécher, cela rendrait l'opération plus difficile, et frottez la tache avec un chiffon propre, imprégné d'une solution d'alcool et de vinaigre, à parts égales. Vous pouvez aussi saupoudrer la tache encore humide avec du sel.

Gérer les urgences linge sale

En utilisant deux paniers à linge au lieu d'un, l'un pour le blanc, l'autre pour la couleur, vous gagnerez du temps (plus de tri) et gérerez mieux les urgences.

Chasse aux taches avec du savon...

Pour faire disparaître efficacement toutes les vilaines traces sur les cols et les poignets, frottez-les avec du savon de Marseille avant de mettre les vêtements à la machine.

Vêtements de bébé tout propre

Pour éliminer l'odeur aigre du lait régurgité par bébé sur ses vêtements, appliquez sur la tache une pâte faite avec du bicarbonate mélangé à de l'eau.

Mauvaises odeurs sur un vêtement

Malgré les lavages successifs, une odeur nauséabonde persiste sur votre chemise. Essayez ce truc. Lavez-la de nouveau en ajoutant à votre lessive habituelle une cuillerée à soupe de bicarbonate. Vous pouvez laver d'autres vêtements en même temps, le bicarbonate ne risque pas de les abîmer.

Un soupçon de vinaigre pour couleurs fragiles

Vous éviterez que les tissus de couleur fragile déteignent au lavage en ajoutant un peu de vinaigre à la dernière eau de rinçage.

Eau de Javel, quand l'employer ?

Ne mélangez pas des vêtements qui viennent de tremper dans l'eau de Javel avec d'autres vêtements mouillés, cela les ferait déteindre. Ne pensez pas non plus pouvoir récupérer un vêtement déteint en le passant à l'eau de Javel ; la décoloration ne serait pas uniforme, ce qui empirerait la situation.

Attention au chlore

L'eau de Javel ne doit pas être employée pour les lainages, la rayonne, le coton de couleur ou le coton traité. D'une manière générale, fiez-vous aux indications des étiquettes sur les vêtements.

Zut, une tache de Javel !

N'oubliez pas que l'eau de Javel est un agent blanchissant. En contact avec un tissu de couleur, elle a vite fait de faire des taches irréversibles. Si vous avez taché un vêtement, versez tout de suite un peu d'alcool ménager, vous éviterez que le tissu ne se décolore.

Blanchissant naturel

Très respectueuse de l'environnement, vous voulez éviter l'usage excessif de produits toxiques comme le chlore (ou l'eau de Javel). Voici une solution écologique : pour blanchir le linge, introduisez dans le tambour de votre machine un citron coupé en rondelles, enfermées dans un mouchoir noué ou une chaussette. Une fois le linge essoré, exposez-le au soleil : le citron et la lumière du soleil sont les meilleurs agents blanchissants naturels.

Du velours

En général, le velours garde des marques après le lavage. Pour que le tissu retrouve son bel aspect, frottez-le dans le sens du tissu avec une brosse dure pendant qu'il est encore humide. Laissez ensuite sécher à plat.

Enveloppez les boutons fragiles dans du papier alu

Remontez les fermetures Éclair et retournez tout votre linge sur l'envers. Au besoin, enveloppez les boutons problématiques (en métal, par exemple) qui risquent de tacher le reste du linge. Pour cela, utilisez du papier d'aluminium. Ne lésinez pas sur la quantité : il faut que le morceau de papier permette aussi d'amortir les chocs dans le tambour.

Lessive : liquide, en poudre ou en pastille ?

Préférez l'utilisation d'une lessive en poudre aux fameuses « tablets » car elle se dissout mieux en machine, surtout à 60 °C. Les pastilles posent problème avec la nouvelle génération de machines conçues pour économiser de l'énergie et de l'eau : elles n'ont pas assez d'eau pour se dissoudre complètement... On peut néanmoins les employer à condition d'avoir une fonction hydro + qui ajoute de l'eau au cycle ou à condition de ne pas remplir le tambour à sa charge maximale. Enfin, la lessive liquide est toute indiquée pour les machines qui tournent à 30 ou 40 °C.

Les lessives se sont spécialisées

Laver à forte température n'abîme pas le linge. Le coton, blanc et couleur, devrait pouvoir se laver à 60 °C sans problème. Les fabricants indiquent la plupart du temps 30 ou 40 °C parce qu'il y a un risque de rétrécissement du tissu. Ce qui use le linge, c'est d'abord le frottement mécanique en machine et aussi une lessive non adaptée. Les lessives se sont spécialisées. Si vous utilisez une lessive qui met en avant ses qualités pour le blanc, il est évident qu'elle contiendra davantage d'agents de blanchiment qu'une autre. Réservez-la de préférence pour le linge blanc sinon bonjour les couleurs fades et les noirs délavés...

L'eau oxygénée ravive la lingerie

Votre lingerie ressort grise de votre machine. Faites-la tremper dans de l'eau oxygénée diluée à 30 %, puis remettez votre lingerie en machine. Pas de faux espoirs cependant. Efficace, ce remède ne fonctionne pas avec de la lingerie qui a viré au gris depuis belle lurette...

Eau de Javel : utilisez-la en prélavage

L'eau de Javel s'utilise avec de l'eau chaude pour être vraiment efficace. En machine, elle s'emploie donc plutôt à 60 ou 90 °C. Mais attention, elle ne doit pas se mélanger au produit de lessive. Il est donc préférable de faire un prélavage à l'eau de Javel en bidon et uniquement sur le coton blanc, puis ajouter la lessive au début du cycle de lavage.

Déteindra, déteindra pas ?

Pour savoir si votre nouvelle jupe rouge coquelicot risque de déteindre sur toute votre lessive, il suffit de placer à l'envers du vêtement une pattemouille et de passer un fer chaud par-dessus. Si la pattemouille se colore, c'est que le tissu n'est pas « grand teint » : il menace donc de déteindre au lavage.

Repassage

Le repassage assainit

C'est un geste nécessaire qui aseptise le linge. À moins de tout laver à 60 ou à 90 °C, les bactéries contenues dans le linge ne sont pas éradiquées au lavage. Aujourd'hui, la plupart des lessives tournent seulement à 30 ou 40 °C et ce n'est pas suffisant pour assainir le linge. Le repassage est alors le seul moyen d'y remédier. Un réflexe important, notamment pour les enfants, qui peut éviter bien des allergies. Pour un repassage facile, n'attendez pas que votre linge soit sec. Le meilleur moment ? Lorsqu'il est encore humide. De plus, tous les professionnels vous le diront : on repasse toujours son linge sur l'envers.

Déboucher un fer

Donnez-lui à boire un peu de vinaigre et branchez-le. Les trous de votre fer à repasser seront débouchés une fois que le liquide se sera évaporé.

Fer à repasser, une semelle nette

Pour nettoyer la semelle d'un fer et éviter ainsi qu'il ne tache le linge, frottez toute sa surface avec une bougie, puis passez-la sur du papier journal jusqu'à ce que toute la cire soit absorbée. Vous pouvez aussi la frotter avec un chiffon imprégné de vinaigre, ou huiler légèrement une feuille de papier pelure et la repasser plusieurs fois. Frottez ensuite avec un chiffon sec.

Faciliter le repassage

Ce truc est épatant : dans un pulvérisateur ménager, mélangez l'équivalent d'un centimètre d'adoucissant à 1 l d'eau. Pulvérisez cette potion sur la montagne de linge en coton qui vous attend. Il se laissera repasser plus facilement.

Il n'y a plus d'amidon à la maison

Pour empeser, sans amidon, laissez tremper le linge pendant 1 heure environ dans une eau de cuisson de pommes de terre ou de riz. Un rappel : seuls le coton et le lin peuvent s'amidonner.

Linge roussi au repassage

Vous avez repassé avec un fer un peu trop chaud, et le linge a pris une couleur jaunâtre... Mouillez-le avec un chiffon doux humidifié d'eau oxygénée, rincez et repassez de nouveau.

Envelopper les chemises

Votre chemise en soie est trop sèche pour être repassée et vous n'avez pas de fer vapeur... Enveloppez-la 5 minutes dans une serviette humide. Elle se repassera plus facilement.

Quand les tissus brillent

À l'usage, certaines matières, qu'elles soient naturelles ou synthétiques, finissent par luire. Pour y remédier, passez-les à la vapeur du fer. S'il n'y a pas de résultat, frottez légèrement le tissu avec une brosse spécial daim.

Jupe plissée

Repasser une jupe plissée demande beaucoup de soin et de patience. Quelques préparatifs vous aideront à gagner du temps et à... garder votre calme. Maintenez d'abord les plis bien à plat sur la planche à repasser. Fixez chaque pli à l'aide de pinces à linge au bas de la jupe, puis passez le fer le long de chaque pli.

Les plis de pantalon

Pour réussir un pli de pantalon, commencez par savonner les plis sur l'envers. Veillez bien à ce que le savon soit très humide. Après avoir remis le pantalon à l'endroit, le repassage se fera sans problème.

Un beau relief de broderie

Pour repasser une pièce brodée, placez-la à l'envers sur une serviette. Les motifs retrouveront leur relief d'origine.

Leçon de repassage

Au lavage, choisissez un cycle d'essorage court, puis pendez la chemise à un cintre, sans former de plis. Si elle est trop sèche au moment du repassage, vaporisez-la d'eau déminéralisée. Pour éviter de faire des faux plis, repassez d'abord les petites surfaces. Commencez toujours par le col (le pied de col, puis le col lui-même). Continuez par les épaules puis les poignets. Étalez les manches bien à plat, couture vers vous et repassez à partir du coude, vers l'épaule d'abord, puis vers le poignet. Pour finir, repassez les devants et le dos.

Du linge bien repassé

Pour enlever les faux plis d'un vêtement, appliquez un glaçon sur le tissu, puis passez aussitôt le fer le plus chaud possible (selon ce que permet le tissu). Recommencez jusqu'à ce que les marques aient disparu.

Efficace, le congélateur

Si une chemise est vraiment très froissée, mettez-la au congélateur et sortez-la juste au moment de la repasser. Vous verrez, elle sera impeccable.

Bon pli de pantalon

Pour que le pli de votre pantalon se maintienne plus longtemps, repassez-le en intercalant du papier aluminium entre le tissu et le fer à repasser. Procédez de la même façon si vous avez supprimé le revers au bas des jambes, la marque disparaîtra ainsi plus facilement. Dans ce cas, frottez ensuite légèrement avec un chiffon imbibé d'un peu d'ammoniaque.

Traces brillantes

À force de repasser, certaines parties deviennent luisantes. Prenez l'habitude de toujours repasser vos pantalons sur l'envers. Si le mal est déjà fait, frottez les parties abîmées avec une éponge imbibée de vinaigre blanc, puis repassez avec une pattemouille. Votre vêtement sera comme neuf...

Rangement

Les mites adorent le linge déjà porté

Si vous avez des mites dans votre placard, c'est que vous avez rangé du linge déjà porté avec du linge propre. Une mauvaise habitude à proscrire ! L'idéal serait qu'une fois propre, le linge soit glissé dans des housses plastique. Surtout si vous ne comptez pas vous en servir avant un moment. Vous pouvez aussi troquer les antimites contre des boules de camphre à l'odeur plus discrète et dont l'efficacité est la même.

Les manteaux après l'hiver

Une fois passée la mauvaise saison, au moment de ranger votre manteau de fourrure, saupoudrez-le de poivre moulu, puis enveloppez-le soigneusement dans du papier journal.

Des vêtements qui ne glissent plus du cintre

Pour ne pas retrouver votre chemisier en soie roulé en boule en bas de l'armoire, vous pouvez utiliser un système simplissime. Enroulez un élastique à chaque extrémité du cintre avant de mettre votre chemisier dessus. Le vêtement sera ainsi parfaitement maintenu car l'élastique empêchera le tissu de glisser.

Une robe qui colle

Voici un truc pour que vos robes en fibres synthétiques ne collent pas au corps. Passez un cintre en fil de fer à l'intérieur du vêtement. Vous éliminerez ainsi l'électricité statique.

Robe de mariée bien emballée

La laisser sur un cintre, ce n'est pas une très bonne idée, car elle risquerait de se déchirer aux épaules ou au niveau du décolleté. Pliez-la plutôt dans un sac en toile et rangez-la soigneusement dans une boîte doublée de papier de soie.

Couture

Des fils de secours

Vous avez fait un accroc dans un vêtement. S'il n'est pas trop important, vous pouvez essayer de le réparer vous-même en utilisant des fils que vous tirerez de l'ourlet ou à l'endroit des coutures. De cette façon, il n'y aura pas de différence de couleur et la réparation sera discrète.

Réparation invisible

Pour réparer un vêtement comme un professionnel, il est toujours préférable de prendre un fil de la même couleur, mais un peu plus fin, car le raccommodage va être un peu plus épais que le tissu. Préparez une aiguillée assez longue pour ne pas avoir à faire de nœuds au cours du travail, et une aiguille longue et fine pour ne pas marquer le tissu.

Impression du bouton-pression

Pour ajuster avec précision les deux parties d'un bouton-pression, cousez d'abord la partie mâle. Frottez-la de craie, puis apposez-la bien en face de la partie du vêtement qui lui correspond. La partie femelle sera à coudre sur la marque laissée par la craie.

Boutons bien attachés

Passez du vernis transparent sur les fils qui attachent les boutons : vous ne les perdrez pas.

Couper sans dévier

Lorsqu'il s'agit de tissus en Tergal, Nylon ou lin, difficile d'avoir un coup de ciseaux droit et sûr. Tirez deux ou trois fils à l'endroit que vous désirez couper. Vous n'aurez ensuite qu'à suivre ce trait. Un procédé également valable pour réaliser un ourlet.

Réparer un gant

S'il est décousu, rien ne sera plus facile que de raccommoder le doigt en y glissant un dé à coudre.

Un ourlet sans traces

Vous venez de rallonger une jupe. Pour enlever la marque de l'ourlet, frottez l'intérieur du pli avec un savon. Repassez ensuite en intercalant du papier de soie entre le tissu et le fer. Vous pouvez aussi mouiller le pli avec du vinaigre blanc. Repassez alors avec un fer tiède en appuyant légèrement.

L'ourlet pratique

Pour refaire l'ourlet d'une jupe ou d'un pantalon, suivez cette méthode : enfilez le vêtement, tendez une ficelle entre deux chaises, à la hauteur à laquelle vous voulez que soit votre ourlet et frottez-y une craie. Ensuite, tournez sur vous-même contre la ficelle : la craie se déposera sur le tissu et vous n'aurez plus qu'à suivre la marque pour faire votre ourlet. De cette façon, il ne risque pas d'être de travers.

Un fil costaud pour les boutons

Un bouton s'est déjà décousu deux ou trois fois ? Au lieu de le recoudre avec un fil classique, faites-le avec du fil dentaire (pharmacies et grandes surfaces) : il ne risquera plus de tomber !

Les boutons de manteau

Laissez toujours 1 mm entre le tissu et le bouton. S'il n'y a pas assez d'espace, vous ne pourrez pas fermer votre manteau correctement. Pour vous faciliter la tâche, glissez une allumette entre le tissu et le bouton et cousez le tout ensemble. Retirez l'allumette avant de donner plusieurs tours de fil sous le bouton pour le consolider.

Boutonnières dans la maille

Avant le premier lavage, consolidez les boutonnières de votre gilet en laine en y repassant un fil de la même couleur. Ainsi vos boutonnières ne se déformeront pas et resteront... boutonnées.

La bonne taille de boutonnière

Une boutonnière doit être un peu plus grande que le bouton auquel elle est destinée (soit 3 à 5 mm de plus que la partie la plus large du bouton).

Un zip qui glisse mal

Frottez la fermeture Éclair avec de la paraffine et vous parviendrez ensuite à fermer votre blouson en un clin d'œil.

Chaussures

En panne de cirage

Vous avez vidé vos placards. Plus une seule boîte de cirage en vue ! Servez-vous d'une crème après-soleil. Vos chaussures en cuir brilleront comme un sou neuf. Un bon recyclage pour une crème qui se périme rapidement.

Le talc, un détachant pour le daim

Vous adorez vos boots en daim clair, mais êtes contrariée d'avoir taché le pied droit... Aucun problème : saupoudrez-les de talc. Oubliez l'incident ainsi que vos chaussures pendant une nuit. Brossez-les le lendemain matin. Tout aura certainement disparu. Si ce n'est pas le cas, renouvelez l'opération.

Des chaussures raides comme du carton

Au début, elles étaient en cuir, mais vous avez commis l'imprudence de les laisser sécher près du radiateur. Vous réussirez à les assouplir en les cirant longuement avec de la vaseline ou de l'huile de glycérine. La prochaine fois, mettez des feuilles de papier journal à l'intérieur et éloignez-les du radiateur.

Que faire des souliers en toile tachés ?

On les tamponne avec de l'alcool à 90°. Les taches de graisse, quant à elles, peuvent se dissoudre avec un détachant classique pour tissus comme l'Eau Écarlate.

Chaussures d'enfants

Elles sont déjà mises à rude épreuve en temps normal, mais lorsqu'il s'agit de chaussures blanches, c'est pire ! Après les avoir blanchies, vaporisez de la laque, elles se saliront moins vite. Un chiffon humide fera disparaître la laque quand vous le souhaiterez.

Lacets effilochés

Trois solutions à ce problème : trempez les lacets dans du vernis à ongles transparent ; brûlez l'extrémité ; enroulez un petit morceau de ruban adhésif au bout.

Une nouvelle peau pour le daim

En daim, les chaussures prennent plus facilement un coup de vieux. Tenez-les quelques instants au-dessus d'une casserole d'eau bouillante. La vapeur d'eau ne manquera pas de les rajeunir.

Halte au cirage qui déteint

• Quand on découvre des traces de cirage sur les vêtements ou le canapé, c'est le signe d'une mauvaise utilisation. En effet, lorsque vous cirez vos chaussures, laissez d'abord agir le cirage pendant une bonne heure avant de le lustrer. Le produit aura alors eu le temps de pénétrer entièrement dans le cuir et vous ne risquerez plus de tacher vos affaires.

• Si toutefois, il y a des traces de cirage sur un vêtement en matière synthétique, tout n'est pas perdu car le cirage part facilement avec de l'eau et du savon. En ce qui concerne les autres tissus, il vaut mieux s'abstenir d'y toucher et s'adresser à votre teinturier préféré.

• Lorsque vous constatez la présence de marques noires sur le parquet, frottez-les avec un peu de dissolvant. Passez éventuellement une fine couche de cire ensuite sur les lames de parquet.

Cirage trop sec

Ne jetez pas la boîte de cirage sous prétexte que celui-ci a séché. Ajoutez-y juste quelques gouttes de citron ou encore un peu de lait chaud. Le lendemain, il sera parfaitement réutilisable.

Les conseils du cordonnier

Pour les chaussures neuves

• Difficile de résister à la tentation de porter immédiatement votre nouvel achat. Si vous voulez protéger efficacement vos jolies ballerines de futures taches accidentelles, cirez-les puis imperméabilisez-les, même si, a priori, elles n'en ont pas besoin. Cette petite couche supplémentaire empêchera les liquides de pénétrer le cuir.

• Au bout de quelques minutes de marche, vos escarpins vous semblent trop étroits. Il n'existe pas de remède miracle, juste un produit à avoir toujours sous la main : un spray assouplissant. Il suffit de vaporiser l'intérieur de la chaussure 5 minutes avant de la porter.

• Vos chaussures sont neuves et la météo n'avait pas prévu une pluie diluvienne. Résultat, elles sont complètement détrempées ! Pas de panique, garnissez-les de papier journal que vous changerez dès qu'il sera imbibé et placez vos chaussures à l'air libre, au bord d'une fenêtre par exemple. Évitez surtout toute source de chaleur type cheminée ou radiateur : le cuir risque de sécher brutalement et de craqueler. En outre, en séchant de cette façon, vos chaussures pourraient rétrécir…

• Il arrive fréquemment que l'on ait un pied plus fort que l'autre, voire une demi-pointure d'écart entre le pied gauche et le pied droit. Résultat, vous perdez systématiquement l'un de vos escarpins. Deux solutions : soit vous placez un peu de coton à l'extrémité de la chaussure la plus grande soit vous optez pour une semelle intérieure qui permettra de compenser l'écart.

Tache de cirage

Si vous avez sali un vêtement avec du cirage, commencez par le nettoyer avec de la térébenthine, puis lavez à l'eau et au savon. Si le cirage a très peu pénétré dans les fibres, passez de l'alcool.

Des bottes bien droites

Pour ne pas déformer vos bottes, glissez à l'intérieur une bouteille plastique vide ou suspendez-les sur un cintre à jupes.

Maintenir les lacets noués

Vos lacets glissent constamment et se dénouent avec le frottement de votre pantalon. Pour éviter d'avoir à refaire les nœuds dix fois par jour, une fois attachés, vaporisez-les de laque pour cheveux. Ils resteront en place.

Du daim comme neuf

Avec le temps, les poils du daim finissent par se coller entre eux, et vos superbes bottines vont finir par ressembler à de banales chaussures en cuir. Frottez la peau à l'aide d'un papier de verre très fin qui décollera les poils. Il permettra ainsi au daim de retrouver son aspect velouté. Et si vous découvrez des taches de graisse ou de cambouis sur vos chaussures, utilisez de la terre de Sommières. C'est un remède à manipuler avec parcimonie car il peut légèrement décolorer la teinte du daim.

Le savon et le citron absorbent les odeurs

Avant de ranger les souliers que vous venez de porter dans votre placard à chaussures, laissez-les d'abord à l'air libre, puis glissez à l'intérieur un petit morceau de savon parfumé au citron. La vraie parade pour absorber les mauvaises odeurs.

Pour le daim et le nubuck : du savon de Marseille

Voici des matières que l'on croit souvent fragiles. Et pourtant, même soumises à rude épreuve, elles résistent aux épreuves du temps si vous les entretenez correctement.

Pour enlever les taches de toutes sortes : pluie, sel, boue ou vin, une seule solution : le savon de Marseille. Munissez-vous d'une brosse à ongles et d'un peu d'eau, savonnez la chaussure puis rincez-la avec une éponge humide. Quelle que soit la couleur de la chaussure (claire ou foncée), le principe reste le même.

conseils malins

LA HAUTEUR DE TALONS IDÉALE

Selon la hauteur de leurs talons, les chaussures que nous portons ont une incidence sur notre allure. En règle générale, optez pour une semelle intérieure souple et fine qui épouse parfaitement la voûte plantaire. Préférez le cuir au caoutchouc ou au plastique qui échauffent le pied.

Talons plats

Ils accentuent les mauvaises positions car la voûte plantaire, naturellement cambrée, n'est alors plus soutenue. Il est préférable de ne pas en abuser.

Talons hauts

À porter avec modération : ils transmettent des ondes de choc néfastes au bassin et à la colonne vertébrale et gênent la remontée du sang vers le cœur.

La bonne hauteur

Les talons de 4 cm environ sont les mieux adaptés. En effet, ils respectent la courbure naturelle du pied. C'est à eux qu'il faut donc donner la priorité.

Collants et chaussettes

Traitement antifilage

Outre la colle et le vernis à ongles bien connus, la vaporisation d'un peu de laque s'avère très pratique pour empêcher un collant de continuer à filer.

Repassé, un collant est plus solide

N'oubliez pas, tout d'abord, de régler le thermostat de votre fer à repasser sur « synthétique ». Repassez ensuite les collants, neufs bien entendu. Grâce à ce traitement préventif, ils auront moins tendance à filer.

Prenez des gants !

Avant même d'en avoir profité, juste en les enfilant, nous les filons ! Alors, pour éviter que vos ongles accroches les fines mailles des collants, mettez des gants souples au moment de les enfiler. Ainsi, vous pourrez les ajuster sans le moindre risque !

Pour qu'ils durent longtemps

Mouillez vos collants neufs et laissez-les quelques heures au congélateur dans un sac en plastique. Faites-les sécher avant de les enfiler.

Déchirés mais très utiles

Vos collants sont fichus ? Ne les jetez pas, ils peuvent encore vous servir. Par exemple, pour faire briller le carrelage de la salle de bains. Ils seront aussi très utiles pour cirer vos chaussures.

Les deux font la paire

Le matin, on a souvent du mal à retrouver les deux chaussettes qui font la paire ! Avant de les laver, attachez-les avec une épingle à nourrice, et faites-les sécher sans les détacher.

Irrétrécissables

Vous venez d'acheter des chaussettes en laine ? Avant de les porter, repassez-les à la pattemouille, en plaçant le thermostat au minimum. Ce traitement simple les empêchera de rétrécir.

Contre la grisaille des chaussettes

Une casserole, de l'eau : allumez le feu, déposez une tranche de citron et la paire de chaussettes en coton blanc. Attendez l'ébullition et passez ensuite les chaussettes à la machine à laver.

Accessoires et cuirs

Des gants de peau ou de carton ?

Enfilez vos gants, lavez-vous les mains au savon de Marseille et rincez sans tordre. Épongez-les entre deux serviettes. Après les avoir remis en forme, suspendez-les. Une fois secs et renfilés, frottez-les avec un tampon imbibé d'huile de ricin.

Un sac en daim qui déteint

Cela fait partie des joies de l'été ! Un sac en daim foncé promené sur la hanche et le mal est fait. À l'avenir, faites chauffer du son au bain-marie, frottez votre sac avec et brossez bien. Vous n'aurez plus d'accident de ce genre.

Chapeau blanchi au citron

Avec le temps, votre chapeau de paille a pris une couleur plus foncée et présente des taches d'humidité. Frottez-le avec un demi-citron, puis laissez sécher. Pour finir, passez sur toute sa surface un chiffon imbibé d'eau tiède. Il retrouvera toute sa blancheur.

Les sacs n'aiment pas la pluie

Les sacs en cuir n'aiment pas l'eau ! Pour protéger votre sac à main, appliquez du cirage incolore. Si le mal est déjà fait, passez à la surface du cuir un coton imbibé d'eau savonneuse, laissez sécher puis finissez avec du cirage incolore. Faites briller.

Du papier de soie pour protéger les gants en cuir

Les gants et les sacs en cuir sont parfois mis à rude épreuve. Il existe des crèmes essentielles pour les cuirs souples, comme l'agneau ou le veau. Elles nourrissent le cuir et préviennent le noircissement et les taches.

Pour les ranger, ne laissez pas vos gants dans un sachet en plastique mais placez-les plutôt dans du papier de soie, au sec et à l'abri de la lumière. Quant aux sacs en cuir, enveloppez-les dans du papier journal et évitez les endroits humides.

Votre sac a déteint

Le cuir déteint parfois et risque de colorer vos vêtements. Pour que ça n'arrive pas, frottez-le avec un chiffon imbibé d'alcool à brûler, puis cirez.

Du cuir bien hydraté

Vous pouvez également traiter votre sac en cuir avec un peu de crème hydratante pour le visage ou pour le corps.

Crème de jouvence pour sac à main

Votre sac est un peu défraîchi, mais vous l'aimez tellement ! Pour lui donner un coup de jeune, préparez de l'eau savonneuse, ajoutez quelques gouttes d'ammoniaque. Frottez doucement le cuir avec ce mélange. Une fois qu'il est sec, passez un chiffon en flanelle imbibé de jus de citron. Pour finir, cirez-le avec du cirage incolore.

Lait et bière pour l'entretien des vernis

Plusieurs solutions s'offrent à vous : le cuir verni se nettoie très bien avec un chiffon imbibé de lait ou de bière et retrouve tout son brillant.

Le cuir blanc

Rien de plus salissant que le cuir blanc, surtout lorsque ce sont des chaussures. Faites comme si vous vouliez les démaquiller avec du lait de toilette appliqué à l'aide d'un morceau de coton. Laissez sécher, puis essuyez-les avec un chiffon.

Masquer une tache sur un cuir de couleur

Il n'existe pas de cirage pour vos gants rose fuchsia ? Proscrivez le cirage incolore, il ne fera que ressortir davantage la tache en la noircissant. Achetez du cirage teintant, quitte à faire des mélanges pour retrouver la couleur idéale.

L'entretien du cuir

Pour enlever les traces de saleté (sur le col et les manches), utilisez un chiffon imprégné d'eau tiède savonneuse. Pour que le cuir retrouve toute sa souplesse, appliquez un peu de lanoline ou d'huile de ricin avec un chiffon doux. De couleur claire, un peu de vaseline lui rendra son bel aspect.

Bijoux

Une broche bien accrochée

On tient forcément à ses bijoux, mais quelquefois ce sont eux qui ne tiennent pas à nous ! Dans le cas d'une broche, pour qu'elle ne vous fausse pas compagnie, placez un élastique plat à l'endroit où vous souhaitez l'accrocher, au revers de votre veste par exemple. Et si votre broche venait par hasard à s'ouvrir, l'élastique la retiendrait.

Réparation minute

Un peu de vernis à ongles suffit à maintenir en place, momentanément, une pierre qui s'est dessertie.

Pierres précieuses

Pour qu'elles brillent de tous leurs feux, plongez-les dans de l'alcool à 90°. Séchez-les aussitôt. S'il s'agit de nettoyer un diamant, mettez-le dans une eau savonneuse et frottez-le avec une petite brosse souple.

Toujours brillants

Vos bijoux ne s'oxyderont pas et resteront bien brillants si vous placez au fond de votre boîte à bijoux un petit morceau de craie qui absorbera l'humidité.

Comment nettoyer l'argent

Vos bijoux en argent seront impeccables si vous les plongez dans un bain d'alcool à brûler ou si vous les frottez avec une pâte composée de bicarbonate et d'eau. Autre solution : nettoyez-les avec une brosse à dents usagée et un peu de dentifrice. Rincez et frottez avec un chiffon doux. L'argent s'oxyde et laisse des traces sur la peau. Passez une ou deux couches de vernis à ongles incolore à l'intérieur des bagues et bracelets. Pour conserver longtemps vos bijoux, nettoyez-les, de temps en temps, avec une brosse à ongles à l'eau et au savon.

Les perles sont fragiles

Les perles de culture sont des organismes vivants qui contiennent une infime quantité d'eau dans leur structure de nacre. Il faut donc les préserver de tout type d'agression, du parfum mais aussi des détergents, des produits chimiques et des excès de chaleur.

Plus de chaînes emmêlées

Votre chaîne en or ou en argent fait des nœuds ? Ne vous énervez pas en essayant de les démêler. Commencez par saupoudrer la chaîne de talc, vous pourrez alors défaire facilement les nœuds avec une aiguille. Autre solution : déposez sur les maillons concernés quelques gouttes d'huile d'olive : les nœuds s'en iront sans que vous perdiez votre calme !

Les conseils du bijoutier

L'entretien des bijoux précieux

Il existe une méthode pour empêcher l'argent de noircir
Et pourtant c'est dans sa nature. Pour l'entretenir, on peut utiliser les produits pour nettoyer l'argenterie ou le laisser tremper quelques heures dans du soda au cola. Il en ressort comme neuf. Le mieux est de lui offrir, chez un bijoutier, un bain de rhodiase par électrolyse qui le recouvre d'une pellicule de protection blanc argenté. Pour 15 à 30 €, selon la taille du bijou, on lui évite définitivement de noircir.

Seul un pro peut faire briller l'or
Avec une brosse à dents imprégnée de liquide vaisselle ou de savon de Marseille, on peut nettoyer un bijou en or. Il faut le rincer à l'eau tiède et le passer au sèche-cheveux pour empêcher le calcaire de se déposer. Pour lui redonner du brillant, il faut le repolir et alors le confier à un professionnel.

Les pierres se nettoient facilement
Pour débarrasser les pierres précieuses des taches et de la poussière, utilisez de l'eau tiède et une brosse à dents, puis séchez-les à l'aide de papier absorbant. Si elles sont très encrassées, demandez à un bijoutier de les passer aux ultrasons, cette technique enlève toutes les impuretés.

Le nettoyage des bijoux dépend des matières utilisées
Une attention quotidienne est préférable au nettoyage, car certains bijoux fantaisie, en raison de leur colle, ne supportent pas le nettoyage à l'eau. S'ils sont de qualité, ils se lavent à l'eau tiède et au savon de Marseille, à condition d'être correctement rincés et séchés. Le mieux est de les frotter régulièrement avec de la suédine ou un chiffon doux 100 % coton. On caresse délicatement chaque pierre en prenant son temps et on patine aux doigts toutes les parties en métal, elles gagneront beaucoup en brillance.

Demandez un certificat

L'achat d'un bijou orné de pierres précieuses est un investissement. Très précis, les cours de la bourse déterminent l'évolution de leurs prix. Les certificats ne sont pas obligatoires lors de la vente, mais il vaut mieux en demander un pour s'assurer de leur poids, de leur origine et de leur pureté. Évaluer un bijou à l'œil est très difficile, même pour les professionnels. Certains zircons sont de parfaites imitations du diamant et, à l'inverse, des diamants bruts peuvent ressembler à de vulgaires cailloux.

Baignez les perles à l'eau minérale

Rien de plus simple que cette technique naturelle et efficace pour nettoyer vos perles. Faites-les tremper dans un peu d'eau minérale et frottez-les ensuite à l'aide d'un chiffon très doux et sec. Prenez toujours soin de ranger vos perles à l'écart des autres bijoux, afin d'éviter les contacts de métaux à l'origine de microrayures qui ternissent l'éclat.

Astuce anti-allergies

Elles sont dues à la présence de nickel dans l'alliage des métaux. Depuis 2000, le taux de nickel est réglementé en France et en Europe mais pas ailleurs... En cas de réaction, avec les boucles d'oreilles notamment, passez une couche de vernis à ongles incolore sur l'attache.

Un pro répare lui-même vos bijoux

Confier ses bijoux à un professionnel inconnu nécessite un minimum de précautions. Il faut pouvoir faire confiance au bijoutier quand on lui apporte un collier de perles à remonter ou une bague à réparer. Quelques règles sont à respecter. La vitrine est un bon indicateur d'une boutique soignée ou non. Fuyez les vitrines poussiéreuses et les présentoirs usés ! Renseignez-vous également pour savoir si le travail sera fait sur place ou s'il sera sous-traité à l'extérieur. L'idéal étant que le bijoutier possède son propre atelier et s'occupe personnellement de votre bijou. Enfin, exigez une facture descriptive sur papier à en-tête, surtout lorsque vous confiez des pierres précieuses.

Animaux

Alimentation

Nourrir les oiseaux

Si vous préférez les oiseaux en liberté, confectionnez des petits abris que vous disposerez dans votre jardin. Mettez-y des graines, des miettes de pain, du riz cuit, des bouts de laine et de ficelle pour les nids et un récipient d'eau. En hiver, sucrez légèrement cette dernière pour éviter qu'elle ne gèle et suspendez un morceau de saindoux ou de margarine.

Chats herbivores

Les chats aiment mastiquer les plantes, cela les aide à régurgiter ce qu'ils ne peuvent digérer. En appartement, ils risquent de mâchonner votre dernière acquisition ! Donnez-leur, de temps en temps, de l'herbe à chat ou du blé, de la sauge, du thym ou du persil. Quant à vos plantes : aspergez-les de jus de citron dilué ; cela devrait les tenir à distance.

Histoires d'os

La plupart des os sont bons à donner au chien. Attention cependant à certains os de poulet ou de lapin qui sont trop cassants et dont les esquilles pourraient blesser l'estomac de votre animal, ou aux rondelles d'os de gigot qui pourraient se coincer dans son œsophage. Un bon os à moelle, un jarret de bœuf ou encore un os à mâcher en peau de buffle fera le bonheur de votre chien. Ne lui en donnez pas plus d'un par semaine !

Une alimentation équilibrée pour votre chat

Une bonne alimentation est essentielle à la bonne santé de votre animal. Si vous avez l'habitude de lui donner des boîtes, pensez à alterner avec des aliments frais : par exemple un peu de viande hachée ou un reste de yaourt nature. Votre petit compagnon les dévorera avec délice et vous en sera reconnaissant. Enfin, s'il est castré, surveillez son alimentation de près pour qu'il ne prenne pas trop de poids.

Cohabitation

trucs malins

RATIONS JOURNALIÈRES

Un chien adulte reçoit sa ration alimentaire en un seul repas. Pour les chiots, il est préférable de partager la ration en deux repas quotidiens : cela facilite leur digestion.

Poids du chien	Ration quotidienne	
	Aliments secs	**Pâtée en boîte**
3 kg	90 g	270 g
5 kg	150 g	375 g
7 kg	175 g	525 g
15 kg	300 g	900 g
20 kg	340 g	1 kg
30 kg	510 g	1,5 kg
45 kg	630 g	1,8 kg

Garder les fauteuils propres

Si vous ne souhaitez pas tout partager avec votre animal de compagnie, répandez du poivre moulu sur votre fauteuil préféré ou sur l'endroit dont vous ne voulez pas voir approcher votre chat par exemple. Pour les rideaux, ajoutez trois bonnes cuillerées à café de poivre dans l'eau de rinçage. Votre chat ne s'aventurera plus dans les parages !

Se débarrasser des poils de chat

Parfois, nous avons l'impression qu'ils ont été scotchés sur nos vêtements tant il est compliqué de s'en débarrasser. Utilisez une éponge humide que vous aurez préalablement trempée dans de l'eau tiède et passez-la délicatement sur le manteau qui vous préoccupe.

Un nouveau poisson

Si vous achetez un poisson et que vous en possédez déjà, ne le mêlez pas d'emblée à ses congénères. Glissez son sac (dont vous renouvellerez l'eau) dans l'aquarium pour que le nouvel arrivant s'habitue à son environnement et vice-versa.

Un seul rongeur

Si vous voulez offrir un petit rongeur à vos enfants, évitez de choisir un couple. Ils peuvent en effet avoir entre dix et quinze petits par portée, deux à trois fois par an ! Préférez un seul individu. Donnez-lui du pain dur ou du bois, cela l'aidera à se limer les dents.

Effets personnels

Il n'est jamais évident de laisser son animal domestique, chat ou chien, en garde chez une tierce personne. Pour que l'animal se sente parfaitement sécurisé, laissez-le avec ses « petits effets personnels » : corbeille, coussin, jouets ou tout autre objet qui lui est familier...

Plantes sous protection

Les chats adorent croquer dans les plantes, c'est pour eux une façon de se purger. Ils les griffent aussi pour jouer. Pour protéger ces dernières, couvrez la terre du pot avec de la mousse, des graviers ou des billes d'argile. Rappelez-vous que les chatons sont attirés par la terre des plantes, alors prévenez les tentations.

Éducation

Chasse et trophées

L'instinct de chasse est inné chez le chat. S'il sort, il vous ramènera sûrement un oisillon ou un mulot qu'il déposera à vos pieds. La meilleure chose à faire est d'accepter ce trophée et de s'en débarrasser discrètement. Ne le grondez pas sinon il pensera que son offrande ne vous satisfait pas et repartira à la chasse !

Un peu de discipline

Pour attirer son attention, élevez la voix et donnez-lui une petite tape s'il a fait une bêtise, mais ne le battez jamais. Si un chaton habituellement très affectueux se montre soudain agressif, faites-le examiner par un vétérinaire. Habituez-le dès son plus jeune âge à se laisser manipuler pour lui nettoyer les yeux ou les oreilles, ou à voyager avec vous. Gagnez sa confiance par des caresses et des mots doux.

Règles de vie

Habituez votre chaton à faire ses besoins dans sa caisse en versant dans sa litière quelques gouttes de teinture de valériane (vendue en pharmacie). Si vous voulez lui interdire l'accès d'une pièce, laissez-y un petit récipient de sauce piquante. Les chats détestent son goût et son odeur...

Lui apprendre à être propre

Si votre chat s'oublie régulièrement sur la moquette ou sur un tapis, versez quelques gouttes d'ammoniaque sur du coton et frottez l'endroit en question. Le meilleur moyen pour l'attirer dans sa litière : la nettoyer avec un peu d'eau de Javel. Les chats en raffolent !

Meubles défendus

Un vaporisateur chargé d'eau vinaigrée ou parfumée à la citronnelle est souverain pour décourager un chien de mâchouiller des objets ou des meubles. Au moment même où le chien passe à l'attaque, vaporisez une giclée de cette solution sur ou devant sa truffe : il va alors croire que c'est le meuble qui se rebiffe...

La peur des chapeaux

Les chapeaux ou les casquettes peuvent suffire à provoquer un sentiment de menace chez les chiens et à les faire réagir. Lorsque vous abordez un chien, retirez donc votre chapeau ou faites basculer la visière de votre casquette sur la nuque et enlevez vos lunettes de soleil.

trucs malins

CALCULER LEUR ÂGE

Multiplier l'âge de l'animal familier par 7 pour l'aligner à celui de l'homme est une erreur. L'évolution du chat et du chien est rapide au départ et lente par la suite. De plus, la longévité dépend des races : certains chiens ne vivent que 8 ans (dogues), d'autres jusqu'à 20 ans (spitz). Voici donc un tableau d'équivalences.

Homme	Chien	Chat
6 mois	15 ans	14 ans
12 mois	20 ans	16 ans
2 ans	25 ans	20 ans
5 ans	40 ans	30 ans
10 ans	65 ans	55 ans
15 ans	90 ans	80 ans

Chien au piquet

Pour marquer une interdiction, dites « non » d'un ton sec et grave à votre chien avant de lui tourner le dos. Si vous le réprimandez avec un long discours, il ne comprend pas et pense qu'il s'agit d'une récompense. Si la faute est plus grave, donnez-lui une petite tape sur le museau. La pire des punitions : la mise au piquet pendant une quinzaine de minutes (dans les w.-c., le garage) sans rien faire pour le calmer s'il se lamente.

Hygiène

Opération poil propre

À force de se lécher, les chats absorbent quantité de poils qui finissent par former des boules dans l'estomac et provoquent des vomissements. Cela peut être dangereux, surtout pour certaines races à poil long (angora ou persan). Brossez souvent votre animal avec une brosse spéciale, à picots arrondis pour ne pas abîmer le poil. Pour qu'il ait un beau pelage brillant, vous pouvez ajouter, de temps en temps, un peu de beurre à sa nourriture.

Le vinaigre blanc lave plus blanc

Si votre animal domestique a fait pipi sur votre moquette, quelques gouttes effacent les taches indésirables (accessoirement celles de sang aussi).

Une cage facile à nettoyer

Avec les oiseaux, il faut à chaque fois laver la cage de fond en comble. Pourquoi ne pas gagner du temps en se servant de papier aluminium comme d'un tapis ? Ainsi, vous n'aurez qu'à retirer la feuille d'aluminium au lieu de vous compliquer la vie. Le papier journal est une autre solution, moins bruyante.

Un aquarium impeccable

Si la couleur de l'aquarium est blanchâtre, c'est le signe d'une nourriture trop abondante. Pour y remédier, déménagez les poissons et lavez ses vitres à l'eau légèrement vinaigrée ; frottez énergiquement et rincez plusieurs fois.

Désodoriser une litière

Mettez un peu de talc ou de bicarbonate de soude au fond de la caisse du chat. Vous dissiperez ainsi les mauvaises odeurs. Pensez aussi à verser un peu d'eau de Javel dans le gravier, les chats adorent son odeur !

Parasites

Le pin, véritable garde du corps

Tout laisse à penser que les aiguilles de pin seraient le meilleur garde du corps de nos bêtes à poil. Une poignée de ces dernières placées sous le tapis de nos chiens ou chats refoule les puces.

Une niche bien protégée

Pour éviter qu'une armée de puces n'importune votre chien, il existe une autre solution : quelques branches de fougères séchées que vous aurez pris soin de cacher dans sa niche.

L'ail fait fuir les puces

Écraser une gousse dans l'écuelle de votre chien est une autre idée pour repousser les puces. Elles n'embêteront plus votre animal à condition d'y avoir recours une fois par semaine.

Soufre antimite

Les mites viennent régulièrement tourmenter les oiseaux en cage. Pour les faire fuir, suspendez aux barreaux un sac de mousseline contenant un petit morceau de soufre.

Santé

Un poil sain et brillant

Votre chien perd ses poils, il a le pelage terne et triste ? Son produit de beauté se résumera à une cuillerée à soupe d'huile de maïs et deux cuillerées à soupe de superlevure mélangées à sa nourriture habituelle.

Aquarium limpide

L'eau de l'aquarium doit rester aussi claire que possible. Si l'eau prend une couleur brunâtre, c'est le signe évident d'un manque de lumière. A contrario, si l'eau verdit et si de nombreuses algues microscopiques se forment, c'est le signe d'une trop forte exposition à la lumière. Dans les deux cas, changez absolument votre aquarium d'emplacement.

Cage ombragée

Il ne faut jamais exposer la cage directement au soleil, même en hiver : vos oiseaux pourraient dépérir rapidement. La cage aura de préférence une de ses parties à l'ombre, l'autre au soleil. Vous pouvez procurer de l'ombre à votre canari en installant un joli torchon sur sa cage.

Oiseau siffleur

Votre canari ne chante plus ? Il retrouvera sa voix si vous badigeonnez les barreaux de sa cage d'huile d'olive, dans laquelle vous aurez fait macérer, deux semaines au moins, une poignée de feuilles de menthe fraîche.

Administrer un médicament

Difficile de faire avaler une pilule à un chat ! Le meilleur moyen consiste à l'immobiliser (si possible, faites-vous aider). Maintenez-lui la tête fermement entre le pouce et l'index et penchez-la vers l'arrière. Pressez légèrement sur sa mâchoire pour lui ouvrir la bouche. Posez le comprimé sur la langue, refermez la bouche et caressez la gorge. Vous pourrez sentir le comprimé descendre. Une autre solution consiste à lui injecter un liquide grâce à une seringue, lentement, par le côté de la mâchoire.

Un brossage de dents régulier

La formation de tartre chez le chien ou le chat peut conduire à l'inflammation des gencives et au déchaussement des dents. Il faudrait donc nettoyer régulièrement les dents de votre animal familier avec une pâte dentifrice spéciale (à demander au vétérinaire). Donnez des croquettes sèches à votre chat et de la viande et de l'herbe à votre chien pour prévenir la formation du tartre.

Plantes toxiques

Certaines plantes ingérées par nos compagnons peuvent provoquer vomissements ou empoisonnements. Surveillez de près les azalées, les philodendrons, le gui, le muguet et les lauriers-roses. Pour les chiens, attention aux oignons, à l'ail, au persil, aux bulbes de tulipes, de narcisses, de jacinthes et de jonquilles et au houx ; pour les chats : clématites, delphiniums, rhododendrons, lupins et lierres.

Voyages

Coup de chaud

Quand ils ont chaud, les chiens ne régulent pas leur température en transpirant mais en haletant. Été comme hiver, une voiture surchauffée peut se transformer en piège. Un intérieur ombragé avec un store de voiture le protégera. En cas de coup de chaleur, passez une éponge imbibée d'eau fraîche autour de la tête de l'animal et donnez-lui à boire.

Voyage, voyage…

Chien et chat peuvent partir à l'étranger sous certaines conditions fixées par le Programme de voyage des animaux de compagnie (PVAC), conclu entre une cinquantaine de pays. Depuis le 28 février 2000, la quarantaine de six mois, applicable depuis un siècle au Royaume-Uni, est levée. Pour connaître les documents à fournir lors du départ, consultez le site du ministère de l'Agriculture :

http://agriculture.gouv.fr/levee-de-la-quarantaine

Jardin & plantes

Arrosage

conseils malins

ARROSAGE FANTÔME PENDANT LES VACANCES

Si vous vous absentez pendant une ou deux semaines, organisez-vous pour que vos plantes vertes n'aient pas soif.

Les mèches d'irrigation

Le truc est très simple. Prenez un lacet de chaussure en coton. Plantez l'une des extrémités dans le mélange terreux de votre plante et l'autre dans un récipient rempli d'eau. Votre plante verte pourra ainsi boire à son rythme.

Un système pratique pour de courtes durées.

Le principe de l'étouffée

Avant une courte absence, arrosez largement votre plante. Déposez ensuite le pot bien égoutté dans un grand sac plastique transparent et fermez-le hermétiquement. Le feuillage ne doit pas toucher le sac. Humidité garantie pendant une semaine.

Choisissez un très grand sac et fermez-le par le haut.

L'eau diffusée par capillarité

Cette technique implique l'achat de feutre horticole (fleuristes, jardineries) et est valable pour des plantes en pot de plastique. Déposez les pots sur le feutre. L'une des extrémités de ce dernier doit tremper dans l'évier ou dans un bac rempli d'eau. Les plantes absorberont ainsi l'eau par capillarité.

Ce principe est le plus connu mais aussi le plus efficace.

Bien arrosées

La meilleure façon d'arroser ses plantes en pot, c'est encore de les installer dans la baignoire et de les doucher doucement, jusqu'à ce que la terre soit humide. Utilisez une eau tiède car un changement brutal de température pourrait nuire à vos plantations. Vous pouvez aussi utiliser un vaporisateur.

La température idéale de l'eau

Contrairement à ce que l'on pourrait penser, il n'est pas bon d'arroser les plantes à l'eau froide. Elles préfèrent largement l'eau à température ambiante ou même tiède. Elles s'en portent mieux.

Cactus

Protéger les grands cactus du gel

Cactées et plantes grasses supportent relativement bien le froid mais détestent le gel. Si vous avez planté des grands cactus-cierges dans votre jardin, confectionnez-leur un « manteau » de fortune avant les premières gelées (à partir de – 5 °C). Utilisez des grandes feuilles de papier kraft ou de plastique, ou encore de la grosse toile. Emmaillotez soigneusement la plante dedans et ficelez sans trop serrer. Voilà vos cactus parés pour affronter le froid de nos régions.

Les dépoussiérer en un clin d'œil

Pas facile de nettoyer ces sacrés cactus sans se faire mal ? Eh bien si ! Un petit coup de sèche-cheveux et ils seront aussi propres qu'au premier jour.

Dépoter un cactus sans se piquer

Ces plantes sont fort jolies mais elles peuvent vous blesser. Pour les dépoter, prenez des précautions. Utilisez un morceau de journal ou de papier kraft et repliez-le de façon à obtenir une bande de 5 cm de large. Enroulez cette bande autour de la plante et soulevez-la en tenant le pot de l'autre main. C'est réglé !

Décoration

Des pots qui se tiennent par grand vent

Des pots de fleurs feraient merveille sur votre belle pelouse ? Mais le problème, c'est le vent qui renverse et la plante et la terre. Pour éviter ce désagrément, insérez une tige de bois ou de fer d'une trentaine de centimètres dans l'orifice situé sous le pot : 15 cm dans la pelouse, 15 cm dans le pot. Les pots de fleurs ainsi maintenus pourront essuyer les plus grosses tempêtes sans faillir.

Une boule végétale

Facile de se fabriquer une boule de verdure drôle et charmante. À l'aide d'une grosse aiguille, passez une ficelle au travers d'une éponge végétale ronde. Humidifiez cette dernière et nichez des petites graines à germination rapide dans les cavités. Suspendue et en pleine lumière, humidifiée régulièrement grâce à un pulvérisateur, l'éponge prendra vite tournure selon la plante ou la fleur choisie.

Un panier de plantes

Prenez un grand et joli panier. Tapissez son fond d'une feuille de plastique et remplissez le panier de terreau. Plantez-y trois ou quatre petites plantes (selon sa taille) qui requièrent la même fréquence d'arrosage. Vous pouvez aussi planter une plante grimpante qui courra le long de l'anse de votre mini-jardin.

Feuillages d'automne

Deux tiers d'eau chaude et un tiers de glycérine : un mélange parfait pour conserver un bouquet de feuillages d'automne. Passez un coton imprégné de la fameuse mixture à l'extrémité de chaque branche. Souvenir de saison.

Les dahlias, bouquet de l'été

Ces fleurs aux variétés de toutes les couleurs et de toutes les tailles permettent de réaliser de superbes compositions. Seul impératif ; ne pas les cueillir en boutons, car une fois coupées, elles ne s'ouvriront plus. Pour qu'elles tiennent longtemps dans un vase, pensez à recouper régulièrement les tiges.

Des jardinières très originales

Les pichets anciens et autres récipients de porcelaine peuvent faire de jolis contenants. Vous pouvez même les peindre avec de la laque blanche et ajouter des dessins de couleur vive. Ils seront du plus bel effet.

Où installer mes plantes ?

Les plantes d'intérieur se plaisent près des fenêtres à condition toutefois d'être à l'abri du soleil direct et d'être bien protégées des courants d'air. Si vous voyez qu'elles commencent à perdre leurs feuilles, cela veut sans doute dire que vous devez leur chercher un autre emplacement plus propice.

Le lilas en bouquet

Pour conserver plus longtemps votre lilas en fleur, taillez les branches en biais en écrasant l'extrémité. N'oubliez pas de retirer l'écorce des branches immergées dans le vase, sinon l'eau tournerait.

Tulipes la tête haute

Pour qu'elles restent droites, vous pouvez enrouler vos tulipes bien serrées dans du papier journal humide pendant une heure. Ou bien piquer une allumette dans chaque tige, juste au-dessous de la tête de la fleur. N'oubliez pas d'ajouter à l'eau du vase quelques pièces jaunes.

Engrais

Multiplier les pieds

Pour obtenir plein de petits camélias et d'azalées, fertilisez-les en mettant à leurs pieds des sachets de thé déjà utilisés.

Arrosage très riche

L'eau sale d'un aquarium est pleine de minéraux. Et ce à tel point qu'il serait dommage de la jeter sans discernement. Choisissez vos plantes les plus faibles et arrosez-les généreusement.

Des fougères en pleine forme

C'est la nature qui veut ça : les fougères adorent le thé ! Alors, pour leur faire plaisir, faites infuser du thé et arrosez-les avec cette décoction refroidie. Ce petit régime les « remontera » si elles n'ont pas le moral et les rendra encore plus belles si elles sont en pleine forme. Quant aux géraniums, ils préfèrent le café noir, froid et sans sucre, mais... à petite dose !

N'en abusez pas

Il est inutile d'ajouter un produit fertilisant à une plante que vous venez de replanter : le terreau utilisé contient tout ce dont la plante a besoin pour au moins deux mois. Un apport d'engrais risquerait de brûler les racines.

La juste dose

Pour les plantes en pot ou en jardinière, utilisez un fertilisant liquide. Mettez 5 gouttes d'engrais dans 600 ml d'eau et arrosez les plantes avec cette solution.

Pliez les plantes à votre régime !

Pour bichonner vos plantes d'intérieur, n'hésitez pas à saupoudrer la terre de cendres de bois ou de cigarette ; ils leur donneront de l'énergie. Et pour un apport en minéraux, vous pouvez leur verser l'eau de cuisson des légumes ou des œufs durs.

Terreau, un mélange fait maison

Indispensable pour nourrir vos plantes, le terreau est très simple à fabriquer... à condition d'avoir du temps devant vous. Il suffit de ramasser les feuilles mortes dans le jardin et de les mettre dans un grand sac-poubelle noir percé de quelques trous. En six à douze mois, les feuilles seront décomposées et prêtes à servir d'engrais.

Un terreau bien propre

Si vous doutez que votre terreau soit parfaitement sain et craignez la présence de parasites, il suffit de verser dessus de l'eau bouillante avant de procéder à vos plantations.

Entretien

Bambou, des soins spécifiques

Comme tous les matériaux, le bambou s'abîme avec le temps et réclame un entretien approprié. Nettoyez-le avec une brosse douce trempée dans de l'eau savonneuse, additionnée d'ammoniaque (deux cuillerées à soupe par litre d'eau). Rincez à l'eau claire avec une éponge, laissez sécher. Terminez en frottant avec un chiffon doux imprégné d'huile de lin.

La technique pour revitaliser un yucca

Si votre yucca se résume à un tronc et deux feuilles, il est temps de réagir ! Pour lui donner un coup de fouet, coupez le tronc sous toutes les pousses existantes et faites couler sur le sommet de la cire fondue, comme un bouchon. Le tronc ainsi préparé, de jeunes pousses apparaîtront rapidement sur les côtés. Vous pouvez faire tremper la partie qui a été coupée (bout de tronc et pousses) dans un récipient d'eau. Des racines se formeront et vous pourrez les replanter.

Bien soigner ses arbustes

En pulvérisant un nuage d'eau sur les feuilles de vos plantes (sauf pour les rosiers), ils garderont leur belle allure : cette douche rafraîchissante limite la transpiration des feuilles et prévient les attaques d'araignées rouges.

Tailler les haies

La majorité des haies, et particulièrement les troènes, ont une fâcheuse tendance à se déplumer du bas et du milieu et à ne se développer que du haut. Côté esthétique, ça n'est pas très réussi ! Alors, pour les embellir, prenez l'habitude de les tailler très régulièrement et assez court. Ainsi, leur croissance reprendra naturellement à partir des rameaux du bas.

Traitement de choc contre le froid

Dès l'arrivée des premières gelées, vaporisez les petites branches des arbustes fragiles d'un mélange de 10 g d'alcool à brûler et de 20 g de glycérine par litre d'eau. Cela protégera toutes les jeunes pousses des méfaits du gel.

Avant la plantation

Pour que les arbustes se développent le mieux possible, quinze jours avant la plantation, préparez le trou qui leur est destiné. Laissez-le à ciel ouvert pour qu'il s'aère et reste exposé à la pluie et au vent : ce sont d'excellents désinfectants pour la terre.

Un désherbant complètement naturel

Allée dallée ou gravillonnée ? L'eau de cuisson des pommes de terre a le pouvoir inattendu de tuer les mauvaises herbes. C'est ainsi. Désherbant écologique et plus que bon marché, à verser bouillant. Une affaire !

Désherbez écolo

Les désherbants chimiques ne sont pas les seuls à venir à bout des mauvaises herbes. Voici une recette écologique. Remplissez un arrosoir d'eau bouillante à laquelle vous ajoutez une poignée de gros sel. Versez uniquement sur les espèces à éliminer.

Gazon : une vraie moquette !

Pour semer votre gazon, utilisez un pot de fleurs en plastique troué dans le fond. En tamisant ainsi les graines, vous serez sûre d'avoir un semis bien régulier.

Pas besoin de briser la glace

En prévision des grands froids, évitez que les canalisations ne gèlent en versant dans la cuvette des toilettes une bonne poignée de gros sel marin.

Gel, toutes aux abris !

Vos plantes craignent le gel ? Faites un monticule de terre au pied des rosiers pour les protéger du froid. Entourez les plantes en pot de journal, de toile de jute ou de plastique à bulles, fermé par du raphia. Enfin bichonnez vos jeunes plantations en les couvrant délicatement de papier journal maintenu par quelques pierres.

Germination en accéléré

Avant de semer vos graines potagères ou florales, faites-les tremper pendant 2 heures dans de l'eau à 20 °C. Elles pousseront ensuite beaucoup plus vite.

Égayez votre haie

Si votre haie n'a pas poussé de façon uniforme, plantez aux endroits les plus dégarnis une variété grimpante à fleurs qui en dissimulera les défauts. En outre, la haie lui servira de tuteur naturel.

Des hortensias toujours bleus

Vous aviez craqué pour leur couleur bleue unique et voilà qu'ils commencent à se délaver ? Enterrez chaque année, près de leurs racines, des morceaux d'ardoise ou bien quelques clous.

Les orties... ça démange !

Vous êtes tombée dans les orties... surtout ne vous grattez pas, cela ne soulagerait en rien la démangeaison, bien au contraire. Appliquez sur toute la zone irritée un peu de crème grasse.

Antipucerons écolo

Si les pucerons ont envahi vos rosiers et autres plantes du jardin, ou si vous devez les traiter contre les maladies cryptogamiques (rouille, oïdium, etc.), préparez un purin d'orties : hachez grossièrement 1 kg d'orties et mettez-les dans 10 litres d'eau (évitez d'utiliser les récipients en métal). Laissez macérer une quinzaine de jours puis filtrez. Vous utiliserez cette préparation diluée : à raison de 1 litre de purin pour 10 litres d'eau, contre les pucerons (en vaporisation sur la plante) ; ou à raison de 2 litres de purin pour 10 litres d'eau contre les maladies cryptogamiques (en vaporisation sur le sol).

Maladie du plomb

Les feuilles de votre haie de laurier ou de prunus ont pris une teinte argentée ? C'est le signe qu'elles sont atteintes de la maladie du plomb, très fréquente. Elle disparaîtra d'elle-même. Mais vous devrez attendre l'été pour les tailler.

Les conseils du jardinier

Si vous avez un animal, recouvrez la terre de roche volcanique naturelle

Après plantation, garnissez la terre d'un paillage de pouzzolane, une roche volcanique naturelle. Surtout, évitez l'écorce de pin, beaucoup trop acide. Comptez entre 30 et 40 litres de pouzzolane par mètre carré car une fine couche ne servirait à rien. Si la terre est trop argileuse, placez, sous le paillage, un feutre non tissé, ou géotextile, imputrescible, qui empêchera l'argile de remonter. De plus, il laissera passer l'eau. Cette pouzzolane, bien supérieure aux paillages végétaux, comme le coco ou le lin, est en plus très esthétique ; idéale pour mettre vos plantes en valeur. Et votre animal, de retour du jardin, pourra s'allonger sur votre beau carrelage blanc sans laisser la moindre trace !

Le top de l'engrais écolo

Le meilleur engrais est le fumier de cheval élevé sur de la sciure de bois. De plus, il ne pollue pas l'environnement. Si vous êtes à la campagne, stockez-le sur une bâche ou sur un compost, à l'extérieur. Attention, utilisez-le seulement au bout de trois ans, sinon, il fera fermenter tout votre jardin ! On trouve l'équivalent dans le commerce, sous la marque Bochevo.

Un conseil lumineux

Éclairez les endroits les plus sombres du jardin en plantant des végétaux lumineux, jaune, blanc et rouge vif, comme le fusain doré, l'érable japonais ou le cornouiller à bois rouge. Leurs feuillages prennent des couleurs spectaculaires en automne et ensoleillent le plus obscur des jardins.

Une mini-installation pour arroser le balcon

Vous partez en vacances ou le printemps arrive plus tôt que prévu, et les plantes sur le balcon ne reçoivent plus suffisamment d'eau ? La solution, c'est l'irrigation automatique. Installez sous votre évier un petit programmateur à piles branché sur un robinet annexe. Coût du système, complété par un tuyau poreux ou des petits capillaires qui fourniront l'eau aux plantes : 300 € environ.

Le rempotage, un gage de réussite

Ce geste délicat peut porter un coup fatal à votre plante si vous ne vous y prenez pas comme il faut. Commencez par attendre le printemps pour procéder à votre rempotage. Pensez à bien arroser votre plante la veille, afin que l'eau ait le temps de s'écouler et de mouiller la terre. Choisissez un nouveau pot dont le diamètre n'excède pas celui de l'ancien de plus de deux centimètres, sinon votre plante se sentirait perdue. Décollez la terre des bords du pot à l'aide d'un couteau. Couchez votre plante sur une table et effritez délicatement la terre tout autour des racines. Mettez quelques billes d'argile au fond de votre nouveau pot puis une couche de terreau, posez la plante, puis comblez les espaces avec du terreau frais. Réservez deux centimètres libres avant le haut du pot. Laissez votre plante nouvellement rempotée reposer pendant deux ou trois jours à l'ombre sans l'arroser. En effet, il est important que les racines, en cherchant l'humidité, s'infiltrent dans le nouveau terreau.

Terre trop dure

La terre de vos plantes d'intérieur finit par se tasser. Pour la rendre plus meuble, ajoutez quelques gouttes d'huile d'olive dans chaque pot.

Filtrez votre descente d'eau

Vous vous retrouvez une fois de plus avec votre tuyau de récupération des eaux bouché ? Cette fois, agissez efficacement en plaçant un filet en plastique ou un grillage roulé en boule en bout de gouttière, juste au-dessus de l'entrée du tuyau. Les feuilles et autres débris ne pourront plus passer.

Protéger les gouttières

Pour éviter que ne s'amassent dans votre gouttière feuilles mortes, nids d'oiseaux et autres branchages qui ne manqueront pas de gêner l'écoulement des eaux, protégez-la en plaçant un grillage sur toute sa longueur.

Reboucher la gouttière

Votre gouttière en métal se fait un peu vieille et montre des signes de faiblesse ? Si elle est fendue et fuit, profitez d'une journée ensoleillée pour gratter l'endroit abîmé afin de retirer les marques de rouille. Enduisez ensuite la partie endommagée de ciment-colle.

Un coin ensoleillé pour le yucca

Le yucca est une plante facile, mais il demande beaucoup de lumière. S'il en manque, ses feuilles jaunissent et son développement se ralentit. Quand les feuilles jaunissent et sèchent à leur base, arrachez-les d'un coup sec. Attention : les feuilles se terminent par une pointe qui peut être dangereuse si elles sont à hauteur des yeux.

Un toit sans mousse

Halte à la mousse qui ronge les tuiles des toits de nos villes et de nos campagnes. Tendez des fils de cuivre sur le vôtre. Grâce à ses propriétés répulsives sur les végétaux, le cuivre terrassera la mousse.

Fini les mauvaises odeurs du barbecue

Laissez la grille sur le feu jusqu'à ce que tous les restes soient brûlés. Frottez-la avec du papier journal, puis lavez-la. En répétant cette opération après chaque utilisation, les aliments ne risquent pas de prendre le goût du dernier barbecue ! Quel délice ! Pour parfumer la viande ou le poisson, mettez des herbes aromatiques directement sur les braises.

Nettoyage du barbecue ?
Facile...

Vaporisez du produit à vitres sur la grille encore chaude. Enveloppez-la ainsi que les parties du barbecue en contact avec les aliments dans du papier journal humide. Les résidus alimentaires se détacheront sans difficulté.

ZOOM

CALENDRIER DU JARDINAGE

• Janvier

C'est le moment de...

• Bêcher les massifs, les plates-bandes et entre les plants. S'assurer que le gel n'a pas déchaussé les racines.

• S'il ne gèle pas, planter des fleurs vivaces, des rosiers, des arbustes à fleurs, des conifères.

• Soigner les plantes d'intérieur et réduire arrosages et apports d'engrais.

• Tailler les arbres fruitiers : supprimer rameaux secs et morts et brûler les déchets.

• Orner les balcons d'arbustes grimpants (chèvrefeuille, clématite, rosier) ou de plantes vivaces basses (campanule des murs).

• Semer des carottes et radis sous abri.

• Nettoyer, réparer, huiler les outils et entretenir le matériel à moteur.

Les floraisons

Premières corolles de perce-neige, éranthes et crocus. Les hellébores ou roses de Noël, hamamélis, bruyères. Arbustes : camélias, cornouillers, cognassiers et néfliers du Japon, mahonias. Maison : amaryllis, azalées, bégonias et poinsettias.

• Février

C'est le moment de...

• Tailler les rosiers dans les régions à climat doux.

• Protéger les jeunes pousses du gel avec une couche de paille ou de tourbe.

• Planter des bisannuelles : primevères, pensées et giroflées s'il ne gèle pas.

• Secouer la neige qui pèse sur les feuillages des arbres : son poids risque de casser les branches.

• Si le temps est sec, arroser les camélias, les mimosas et les agrumes.

• Planter de nouvelles vivaces, semer des pieds d'alouette, pavots, pois de senteur.

• Tailler les arbustes à fruits rouges, les poiriers et les pommiers.

• Planter ail rose, échalote. Semer poireaux et asperges.

Les floraisons

Les aconits d'hiver, les iris bulbeux.

Arbustes : l'andromède, le laurier-tin.

Maison : orchidées, broméliacées, primevères, cyclamens et bégonias.

• Mars

C'est le moment de...

• Terminer la taille des rosiers et des arbustes à fleurs d'été : hibiscus, millepertuis, lilas des Indes.

• Lutter contre les parasites qui apparaissent sur les végétaux d'ornement.

• Planter les bulbes à floraison estivale et automnale.

• Planter les arbustes à fleurs, rosiers, graminées, conifères et les petits fruitiers comme les framboisiers, cassissiers, groseilliers.

• Planter les pommes de terre et les oignons blancs ; semer les laitues, betteraves, fèves, petits pois, la chicorée et les plantes aromatiques.

• Tailler les haies.

• Diviser et repiquer les touffes de plantes vivaces.

• Commander les bulbes pour massifs et balcons.

Les floraisons

Camélias, fritillaires, narcisses, primevères, pensées...

Arbustes : les mimosas, les groseilliers d'ornement, les prunus, les forsythias et les magnolias.

• Avril

C'est le moment de...

• Arrêter tout traitement des arbres fruitiers en fleurs.

• Arroser si la terre est trop sèche et pailler entre les plants.

• Éliminer toutes les mauvaises herbes.

• Planter les fleurs annuelles : phlox, asters, héliopsis, soucis, capucines, delphiniums, mufliers, bleuets, verges d'or, reines-marguerites, roses d'Inde, immortelles.

• Scarifier la pelouse ou semer un nouveau gazon.

• Planter les bulbes d'été : glaïeuls, dahlias, bégonias...

• Vérifier que les plantes palissées (rosiers, clématites) soient bien plaquées contre leur support.

• Semer radis, salades, pois, choux...

• Poursuivre les arrosages et le binage.

Les floraisons

Jacinthes, narcisses, tulipes, scilles, muscaris.

Chez les vivaces : corbeilles d'or, asters, muguet, campanules, pensées, pervenches et primevères.

Parmi les arbustes : azalées et lilas.

• Mai

C'est le moment de...

• Semer les soucis, les zinnias et les plantes annuelles de massif.

• Cueillir les premiers légumes.

• Faire des apports d'engrais, tuteurer les plantes fragiles et traiter les arbres fruitiers.

• S'occuper du gazon : l'aérer, mettre de l'engrais, arroser et tondre une fois par semaine.

• Bouturer les arbustes et les plantes vivaces : lavandes, romarins, forsythias, fuchsias.

• Sur les balcons, composer les jardinières d'été avec fuchsias, géraniums, impatiens, lobélias et bégonias.

• Après le 15 du mois, sortir les plantes d'intérieur les plus rustiques et mettre les cactées et les plantes grasses au soleil.

Les floraisons

Anémones, tulipes tardives, muguet.

Vivaces : ancolies, campanules, digitales, iris, lupins, pivoines, véroniques.

Arbustes : rhododendrons, magnolias, pruniers, lilas, tamaris.

• Juin

C'est le moment de...

• Couper les fleurs fanées des rosiers et apporter de l'engrais tous les 15 jours.

- Tondre la pelouse une à deux fois par semaine.
- Tailler les haies et les arbustes type glycine.
- Biner les massifs.
- Semer coquelicots, euphorbe, ipomées, chrysanthèmes.
- Déterrer et conserver les bulbes de printemps (tulipes, narcisses, jacinthes...).
- Supprimer les fleurs fanées des rhododendrons et mettre de l'engrais.
- Étayer les branches des arbres chargés de fruits.
- Planter les tomates, courgettes, salades, poireaux et semer les haricots.
- Sortir les plantes d'intérieur dans un coin ombragé du jardin.

Les floraisons

Rosiers, lis blancs, agapanthes.

Les vivaces : cosmos, astilbes, euphorbes.

Arbustes : baguenaudiers, genêts, hortensias, bruyères, seringats, lauriers-roses.

• Juillet

C'est le moment de...

- Bouturer les plantes vivaces et les arbustes.
- Tuteurer les plantes hautes comme le dahlia et les glaïeuls.
- Palisser les plantes grimpantes comme la bougainvillée ou le chèvrefeuille.
- Arroser tous les soirs.
- Semer les fleurs du printemps prochain : pâquerettes, primevères, myosotis, pensées, digitales, roses trémières.
- Continuer la tonte de la pelouse, arroser souvent mais arrêter de mettre de l'engrais.
- Cueillir les cerises et chasser les oiseaux gourmands.
- il est encore temps de semer des salades, des haricots, des poireaux...
- Surveiller les plantes d'intérieur : attention aux parasites.

Les floraisons

Toutes les annuelles sont en floraison.

Parmi les vivaces : ancolies, delphiniums, acanthes, campanules.

Les arbustes : millepertuis, lauriers-roses, lavandes, spartiums, hortensias.

• Août

C'est le moment de...

- Semer les plantes vivaces et les bisannuelles.
- Planter les bulbes de colchiques.
- Faire des boutures de géranium et d'hortensia.
- Surveiller les attaques d'araignées rouges sur les rosiers, mettre de l'engrais.
- Le 15, reprendre les semis des nouvelles pelouses.
- Donner de l'engrais aux plantes qui peuvent encore fleurir : sauges, ageratums, œillets d'Inde, géraniums.
- Semer des pissenlits, des épinards, de la mâche, des choux, des navets d'hiver.
- Récolter au potager : cornichons, pommes de terre, courgettes, melons... Cueillir au verger : reines-claudes, pêches, pommes, poires...

Les floraisons

Dahlias, pois de senteur, reines-marguerites, zinnias, glaïeuls et géraniums vivaces.

Parmi les arbustes : fuchsias et hibiscus.

• Septembre

C'est le moment de...

- Commander les rosiers et les bulbes de printemps.
- Planter les iris d'eau.
- Semer pavots, coquelicots, lupins annuels, bleuets.
- Faire des massifs avec des fleurs d'automne comme les asters et les dahlias nains.
- Tondre régulièrement la pelouse.
- Creuser des tranchées pour les nouvelles haies.
- Commencer à planter les conifères.
- Acheter des herbes aromatiques en pots pour les planter dans une jardinière.
- Rentrer les plantes d'intérieur les moins rustiques : cordylines, bégonias ou ficus.
- Cueillir les fruits et les légumes.
- Ramasser les feuilles mortes et en faire du compost.

Les floraisons

Les rosiers remontants et les fleurs annuelles.

Vivaces : asters, chrysanthèmes, hélianthes.

Arbustes : lilas des Indes, grenadiers, tamaris, potentilles.

• Octobre

C'est le moment de...

- Rentrer les plantes frileuses : géraniums, fuchsias, anthémis, bégonias.
- Planter les bulbes précoces (perce-neige, éranthes, crocus, roses de Noël, bruyères), les bulbes de printemps (tulipes, narcisses, jacinthes), les rosiers, les plantes vivaces, les conifères, les arbres d'ornement.
- Mettre en place les bisannuelles (pensées, myosotis, giroflées, pâquerettes, primevères).
- Diviser les plantes vivaces pour multiplier les plants.
- Tondre une dernière fois la pelouse.
- Terminer la récolte des fruits et des légumes.
- Ranger le matériel qui ne servira plus : tuyau d'arrosage, tondeuse, etc.

Les floraisons

Les aconits, les asters d'automne, les colchiques, les chrysanthèmes, les anémones, les lobélias.

Arbustes : véroniques, camélias et bruyères.

• Novembre

C'est le moment de...

- Terminer de planter les bisannuelles et les rosiers.
- Planter des bulbes en pots qui fleuriront avant la fin de l'hiver : crocus, narcisses, muscaris, scilles et tulipes.
- Planter en bacs des arbustes persistants : fusains, conifères, bambous nains.
- Planter sous les fenêtres quelques vivaces : genévriers rampants, cyprès miniatures, lierres, marguerites, pervenches et pensées.
- Semer des pois de senteur.
- Planter les arbres fruitiers et les arbustes à petits fruits : fraisiers et framboisiers.
- Commencer l'élagage des arbres.
- Surveiller vos plantes d'intérieur et limiter l'arrosage.

Les floraisons

Quelques pensées et cyclamens, les derniers chrysanthèmes, des lis, des cafres, des cierges d'argent, des bruyères.

Arbustes : houx, rosiers rugueux, pyracanthas, chèvrefeuilles et skimmias.

- **Décembre**

C'est le moment de...

- Protéger les massifs de vivaces contre le gel en étalant une couche de paille ou de tourbe.
- Tailler les bougainvillées, élaguer les arbustes.
- Poursuivre la plantation des rosiers s'il fait doux et apporter de l'engrais.
- Isoler les plantes fragiles du froid : hortensias, fuchsias, delphiniums et même les pivoines.
- Planter les haies caduques ou persistantes.
- Faire un traitement d'hiver sur les arbres fruitiers et supprimer le gui.
- Apporter une fumure aux pieds des arbres.
- Secouer la neige des branches.
- Réduire l'arrosage des plantes d'intérieur et les installer à proximité des fenêtres.

Les floraisons

Roses de Noël et bruyères d'hiver. Parmi les arbustes : chimonanthes, jasmins d'hiver, pyracanthas, cotonéasters, mahonias, skimmias, houx et gui.

À l'intérieur : poinsettias, azalées et cyclamens.

Imperméabilisez le métal mis à mal

Vos meubles de jardin et autres objets en métal vont passer tout l'hiver dehors ? Vous pouvez les protéger des intempéries et du gel en les graissant généreusement... Une fois que les beaux jours seront de retour, vous n'aurez plus qu'à ôter cette couche protectrice.

Entretien minimum pour les meubles en teck

Les meubles en teck ne demandent pas énormément d'entretien, et c'est ce qui a d'ailleurs contribué à leur succès. Malgré tout, une fois par an, passez-les au papier de verre à grains très fins, puis à l'huile de teck. Faites ensuite briller le bois avec un chiffon doux.

Envahisseurs

Quatre façons de faire fuir les taupes

Tout doit être mis en œuvre pour repousser les taupes qui ravagent votre jardin. Quelques pieds d'euphorbia sathyris plantés ici et là les feront fuir. Vous pouvez aussi enterrer à moitié des bouteilles débouchées et vides dans lesquelles le vent s'engouffrera pour émettre un sifflement répercuté dans la terre. Pour une élimination radicale, mais toujours sans tuer les petites bêtes, il vous reste les boules de naphtaline ou un bout de tissu imprégné de pétrole introduit dans l'habitat. Seul problème : trouver l'entrée !

Dîner dehors sans fourmis ni moustiques

Les fourmis ont tendance à s'inviter lorsque vous prenez vos repas dans le jardin. Pour être tranquille, posez les pieds de la table dans des verres ou bols remplis d'eau. À l'heure du dîner, pour chasser les éventuels moustiques, faites brûler un mélange de bois vert et d'aromates (basilic, citronnelle, etc.).

Des cerisiers à l'abri des oiseaux

Prenez une grosse boîte de conserve d'un kilo (vide) et retirez le papier qui l'entoure. Dorénavant, elle brille. Ôtez le couvercle et le fond et glissez un gros fil de nylon (qui a la particularité d'être quasi invisible) au travers. Nouez les deux bouts en boucle. Attrapez un autre fil de nylon d'une trentaine de centimètres pour le nouer à la boucle. Attachez le tout à une branche du cerisier attaqué par des oiseaux gourmands. Résultat : la boîte de conserve brillante projette ses éclats de lumière grâce au soleil et émet un joli sifflement grâce au vent. C'est radical ! Les oiseaux éliront domicile ailleurs.

Adieu chenilles

Pour vous débarrasser des chenilles, véritables dévastatrices de jardins, faites-vous aider par les oiseaux. Mettez à disposition de ces derniers des vers de farine à proximité de l'endroit envahi de chenilles. Les mésanges, rossignols et autres fauvettes raffolant de ces petits vers, ils débarqueront en groupe et ne tarderont pas à découvrir vos ennemies.

Bye bye les limaces

Elles nous agacent ces limaces ! Mais en construisant un petit barrage de cendres de bois autour de l'endroit qu'elles affectionnent, elles seront vaincues ! Si cela ne suffit pas, vous pouvez également enterrer sur leur passage des canettes de bière remplies au tiers en laissant l'ouverture apparente. Un piège infaillible. Si vous voulez les garder à distance de vos laitues, entourez vos plantations de gros sel. Elles n'apprécieront pas.

Géraniums

Quel pot ?

Au moment de les planter, évitez les contenants trop grands. Ils fleuriront mieux dans un pot de taille moyenne.

L'engrais idéal

Nourrissez-les régulièrement pendant la période de croissance (de mars à septembre) avec un produit spécifique, riche en phosphore et potassium. Vous pouvez aussi offrir à vos pieds de géraniums un engrais spécial tomate.

Une taille annuelle

Pour les tonifier, sortez doucement la plante de terre et taillez légèrement la pointe des racines. Coupez aussi les anciennes pousses et les plus longues.

Arrosage lacté

Ajoutez 1 cuillerée à soupe de lait à 1 litre d'eau et arrosez-les. Ils seront plus beaux et donneront une multitude de fleurs.

Ils manquent d'éclat

Si vos géraniums sont rachitiques et ont triste allure, ajoutez à la terre, tous les 40 jours, quelques gouttes d'huile d'olive. La floraison sera plus abondante.

Une floraison remarquable

Pour être sûre d'obtenir de belles fleurs, au moment de la plantation, écrasez légèrement la pointe de la bouture avant de la mettre en terre.

Insecticides

Mégots et ail : deux antiparasites de choc

Gardez vos mégots de cigarettes et récupérez le tabac restant. Mettez-le dans une casserole d'eau que vous porterez à ébullition. Une fois refroidie, utilisez cette eau pour l'arrosage de vos plantes vertes. Les parasites n'aiment pas du tout. Autre manière plus simple : laissez tremper quelques mégots dans un arrosoir pendant une dizaine d'heures et arrosez. Quant aux rosiers, quelques gousses d'ail enfouies au pied de chacun chasseront bien vite les indésirables.

La chasse aux pucerons est ouverte

Certains lisent dans le marc de café tandis que d'autres s'en servent autrement : ils le mélangent au terreau de leurs plantes. C'est un bon remède antipucerons. Et de plus, il fait office d'engrais.

Outils

De jolies étiquettes pour les semis

Rien ne se perd. Surtout si vous avez un jardin et des enfants. La preuve : les bâtonnets des esquimaux, récupérés, lavés et séchés, font de formidables étiquettes sur lesquelles on peut écrire au feutre le nom des fleurs, des plantes, des semis... Et on les plante directement en terre.

Tuyau d'arrosage bien rangé

Indispensable et encombrant donc casse-tête garanti : où ranger le tuyau d'arrosage ? Prenez une vieille roue de voiture sans son pneu et enroulez-le autour. Vous pouvez même accrocher cette roue au mur de votre garage (ou autre endroit discret) pour une utilisation plus facile.

conseils malins

DE LA LUMIÈRE POUR LES PLANTES

Votre appartement n'est pas très lumineux... Vos plantes se dévelcpperont mieux si vous les faites profiter au maximum du moindre rayon de soleil :

- Installez les plantes dans une pièce où les murs sont blancs.
- Entourez les plantations d'un paravent blanc ou recouvert de papier aluminium, il servira de réflecteur.
- Utilisez des ampoules spécial plantes (elles émettent plus de rayons ultraviolets que les ampoules traditionnelles).

Ranger les outils du jardin

Lorsque l'hiver arrive et que la saison du jardinage se termine, sécateurs, râteaux et pelles ont tendance à rouiller dans la remise. Remplissez un bac en terre cuite ou en plastique de sable et plantez vos outils dedans, tête en bas.

Plantes

Engrais pour plantes d'appartement

Vous obtiendrez un engrais naturel épatant pour vos plantes d'appartement en mélangeant des feuilles mortes, des feuilles de thé infusées et de l'eau salée.

Arroser sans en mettre partout

Lorsqu'on a la main trop lourde en arrosant une plante, l'eau arrive très vite dans la soucoupe et en déborde. Placez donc des sachets de thé utilisés et secs autour du pot. Ils absorberont l'eau en trop.

Nettoyage facile

En été, pour nettoyer et rafraîchir vos plantes d'intérieur sans vous fatiguer, n'hésitez pas à les placer sous une pluie fine. En hiver, vous pouvez les doucher à l'eau tiède directement dans la baignoire.

Des feuilles brillantes

Les feuilles des plantes vertes ont tendance à s'encrasser et la poussière y est difficile à déloger. Le remède miracle : la bière. Elle les fera briller en un clin d'œil.

Quand elles ont soif

Pour savoir si vos plantes ont soif, avant qu'il ne soit trop tard, donnez un petit coup sur le pot avec l'ongle. Si ça sonne creux, cela signifie que la terre manque d'eau.

Vous pouvez aussi enfoncer une aiguille à tricoter dans la terre du pot. Si elle ne ressort pas humide, cela veut dire qu'il est temps d'arroser.

Les conseils de la fleuriste

Observez bien les fleurs avant de les acheter

Regardez les pétales. Il y a peu de chance que ceux qui sont cloqués, déshydratés, d'aspect mat s'ouvrent. La tige doit être bien verte, pas marron ni translucide, ce qui indique qu'elle est restée trop longtemps dans l'eau.

Les roses odorantes sont plus fragiles que les autres. Elles évoluent plus vite, et donc se fanent plus vite. Les petites fleurs délicates et parfumées, comme le muguet ou la violette, sont aussi fragiles. Soyez vigilants avec les fleurs qui viennent de loin, de Nouvelle-Zélande ou d'Équateur. Elles voyagent très serrées dans les cartons, et leurs pétales finissent par s'abîmer à force de se frotter les uns aux autres.

Évitez les variations de températures

La période idéale pour acheter des fleurs, c'est l'automne et le printemps, quand la température des appartements n'est pas trop élevée. En hiver, à cause du chauffage, et en été, en raison de la température extérieure, les fleurs, conditionnées dans des chambres froides, boivent moins bien et se déshydratent. À offrir en hiver : les amaryllis en boutons. Elles demandent très peu d'eau, et tiennent une bonne dizaine de jours.

Vous venez d'acheter un bouquet ? Attention aux courants d'air pendant le transport. Les fleurs détestent ça. Protégez-les dans du papier journal ou dans un carton si vous ne les offrez pas tout de suite.

Du vinaigre contre les pucerons

Nettoyez les feuilles des plantes attaquées avec une éponge imprégnée de vinaigre dilué dans de l'eau. Ou adoptez une autre méthode écologique : achetez des larves de coccinelles qui, devenues grandes et placées sur vos plantes, s'offriront un festin de pucerons.

Pour soigner totalement une plante, contre les insectes ou une maladie, appliquez le traitement approprié sur et sous les feuilles, pour plus d'efficacité.

ZOOM

Soigner les maladies de vos plantes vertes

• **Feuilles pâles, pousses étiolées**

Manque de lumière ou pot trop petit. Supprimez les pousses pour obtenir un végétal plus touffu et placez le pot à la lumière.

• **Perte de couleur**

Les feuilles panachées deviennent unies à cause d'un manque de lumière.

• **Taches brunes**

Les feuilles sont brûlées : trop de soleil, trop d'engrais. Coupez les parties brûlées et éloignez la plante de la fenêtre.

• **Feuilles enroulées**

Luminosité trop forte. Mettez la plante à l'abri de la lumière directe.

• **Feuilles jaunes en place**

Trop de calcaire dans la terre, dans l'eau d'arrosage ou bien courants d'air.

• **Dessèchement soudain**

Signe de manque ou d'excès d'eau ou bien de trop de luminosité directe.

• **Pourrissement de la tige**

Dû à la présence d'un champignon ou bien signe d'un excès d'eau ou d'un arrosage avec de l'eau trop froide.

• **Jaunissement suivi de chute**

Excès d'eau, air trop sec ou trop froid, courants d'air : changez le pot de place.

• **Les autres signaux : pas de pousses**

Normal en hiver. Manque de nourriture en été. Demande un rempotage.

• **Chute des feuilles**

Changement trop rapide de température, coup de soif ou encore manque important de lumière.

Les maladies les plus courantes

• **Fumagine**

Les feuilles sont recouvertes d'une moisissure noire et collante due à des insectes. Lavez les feuilles à l'eau savonneuse et traitez-les avec un insecticide adéquat.

• **Oïdium**

Les feuilles sont tachées d'un duvet blanc puis s'enroulent et tombent. Éliminez les feuilles tachées et traitez au fongicide.

• **Les cochenilles**

Elles ressemblent à des petits disques ovales. Le miellat sécrété par ces insectes suceurs cause la chute des feuilles. Pulvérisez un insecticide sur la plante.

• **Les mouches blanches**

Elles volettent autour des plantes et provoquent le jaunissement des feuilles par leurs piqûres. Utilisez un insecticide spécifique.

- **Pourriture noire**
Maladie du pied noir. Lésions blanches puis noires sur la tige : les tissus ramollissent et la plante meurt. Pas trop d'humidité en hiver et traiter avec un fongicide.

- **Moisissure grise**
Un duvet gris recouvre les feuilles, œuvre d'un champignon qui sévit par temps froid et humide. Traitez au fongicide.

- **Les araignées rouges**
Insectes à peine visibles, de fines toiles signalent leur présence. Ils provoquent la chute des feuilles. Pulvérisez un insecticide spécifique.

- **Les pucerons**
De couleur verte, brune ou jaune pâle, ils provoquent la déformation des tiges, des feuilles et des fleurs. Vaporisez un insecticide régulièrement.

Arroser en vacances

Quand vous partez en voyage, en été, placez les plantes dans la baignoire. Posez les pots sur plusieurs serviettes de toilette pliées, remplissez de quelques centimètres d'eau. De cette façon, vos plantes ne souffriront pas du manque d'hydratation.

Pendant votre absence, dosez l'arrosage

Pour une durée de huit ou dix jours, une petite quantité d'eau avant votre départ et la même chose à votre retour devrait suffire. Si votre séjour dépasse dix jours et jusqu'à trois semaines, la bouteille d'eau renversée et plantée dans la terre est un système très efficace.

Pas de produit pour dépoussiérer vos plantes

Utilisez un chiffon sec ou une petite éponge humide. Surtout, évitez d'utiliser les produits lustrants. À base de silicone, ils ne font que coller la poussière amalgamée. Mais si vous tenez à faire briller les feuilles, dépoussiérez-les avant de les pulvériser. Et dans ce cas, réservez-le aux feuilles lisses et peu fragiles comme celles des ficus, yuccas...

Coup de chaud ou de froid, la plante a besoin de repos

En cas de chaleur trop forte, évitez de baigner vos plantes, elles n'ont pas besoin d'un excès d'eau pour compenser. Placez-les dans une pièce à 18 ou 20 °C, à l'abri du soleil, mais en évitant l'obscurité complète. Et attendez qu'elles reprennent vie tranquillement, en humidifiant régulièrement leurs feuilles avec un vaporisateur. Si elles ont pris un coup de froid, une pièce à 18 ou 20 °C leur convient très bien aussi, mais en les posant loin des fenêtres, sources de froid en hiver. Et puis attendez quelques jours pour les arroser.

L'idéal est de rempoter tous les 18 mois

Certains signes indiquent avec certitude que votre plante a besoin d'être rempotée. Par exemple, si elle ne pousse plus ou si les racines deviennent apparentes à la surface de la terre. Ne coupez jamais les racines, vous fatigueriez la plante et vous pourriez même la faire mourir. Choisissez un pot une taille au-dessus du précédent, pas plus. Mieux vaut rempoter de cette façon tous les 18 mois environ, plutôt que de mettre directement la plante dans un très grand pot pour une durée plus longue, elle n'y ferait que des racines.

Fleurs

Un second souffle

Lorsque vos fleurs coupées commencent à donner des signes de faiblesse, diluez dans l'eau du vase un ou deux cachets d'aspirine. Si le contenant est en verre, profitez-en pour y ajouter quelques gouttes d'eau de Javel. De cette façon, l'eau restera limpide.

Longue vie

La durée de vie des fleurs coupées dépend du moment où on les a cueillies. Pour qu'elles restent fraîches longtemps, faites-le le matin, une fois qu'ont disparu les gouttes de rosée.

Un sucre pour de belles couleurs

Pour que votre bouquet conserve ses couleurs éclatantes, mettez un sucre dans l'eau du vase. Eh oui, les fleurs aussi sont gourmandes !

Juste un nuage de laque

Pour nettoyer des fleurs séchées, vaporisez le bouquet de laque, à une distance de 30 cm. Elles auront l'air propres, et seront protégées de la poussière.

S.O.S baisse de forme

Si les fleurs, comme les roses ou les hortensias, ne sont pas loin de piquer du nez, plongez-les, une fois recoupées, dans une eau légèrement tiède. Maintenez-les dans un cornet en papier bien serré, qui sert d'attelle : elles vont vite revenir à la vie.

Une bonne coupe, le secret de leur longévité

Le B.A.BA : recouper vos fleurs avant de les disposer dans un vase. C'est indispensable mais on n'y pense pas toujours et sans cela les fleurs ne se réhydrateront pas. Pour se faire, utilisez un sécateur. La tige doit être coupée en biais sur une bonne longueur, ainsi la surface qui absorbera l'eau n'en sera que plus grande.

Pour certaines fleurs fragiles comme le dahlia, on ne se contentera pas de couper, mais, en plus, on fendra la tige à l'aide d'un couteau. À faire systématiquement quand il s'agit de branches. Dans ce cas, n'hésitez pas à prendre un marteau pour écraser l'extrémité, pour le lilas par exemple ! Il s'agit en fait de « réveiller » la tige afin qu'elle puisse boire avec un maximum d'efficacité.

Changez l'eau dès qu'elle se trouble

Fiez-vous au petit sachet de produit disponible chez les fleuristes, car il contient des antibactériens. Mais, si vous avez le temps, rien ne vaut le changement d'eau quotidien pour les fleurs qui la salissent vite, et tous les deux jours pour les autres. Évitez de laisser les feuilles dans l'eau, cela précipite la putréfaction de la fleur dans son ensemble, même si les feuilles de certaines fleurs mettent plus de temps à pourrir que d'autres.

Les fleurs n'aiment pas le métal

Préférez les vases en verre, en céramique ou en grès. Certaines fleurs, comme la rose, ne supportent pas le zinc. De façon générale, évitez les vases en métal, qui favorisent l'oxydation. Disposées en décoration de table, les fleurs ont peu d'eau, voire pas du tout. Vaporisez-les donc beaucoup : une fleur peut résister grâce à ses pétales, à condition que ceux-ci reçoivent beaucoup d'eau.

Spécial orchidées

En fleurs coupées, les orchidées méritent un traitement de faveur... Les Japonais, selon la tradition de l'ikebana, les recoupent dans l'eau même (à faire dans une bassine ou un évier). Ainsi, l'air ne pénètre pas dans la tige, et la fleur ne risque pas de sécher. Pour être encore plus efficace, coupez-la deux fois.

Potager

Potiron hors normes

Prenez une paille flexible, du lait, et vous obtiendrez un potiron plus grand que nature. Piquez un bout de la paille dans le potiron et l'autre bout dans le pack de lait. Le lendemain, plus de lait. Le potiron a tout avalé. L'opération est à renouveler suivant le tour de taille désiré.

Menthe domptée

La menthe est une plante délicieuse mais elle envahit rapidement le jardin. Pour neutraliser cette vagabonde, la solution la plus douce est de la replanter dans un pot d'une vingtaine de centimètres de diamètre. Elle n'en sortira pas.

Reconnaître les graines fraîches

Faites le test : versez des graines dans un bol d'eau. Celles qui tombent au fond sont bonnes à germer.

Arrosage malin pour potager esseulé

Pas question de laisser vos tomates assoiffées pendant que vous faites bronzette en vacances. Elles détestent ça ! Mais la solution existe. Remplissez d'eau du robinet une bouteille vide que vous retournerez pour planter le goulot dans la terre à une quinzaine de centimètres de profondeur à côté du pied de tomate. Humidité garantie pendant 3 ou 4 jours.

Bricolage

Gestes malins

Pour souder l'infiniment petit

Rien n'est plus compliqué que de souder plusieurs pièces ensemble sans les faire tomber. Prenez de la pâte à modeler et façonnez-la autour des pièces à souder de façon à les maintenir en vis-à-vis. Vous pouvez aussi vous en servir pour ne maintenir qu'une des deux pièces en place. Ainsi, plus question de se brûler.

Percer sans salir

Plus de dégâts avec votre perceuse électrique. Punaisez ou scotchez un filtre à café grand ouvert sous la mèche. Percez, le plâtre ira directement dans le filtre et non sur la moquette. Si vous bricolez à deux, celui qui ne perce pas peut remplacer le filtre à café en maintenant l'embout d'un aspirateur (en marche !) à quelques centimètres de la mèche en action.

Huiler un endroit inaccessible

Il existe une solution miracle pour huiler un endroit compliqué à atteindre. Il suffit de glisser une paille dans le goulot du bidon d'huile. Une fois que l'huile a pénétré cette pipette improvisée, obstruez l'extrémité avec le doigt. Positionnez l'embout où vous le souhaitez ; vous n'aurez qu'à relâcher la pression pour laisser échapper le filet d'huile. Facile, non ?

Peindre un escalier sans le condamner

Voici une manière judicieuse de pouvoir utiliser un escalier pendant sa mise en peinture : peignez une marche sur deux, laissez sécher puis peignez les marches restantes.

Vous devrez faire de grandes enjambées, mais vous pourrez monter et descendre à votre guise.

Plus d'ampoules dans les mains

Avant de commencer à bricoler, collez plusieurs morceaux de sparadrap les uns sur les autres dans le creux de votre main. Protection assurée contre les ampoules.

Papier de verre longue durée

Votre papier de verre sera plus résistant et plus performant si vous humectez légèrement sa face lisse et si vous l'enroulez autour d'un morceau de bois. Et pour vérifier que la surface poncée est bien lisse, enfilez un vieux bas de nylon sur votre main et passez-la dessus. Vous serez fixée.

Boucher les trous laissés par les clous

Vous pouvez combler les petits trous laissés dans les murs par les clous avec du dentifrice. Cela vous évitera de préparer de l'enduit pour si peu.

Des ventouses qui adhèrent bien

Souvent, les ventouses adhèrent mal ; parfois même, pas du tout ! Si elles refusent de s'agripper au mur, mettez-leur une goutte d'eau sucrée au dos. Ces rebelles tiendront longtemps en place.

Des traces de plâtre dans la maison

Vous avez fait des travaux chez vous ? S'il reste quelques traces de plâtre dans la salle de bains et la cuisine, vous les enlèverez très facilement en frottant avec un chiffon imbibé de vinaigre tiède. Laissez sécher et grattez jusqu'à ce que le plâtre se détache. Il partira sans peine.

Ça fuit !

En attendant le plombier, rebouchez provisoirement le tuyau qui fuit... Préparez une pâte avec du savon, du plâtre et de l'eau et recouvrez-en la partie endommagée.

Statues immaculées

Au bout d'un certain temps, les sculptures en plâtre deviennent grises. Pour qu'elles retrouvent leur blancheur originelle, mélangez de l'amidon et de l'eau à parts égales et appliquez au pinceau sur l'objet. Laissez sécher, puis brossez avec une brosse douce.

Plâtre plus malléable

Vous faites des travaux et vous devez préparer du plâtre ? Ajoutez un peu d'alcool pour qu'il ne prenne pas trop vite.

Traitement des radiateurs contre la rouille

Un de vos radiateurs présente des traces de rouille ? Frottez la zone endommagée avec une brosse métallique et du white-spirit, puis nettoyez avec un chiffon sec... Le voilà prêt à être repeint.

Radiateur, tout électrique

En général, dans un logement de 100 m^2, avec 4 personnes vivant au foyer, le chauffage représente 45 % de la facture d'électricité. Il existe différents moyens de faire de vraies économies. Une fois par an, enlevez la poussière qui se trouve sur les grilles des convecteurs. Réglez la température des pièces avec un thermostat électronique en évitant de le monter au maximum. Placez-le, au contraire, juste à la température désirée. S'il y a plusieurs thermostats dans une même pièce, réglez-les tous sur la même température. Si vous devez sortir pendant plusieurs heures, baissez de 4 °C : cette diminution de température entre 8 h et 17 h représente une économie de 12 % sur la facture d'électricité.

Vernir, un travail de pro

Quand vous vernissez un meuble, faites très attention de ne pas prendre trop de produit sur le pinceau. Égouttez-le sur le bord du pot avant de l'appliquer. Les vernis ne sont pas complètement transparents et les différences d'épaisseur se remarqueraient. Le vernis doit être posé en couche uniforme, pas trop épaisse, et dans le sens du bois.

Attention aux gouttes de vernis

Placez sous le pot une vieille assiette en plastique. Elle recevra les gouttes de vernis et vous servira à poser votre pinceau au cours du travail.

Les odeurs de vernis en moins

Pour camoufler l'odeur du vernis, placez dans la pièce où vous travaillez quelques récipients contenant du lait. Une autre méthode consiste à mettre dans le pot une cuillerée à café d'extrait de vanille. N'oubliez pas cependant que les vapeurs de solvants sont toxiques : ouvrez grand les fenêtres, c'est encore mieux... ou portez un masque.

Plinthes imitation bois

On trouve des papiers peints ou adhésifs qui ont l'aspect du bois, naturel ou cérusé dans des tons pastel, et qui reproduisent la veine du bois. Ils permettent de créer à peu de frais une plinthe ou un effet de lambris dans une chambre ou un couloir. Vous peindrez le mur dans un ton uni, poserez une baguette moulurée à l'intersection des deux parties.

Adieu les fourmis dans les plinthes !

Les fourmis ont trouvé refuge dans les plinthes ? Si vous ne voulez pas tout démonter, saupoudrez-les ainsi que les coins de la pièce d'un mélange de borax (en pharmacie) et de sucre (deux mesures de borax pour une de sucre).

Séparer le couple écrou-boulon

Il arrive souvent que le couple boulon-écrou bloqué par la rouille refuse de se séparer. Pour y parvenir, plongez-le dans un verre de soda au cola pendant un long moment, une nuit s'il le faut. Ils se sépareront sans rechigner !

Pour ne rien perdre

Qui d'entre nous n'a pas égaré vis et autres rondelles en démontant un meuble ? Munissez-vous donc d'un ruban adhésif et, au fur et à mesure du démontage, déposez les pièces dessus. C'est sûr, vous ne les chercherez plus et elles seront placées dans l'ordre. De cette manière, vous optez pour un remontage express.

Savez-vous planter des clous ?

Si vous plantez un clou dans du bois, enfoncez-le en biais pour éviter l'éclatement ; dans un bois très dur, pratiquez un avant-trou avec un foret ; dans un mur en béton, choisissez des clous d'acier ; dans du plâtre, mouillez le clou. La rouille qui se formera le maintiendra en place. Et maintenant, au travail !

Outillage

Tournevis antiglisse

Il fallait y penser : si votre tournevis dérape quand vous forcez un peu trop en tournant sur une vis, plantez-le dans un morceau de savon. Et remettez-vous au travail : il restera à sa place. Pour éviter qu'il ne glisse, vous pouvez aussi frotter sa pointe avec de la craie de couturière.

Aiguiser des ciseaux en un clin d'œil

Ceux et celles qui se demandent encore comment affûter les lames de leurs vieux ciseaux n'ont qu'à couper du papier de verre avec. Après une dizaine de fois, ils couperont beaucoup mieux.

Panneau de rangement astucieux

Installez un grand panneau d'aggloméré ou une planche de bois sur un mur proche de votre établi. Fixez-y des crochets (ou des clous), accrochez vos outils et dessinez la forme de chacun au marqueur. Vous connaîtrez ainsi très vite l'emplacement de chacun et ne perdrez plus de temps à les chercher. De plus, vous repérerez facilement les absents.

conseils malins

LA CAISSE À OUTILS DE BASE

- **2 marteaux** de tailles différentes
- **Des tournevis**, dont un isolé pour les travaux électriques
- **1 pince crocodile**
- **1 pince à dénuder**
- **1 mètre ruban**
- **1 double mètre**
- **1 cutter**
- **1 scie à métaux**
- **1 scie à bois**
- **1 perceuse à percussion** pour bois et béton
- **1 fil à plomb**

Se fabriquer des vis aimantées

Pour faciliter le maniement du tournevis, magnétisez les vis au préalable en plaçant un aimant dans la boîte qui les contient. Après quelque temps, les vis magnétisées tiendront d'elles-mêmes au bout du tournevis.

Cheville de fortune

Si vous n'avez plus de chevilles, enduisez de colle la vis et le trou correspondant. Ça tiendra aussi bien. Il fallait y penser...

Le manche du marteau qui reste dans la main

Mieux vaut se méfier des marteaux : un accident est si vite arrivé ! Pour éviter de vous retrouver avec le manche dans la main et la masse sur les orteils, pensez à faire tremper, de temps en temps, votre marteau pendant 4 heures dans de l'eau, puis laissez-le mariner encore une nuit dans de la paraffine.

Pour que la scie n'accroche pas

Les dents de la scie renâclent parfois à glisser sur le bois. Enduisez la lame de paraffine ou de cire. Évitez d'utiliser du savon : c'est aussi efficace, mais il a l'inconvénient d'oxyder le métal...

Ranger une scie sans risque

Pour la stocker sans risquer l'accident, glissez la lame dans un morceau de tuyau d'arrosage fendu dans la longueur.

Outils rouillés ?

Passez un chiffon imbibé d'huile alimentaire le long de l'outil rouillé. Laissez pénétrer. Frottez légèrement avec du papier de verre à grains fins. Polissez à l'aide d'un autre chiffon. Laissez sécher. Votre outil sera déjà plus présentable.

Un antirouille plutôt inattendu...

Vos outils ne rouilleront plus si vous prenez soin de les ranger avec quelques boules de naphtaline. C'est radical.

Peinture

Pinceaux tout neufs

Avant d'utiliser vos nouveaux pinceaux, faites-les tremper la veille dans de l'eau. Ils ne perdront pas leurs poils dans le pot de peinture ou sur le mur. Si vous n'avez pas terminé vos travaux et que vous rechignez à nettoyer vos pinceaux, emballez-les dans du papier aluminium, ils ne sécheront pas.

Un pinceau qui ne se déforme pas

Les poils d'un pinceau sont très fragiles. Pour les protéger, plantez un petit clou ou un crochet entre le milieu et le bas du manche. Ainsi, vous pourrez l'accrocher aux rebords du pot de peinture et il ne s'abîmera pas en touchant le fond.

Nouvelle jeunesse pour vieux pinceaux

Les pinceaux racornis par de la vieille peinture sont durs comme du bois mais ne sont pas pour autant bons à jeter. Il suffit de leur donner un petit coup de neuf en les faisant bouillir dans du vinaigre jusqu'à ce que les poils redeviennent souples comme au premier jour.

Peindre sans en mettre partout

Et si vous tendiez un fil de fer sur votre pot de peinture ? Attachez-le aux deux extrémités de l'anse. Il vous permettra d'enlever l'excès de peinture de votre pinceau après

conseils malins

PEINDRE N'EST PAS UN JEU D'ENFANT

Avant d'endosser votre uniforme de peintre et d'attraper votre pinceau, méfiez-vous : il y a certaines règles à respecter.

- **Aérez la pièce** car des substances toxiques émanent des solvants.
- **Évitez de fumer** pendant le travail.
- **Ne laissez pas les enfants s'amuser** avec la peinture et les produits de nettoyage.
- **Le white-spirit et autres solvants sont dangereux.** Ils ne doivent pas être avalés ou inhalés. Évitez tout contact avec la peau et les yeux.
- **Portez un masque** de protection pour travailler toutes les couleurs en poudre.
- **N'oubliez pas de mettre des gants** pour éviter les irritations cutanées dues aux produits nettoyants.
- **Chaussez des lunettes** protectrices pour peindre un plafond et installez-vous sur un escabeau ou sur une table bien stable pour vous surélever.

chacun de ses plongeons dans le pot. Il n'y aura plus de couleurs sur les bords, ainsi, le pot se fermera et s'ouvrira plus facilement et plus proprement.

Plus de croûte à la surface du pot

C'est un truc de pro : pour éviter qu'une croûte ne se forme à la surface d'un pot entamé, et ainsi ne pas perdre une goutte de peinture, on le ferme hermétiquement et on le stocke retourné.

Peindre une surface métallique

Ne peignez pas sur la rouille : le métal continuerait à se détériorer et la peinture serait vite à refaire. Avant de commencer, brossez le support avec une brosse métallique, poncez et passez un produit antirouille. Pour éviter que la peinture ne s'écaille trop vite sur les tuyauteries, il faut y passer la veille une éponge imbibée de vinaigre blanc pur.

La chasse aux odeurs

Si l'odeur de la peinture vous indispose, cette solution vous changera la vie. Au milieu de la pièce, disposez un oignon mélangé à de la mie de pain dans une assiette : une technique infaillible pour absorber les odeurs.

conseils malins

LE MATÉRIEL DU PEINTRE PARFAIT

Les bons outils font les bons ouvriers. Préférez du matériel de qualité pour les rouleaux et les brosses.

- **1 spatule** pour préparer le support
- **Des brosses** de différentes tailles pour les détails, les encadrements et les angles
- **1 chiffon propre**
- **1 éponge** pour lessiver les murs
- **Du papier de verre** à grains fins ou moyens
- **1 perche à rouleau**, utile pour le plafond
- **1 seau** pour la peinture et une grille pour bien la répartir sur le rouleau
- **1 baguette** pour mélanger la peinture
- **1 rouleau** pour les grandes surfaces, murs ou plafonds
- **Du white-spirit** pour diluer ou nettoyer
- **Du ruban** pour protéger une surface

Les conseils du peintre

Peinture brillante, satinée ou mate ?

Question de goût et de coût

Dans la cuisine, il faut évidemment du brillant car on doit pouvoir lessiver ses murs d'un simple coup d'éponge. Pour le reste, c'est une question de goût. Il est toutefois déconseillé d'utiliser du mat sur les plafonds et les boiseries. Si le mat offre un fini esthétique plus satisfaisant, son entretien est très délicat. Même un coup d'éponge sans produit nettoyant laissera des traces. Et les éclairages modernes comme l'halogène sont terribles pour ça, ils révèlent la moindre petite trace. Rien n'interdit dans une même pièce de mélanger les aspects : mat, brillant et laqué. Au final, c'est une question de coût en plus d'être une question de goût. Plus le fini est brillant, plus la préparation aura été laborieuse, on aura posé deux, trois voire quatre couches d'enduit, d'où un coût plus important. La préparation ne se voit pas, pourtant c'est l'essentiel de notre travail.

Sans solvant, c'est bien mieux

En France, nous avons bien du mal à nous débarrasser de nos habitudes en matière de peinture. En effet, la majorité des professionnels préfèrent encore la peinture glycérophtalique, plus communément désignée par peinture glycéro. Pourtant, compte tenu des nouvelles lois en matière de protection de l'environnement, nous devrons abandonner ces produits à base de solvants au profit des acryliques. Les Suédois, par exemple, sont les champions de ce type de peinture à base de polymères d'acrylate, sans solvant, c'est-à-dire à base d'eau. Il faut savoir que l'on n'utilise pas la même technique pour l'une ou pour l'autre. Pour la glycéro, le geste du peintre consiste à l'étirer ; pour l'acrylique, à la charger. Le pouvoir couvrant de cette dernière étant effectivement moins important. Pourtant, il n'y a que des avantages à choisir l'acrylique. Moins agressive pour le peintre et l'environnement, elle offre l'avantage d'être moins odorante et sèche plus vite.

Peindre une chaise de la tête aux pieds

Plantez un clou dans chacun des pieds de la chaise. Vous n'aurez plus à attendre que le haut sèche pour peindre le bas et vous ne vous battrez plus avec les feuilles de papier journal qui collent aux pieds de la chaise. Pour chaises en bois uniquement.

Et le plafond ?

Si vous êtes joueur de tennis et qu'il vous vient l'idée de peindre votre plafond, cette info vous concerne. À l'aide d'un cutter, découpez une balle de tennis en deux, faites une entaille dans le milieu de l'une des moitiés et glissez dedans le manche du pinceau. La demi-balle recevra les gouttes qui ne manqueront pas de couler.

ZOOM

Aïe ! Une tache...

• ***Elle est toute fraîche***

C'est de la peinture acrylique ? Un coup d'éponge suffira.

C'est de la peinture glycérophtalique ?

Du white-spirit (très peu si c'est sur de la moquette), de l'Eau Écarlate ou du dissolvant à ongles feront l'affaire.

• ***C'est de la peinture sèche***

Sur de la moquette, tout dépend de l'importance de la tache, mais si on n'a pas renversé son pot de peinture, on peut utiliser un papier de verre fin. Sur du parquet ciré, utilisez de la paille de fer. Si votre parquet est vitrifié, grattez finement avec un couteau humidifié (procédez de même pour un sol plastifié).

• ***J'en ai mis sur mes vêtements, et je viens de m'en apercevoir.***

Sur du tissu, utilisez du dissolvant à ongles.

• ***Voilà une vilaine rayure sur le mur***

Si le film de la peinture est attaqué, essayez quand même de le nettoyer avec un produit à récurer, type Ajax en poudre. La poudre permet de remettre un peu de blanc sur la rayure, pour limiter ses effets.

• ***Il y a du feutre rouge sur le mur à peindre***

Utilisez du vernis gomme laque ou du vernis à l'alcool, sauf si c'est sur de la peinture acrylique.

ZOOM

Leçon de pose de papier peint

Avant de commencer, vérifiez l'état de vos murs qui doivent être propres et sans irrégularités. Si vous souhaitez peindre le plafond, faites-le avant de poser le papier.

• Comment calculer le nombre de rouleaux à acheter

En général, les rouleaux de papier peint mesurent 10 m de hauteur sur 53 cm de largeur. Pour calculer précisément le nombre de rouleaux dont vous aurez besoin, mesurez la hauteur de plafond et le périmètre de la pièce. Déduisez la surface des portes et fenêtres et reportez-vous au tableau suivant.

Périmètre de la pièce	Hauteur de la pièce	
	2 à 2,4 m	2,4 à 3,2 m
10 m	5 rouleaux	7 rouleaux
12 m	6 rouleaux	8 rouleaux
14 m	7 rouleaux	9 rouleaux
16 m	8 rouleaux	11 rouleaux
18 m	9 rouleaux	12 rouleaux
20 m	10 rouleaux	13 rouleaux

• Le matériel indispensable

- Un escabeau.
- Une table à encoller pliable ou deux tréteaux sur lesquels vous poserez une planche.
- Un double mètre.
- Un niveau à bulle et un fil à plomb.
- Une éponge.
- Un seau, de la colle en poudre et une baguette de bois pour mélanger la colle et l'eau.
- Une paire de ciseaux ou un cutter.
- Une roulette à joints.
- Une brosse à encoller.
- Une brosse de tapissier.

• La mesure et la découpe des lés

Mesurez la hauteur de votre mur du plafond à la plinthe et ajoutez 10 cm en tout pour les arasements du haut et du bas. Déposez le rouleau sur la table à encoller, déroulez-le et découpez-le avec des ciseaux. Numérotez vos lés. S'il s'agit d'un papier peint à motifs raccordés, coupez le premier lé en veillant à ce qu'un motif entier se trouve à 5 cm du haut du lé. Tous les lés seront ensuite découpés de la même façon.

• L'encollage

Déposez le lé sur la table. Appliquez la colle à la brosse sur les 2/3 du lé, en l'étalant du centre vers l'extérieur. Repliez la partie encollée sur elle-même et procédez de même pour le reste du lé. Pour faciliter la prise en main, laissez 2 à 3 cm sans colle dans les angles supérieurs. Laissez

reposer 15 minutes pour que le papier s'imprègne bien de la colle.

Le pliage facilite le maniement des lés.

• La pose

Tirez une ligne au cordeau pour marquer la verticale. Placez le haut du papier vers le plafond et laissez dépasser 5 cm. Dépliez progressivement la partie inférieure. La colle ne sèche pas tout de suite : vous pouvez faire glisser le lé s'il est mal positionné. La pose des autres lés s'effectuera de la même façon, bord à bord.

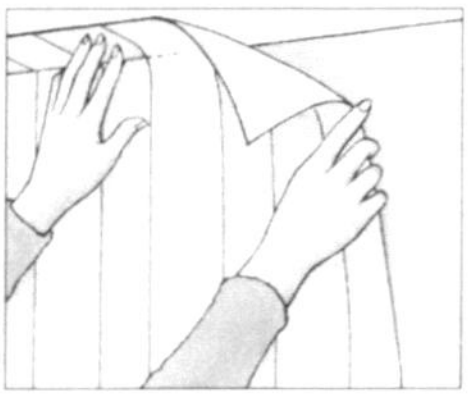

Débutez par le milieu d'un mur ou près d'une fenêtre.

• Le marouflage

Chassez les bulles d'air de haut en bas et du centre vers les bords à l'aide de la brosse de tapissier. Poursuivez l'opération sur la seconde moitié du lé, vers les plinthes. Essuyez ensuite l'excédent de colle avec une éponge légèrement humidifiée. Aplanissez les joints avec une roulette. Pour les papiers damassés ou gaufrés, faites attention à ne pas écraser les motifs avec la brosse.

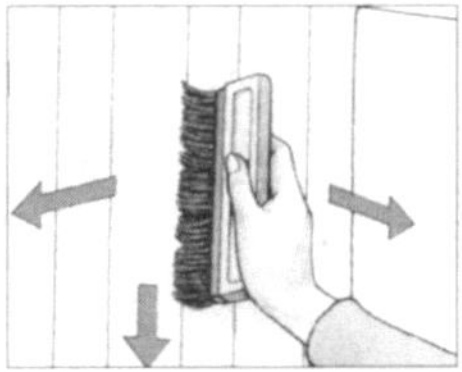

Lorsque vous marouflez, vérifiez la verticalité du lé.

• L'arasement

Après la pose, marquez de la pointe des ciseaux fermés les traits de coupe au ras du plafond et au ras de la plinthe, éventuellement pour les huisseries. Découpez les parties débordantes après avoir décollé en partie le papier, en suivant une règle. Après l'arasement, nettoyez à l'éponge humide les traces de colle sur le plafond ou les plinthes. Vérifiez que la peinture du plafond soit lavable.

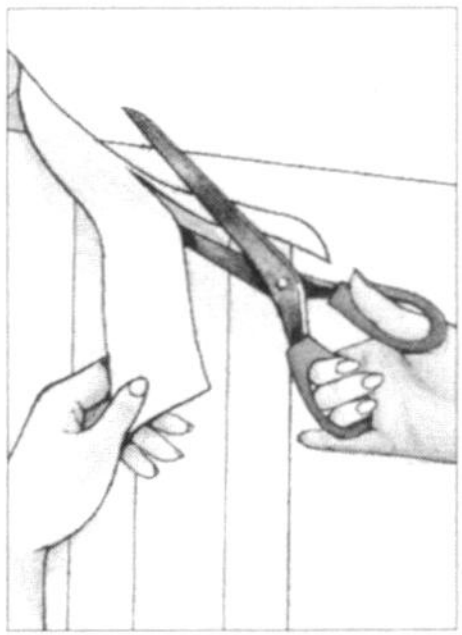

Après l'arasement, replacez le lé avec la brosse.

• La pose dans les angles

Il est difficile de poser un lé entier dans un angle. Il est donc préférable de découper le lé en

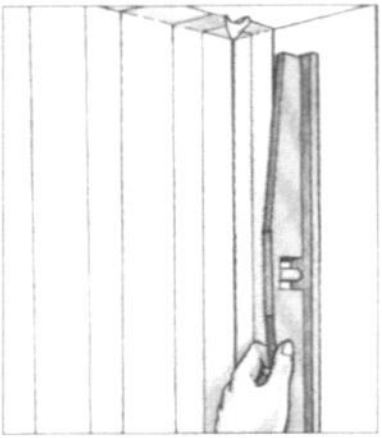

Faites dépasser le lé de 5 cm sur le mur opposé.

deux parties verticales. La première servira à couvrir l'angle et devra dépasser de quelques centimètres sur le mur adjacent. Marquez bien l'angle avec une spatule. Après la pose, et avant de procéder au marouflage et à l'arasage, il est important de bien vérifier la verticalité du lé avec un fil à plomb ou un niveau à bulle. Ensuite, posez la seconde partie du lé en passant un coup de roulette pour aplanir les joints. Et s'il est nécessaire de rétablir la verticalité, superposez légèrement la seconde bande sur la première bande posée.

Posez la seconde partie du lé bord à bord.

• Les prises électriques

Coupez le courant et enlevez la fixation murale s'il y en a une. Masquez la prise avec un ruban adhésif. Posez le papier et marquez avec la brosse les contours de l'objet. Avec un cutter, entaillez le papier en croix. Découpez l'excédent de papier. Collez délicatement le papier autour de la prise

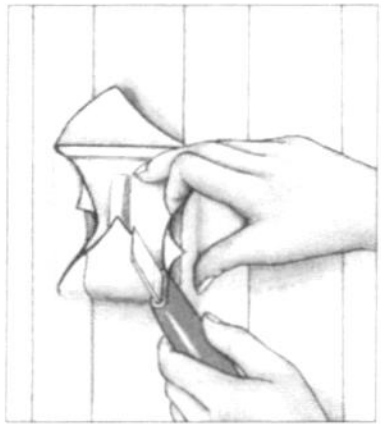

Découpez en procédant du centre vers l'extérieur.

avec la brosse. Enlevez toute trace de colle avant de rebrancher le courant.

Astuces et remèdes pour petits défauts

• Les plis

Coupez le pli à l'aide d'un cutter ou d'une lame de rasoir. Rajoutez de la colle et lissez avec la roulette pour remettre le papier en place.

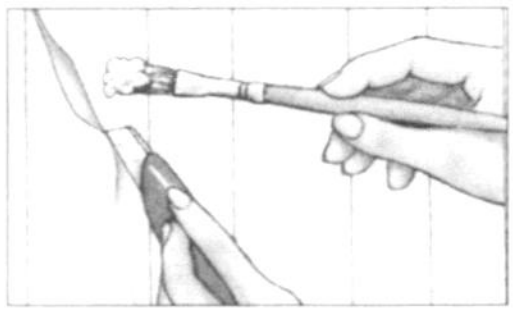

• Les bulles d'air

Percez-les avec une lame de rasoir ou un cutter. Appliquez méticuleusement un peu de colle derrière la fente. Lissez avec la brosse et essuyez l'excédent de colle.

• Un joint qui baille

Soulevez délicatement le joint qui baille avec un couteau. Avec une brosse ou un pinceau, appliquez la colle et lissez avec la roulette à joints.

Peindre sans salir les carreaux

À l'aide d'une boule de papier absorbant, étalez uniformément de l'huile de cuisine sur les vitres de la fenêtre à repeindre. Une fois la peinture sèche, vous n'aurez plus qu'à passer un chiffon pour récupérer les coulures de peinture et l'huile. Vos vitres seront impeccables.

Peinture en plein air

Difficile de peindre une chaise, une grille de jardin ou tout et n'importe quoi en plein air. La poussière, un brin d'herbe, une feuille morte se colle sur la peinture fraîche et tout est à recommencer. Suivez ce conseil : travaillez par beau temps, sans vent, et après avoir arrosé le sol tout autour de l'objet à peindre. Cela limitera un peu les dégâts.

Tache sur les tommettes

En peignant le pourtour de votre fenêtre, vous avez fait tomber accidentellement de la peinture sur un carreau de terre cuite. Enlevez-la aussitôt en versant dessus un peu de white-spirit. Attendez quelques instants, puis frottez énergiquement avec une brosse métallique.

La toile à peindre a de plus en plus de succès

Pour masquer les ouvertures disgracieuses, on peut utiliser, ce qui est de plus en plus courant, de la toile à peindre. Il en existe deux types : la toile de verre, fabriquée à base de fibre de verre, et la toile végétale. La première est plus économique mais beaucoup moins facile à travailler et, surtout, elle offre peu de nouveautés : ses dessins sont toujours les mêmes, des chevrons pour l'essentiel. À la longue, on s'en lasse. La toile végétale n'offre pas les mêmes restrictions graphiques et d'applicabilité, d'où un prix supérieur. Ce dernier peut en effet passer du simple au double, de l'ordre de 35 € HT le rouleau de 25 m de long, à 70 € pour la seconde solution. Cela vaut toutefois vraiment la peine d'investir. On peut aussi choisir d'enduire sa toile à peindre, pour retrouver une base de travail totalement lisse.

Au plafond, on préfère le voile

Il existe des toiles à peindre spécial plafond. Outre le fait qu'elles ne sont pas faciles à poser, le bord à bord laissera toujours entrevoir les joints. La lumière électrique, et a fortiori celle des halogènes, ne manquera pas de révéler ces derniers. Il vaut donc mieux utiliser le voile de verre, une toile encore plus fine que la toile à peindre, qu'il convient de réenduire pour un meilleur résultat.

ZOOM

2 types de chauffe-eau

• *À accumulation*

Le principe

Une cuve retient une quantité définie d'eau chauffée.

Le plus :

pour la douche, on conseille plutôt ce système (électrique ou au gaz) avec lequel il y a moins de risque de tartre. Et quand on tire de l'eau pendant la douche, la pression certes baisse, mais pas la température. C'est pourquoi les mitigeurs thermostatiques ne sont envisageables qu'avec ce système.

Le moins :

de l'eau chaude en quantité limitée.

• *À profusion*

Le principe

L'eau passe en continu dans un système de chauffe.

Le plus :

de l'eau chaude sans limite de quantité.

Le moins :

ce système s'entartre très vite. L'eau passe de 10 à 60 °C en un temps record.

Conséquence ?

Le tartre se colle plus vite sur le corps de chauffe. En outre, si on tire de l'eau chaude quand quelqu'un est sous la douche, le débit du chauffe-bain est partagé entre les deux points d'eau. La température change, c'est la douche froide !

Électricité

La domotique a beaucoup d'avantages

On n'imagine pas toujours les plus d'une installation qui fait appel à la domotique. Grâce à une installation intelligente, commander ses volets roulants, sa ventilation, mettre en route son récupérateur de chaleur, temporiser les éclairages devient facile... Par exemple, dans un escalier, la lumière ne s'allumera que pendant 2 à 3 minutes, au-delà l'extinction sera automatique. Et avec un système de détection de présence, la lumière s'allumera automatiquement à votre passage. Il est possible aussi de faire varier l'éclairage en fonction de l'intensité lumineuse extérieure : tandis que la lumière baisse doucement dehors, elle augmente progressivement à l'intérieur. On peut également agir sur la ventilation des pièces techniques, comme la salle de bains ou les toilettes, et programmer l'arrosage automatique, l'éclairage extérieur, ainsi qu'une douce lumière au réveil et la mise en route de la cafetière ! S'il y a un bruit suspect la nuit, on appuie sur un bouton pour mettre en route toutes les lumières intérieures et extérieures. Ce n'était que le chat ? On appuie sur le même bouton pour tout éteindre. En réalité, chacun organise le scénario de ses rêves, en fonction de ses besoins.

Comment alléger vos dépenses de chauffage

La domotique a le formidable avantage d'augmenter notre confort de vie à l'intérieur. Elle nous permet également de mieux maîtriser les dépenses d'énergie. On vient de le voir avec la régulation de la lumière en fonction de nos besoins réels. Il est aussi possible d'agir sur le chauffage et de programmer une gestion des différentes zones de la maison suivant les heures d'occupation des pièces. En effet, pas la peine de maintenir une température constante dans les chambres qui ne seront occupées que le matin et le soir, par exemple. On peut même obtenir une régulation de la température

ZOOM

5 pistes pour économiser l'électricité

- Utilisez des ampoules économiques, à basse tension.
- Prévoyez des variateurs de puissance sur vos éclairages.
- Éteignez systématiquement le coin télé et hi-fi. Même en mode « veille », ces appareils continuent de consommer énormément d'énergie. Pour cela, prévoyez un mode d'interruption simple : un seul interrupteur pour tout le coin télé/musique. Procédez de même avec le coin informatique.
- Pensez à installer un relais de délestage sur le système de chauffage, au niveau du tableau électrique. Cela permet de souscrire un contrat d'abonnement électrique moins élevé. Comment ça fonctionne ? Quand on se sert de sa cuisinière, le chauffage de la cuisine, par exemple, va s'éteindre pour quelques secondes. On coupe le chauffage à tour de rôle et pour des temps très courts. La sensation de chaleur ne diminue pas mais le tarif d'abonnement, si.
- Installez un contacteur pour bénéficier des tarifs heures creuses d'EDF sur l'usage du chauffe-eau, par exemple.

en fonction d'une sonde extérieure. Les thermostats se mettent en route dès que la température chute. Avec ce type de sonde, on agit avant que le mur commence à se refroidir et qu'il soit donc nécessaire de dépenser bien plus d'énergie pour réchauffer les pièces. Le prix de ce confort ? Une fois et demi le prix d'une installation classique. Cependant, on n'est pas obligé de refaire entièrement son installation. Par exemple, pour le poste chauffage, on peut réguler son fonctionnement par courant porteur ou ondes radio, sans passer par une réfection complète de son système électrique. Il faut se servir des fils en place et faire passer des courants porteurs par leur intermédiaire (un récepteur et un émetteur au bout des circuits) ou bien installer un système de radio à haute fréquence sur le même principe.

De toute manière, tous les systèmes de régulation de chaleur génèrent de réelles économies qui amortissent votre installation en 3 à 4 ans.

Plomberie

Du verre plutôt que du Plexi pour les parois de douche

Il y a quelque temps encore, on trouvait dans le commerce essentiellement des parois de douche en Plexiglas. Désormais, on les propose plutôt en verre Sécurit. Outre la grande solidité du produit, son entretien s'en trouve facilité : le tartre s'accroche beaucoup moins. Il existe même aujourd'hui des verres antigouttes. Le traitement des parois est tel que les gouttes glissent sans laisser d'auréoles. Il faut compter 10 à 15 % de plus par rapport au prix d'un verre non traité.

Déboucheurs chimiques : ne pas en abuser

Il est déconseillé d'utiliser ce type de produits, sauf à titre d'entretien avant qu'il ne soit trop tard. Si vous constatez que l'eau s'écoule moins bien, vous pouvez tenter de

conseils malins

TROIS MATÉRIAUX POUR VOTRE ÉVIER

Aujourd'hui, on peut choisir son évier en Inox, en grès émaillé ou en résine de synthèse. Chacun a ses avantages mais tous demandent un minimum de soin et d'entretien.

- **L'Inox** ne laisse passer aucune trace... la moindre goutte d'eau non essuyée se voit.
- **Le grès** est fragile. Si un objet un peu lourd vous tombe des mains, il y a risque d'éclat.
- **La résine** n'aime pas les produits d'entretien trop abrasifs. À la longue, ils altèrent les qualités du matériau.

À noter : de plus en plus de fabricants proposent des éviers en résine mouchetée. Leur atout majeur : dissimuler les imperfections inévitables (taches, tartre...). Avec un inconvénient, celui de se réparer moins facilement que les éviers en résine unie en cas d'éclats.

résorber la résistance avec ce genre de produits, mais n'en abusez pas. À la longue, ces produits attaquent les tuyauteries (sauf celles en PVC) et les joints. Si c'est vraiment bouché et qu'il n'y a plus d'écoulement, évitez-les, car si le bouchon ne s'élimine pas aussitôt avec le déboucheur chimique, le produit sèche et se cristallise. On est alors obligé d'utiliser les grands moyens pour enlever ce second bouchon. Rien ne vaut une intervention manuelle avec les pompes qui permettent d'atteindre les bouchons sans tout démonter.

Baignoires en acrylique pas trop légères

Pour l'essentiel, les baignoires sont désormais en acrylique ; la fonte a quasiment disparu. Attention à ne pas en prendre une trop légère. On a déjà vu une baignoire pleine se fendre en deux ! Sachez quand même que sur l'acrylique, on peut rattraper un coup, une éraflure ou un petit éclat. On ponce, on rajoute de la résine et cela ne se voit plus. Enfin, soyez attentif aux dimensions dont vous avez besoin, les baignoires de petites tailles (70 cm de large) sont rares mais existent. Enfin, évitez les gadgets, plus le design sera sobre plus elle sera facile à entretenir.

Bois et menuiserie

Passez le sèche-cheveux sur du bois ciré

Décrassez vos meubles en bois ciré avec un sèche-cheveux. Sélectionnez la température la plus chaude et passez le séchoir, à quelques centimètres du bois, dans un geste de va-et-vient. L'objectif est de faire fondre la cire et d'éliminer en même temps toutes les saletés qui y sont accrochées. Un nuage brillant apparaît au fur et à mesure, c'est bon signe, cela veut dire que la cire fond. Quand elle est ramollie, enlevez-la avec

conseils malins

LES ERREURS À ÉVITER

- *Utiliser de la laine d'acier.*

Sur les meubles cirés, les picots de la laine d'acier se plantent dans le bois et risquent de faire des taches de rouille. Si votre meuble est vraiment encrassé et qu'un chiffon de laine ne suffit pas, maniez avec douceur la face abrasive d'une éponge.

- *Nettoyer les décors.*

De nombreuses horloges aux décors peints ont été saccagées par des décapants inadaptés. N'y touchez jamais : la peinture très fragile réclame le savoir-faire d'un expert.

- *Réparer avec des clous.*

D'une manière générale, ils sont proscrits. Quand on les enlève, souvent le bois se fend. Si une chaise bouge, injectez de la colle de poisson, avec une seringue, au niveau de l'assemblage. Resserrez et maintenez la chaise en entourant les pieds avec du film étirable, le temps que la colle prenne.

un chiffon en laine. Appliquez ensuite une couche de cire incolore ou teintée. Cette technique fait même disparaître les taches d'eau et redonne du brillant à votre meuble sans faire disparaître la patine.

Les vers, ennemis du mobilier ancien

Les meubles de famille ou achetés dans des brocantes ont besoin d'être traités contre les vers. Agissez dès la moindre apparition de petits trous dans le bois. Les dégâts, invisibles de l'extérieur, sont à terme fatals. Curieusement, les vers se développent plus vite dans les bois non utilisés : on suppose qu'ils sont sensibles aux ondes, aux bruits et aux mouvements. Choisissez un produit genre Xylophène spécifique au mobilier, car les formules conçues pour les charpentes sont trop grasses et laissent des marques. Badigeonnez au pinceau les parties invisibles, les bas de pieds, les dessous de tablette, les tiroirs. Pour les armoires et les buffets, évitez soigneusement les parties qui seront en contact avec les vêtements ou la vaisselle : traitez, par exemple, l'extérieur des tiroirs plutôt que le fond. Sur toutes les parties visibles, injectez le produit, trou à trou, à l'aide d'une seringue. L'idéal est de renouveler trois fois l'opération, à trois mois d'intervalle, pour couvrir trois cycles de reproduction des larves.

De l'huile pour les bois extérieurs

Le prix du teck a beaucoup baissé, entraînant une surconsommation et une véritable déforestation. À l'extérieur, on peut tout à fait utiliser d'autres essences issues de la production raisonnée à condition de les protéger. Les professionnels conseillent une huile siccative, c'est-à-dire qui sèche vite et ne tache pas, plus résistante que le vernis, ou un produit adapté à l'entretien des bois extérieurs des bateaux, parfois appelée huile de teck. Comme elle se dégrade sous l'influence des UV, il faut en repasser une couche tous les six mois.

Sur le vernis, pensez à la popote

Le vernis est une bonne protection, l'idéal est de ne pas y toucher. Un entretien régulier avec un simple chiffon à poussière suffit. Si, au fil du temps, il perd de son brillant et s'encrasse, vous pouvez utiliser de la popote. Imbibez de la ouate ou un chiffon de coton fin, et passez la popote par petites surfaces pour qu'elle ne s'accumule pas dans les interstices. Éliminez ensuite tous les résidus en changeant régulièrement de coton.

Remontez un meuble sans problème

Beaucoup de meubles encombrants, armoires, buffets, etc. ne peuvent être transportés qu'en étant démontés. Avant de procéder à cette opération, il est impératif de bien s'organiser. Sur un morceau de carton bien épais, dessinez votre meuble en indiquant les emplacements des chevilles. Chaque fois que vous en enlevez une, insérez-la au bon endroit dans le carton, en faisant un trou. Car chaque cheville est conçue pour un trou spécifique. En les intervertissant, on risque de forcer et de faire éclater le bois. 80 % des montants d'armoire explosent simplement parce qu'on n'a pas pris le temps, au préalable, d'identifier les chevilles !

Gardez le moindre petit éclat

Un éclat de bois minuscule vient de se détacher de la commode de votre grand-mère ? Récupérez-le aussitôt et conservez-le dans une enveloppe. Si vous souhaitez le recoller, contentez-vous d'utiliser de la colle de poisson (dans les magasins de bricolage). Sinon conservez-le à l'abri de la poussière et de l'humidité. Le jour où vous souhaiterez faire restaurer votre mobilier, vous faciliterez grandement l'intervention du professionnel.

Le fil du bois fait la différence entre massif et placage

Le bois de placage n'est pas un mal en soi, c'est même un signe de qualité pour certains meubles. Le mot ébéniste vient d'ailleurs de cette technique. À l'origine, on collait des plaquettes d'ébène sur le bois, parce qu'on ne pouvait s'offrir du bois d'ébène massif : le placage était né. Pour les meubles qualifiés d'« ordinaires », c'est différent. Une table en bois massif ayant plus de valeur qu'un placage lambda, mieux vaut vérifier les affirmations du marchand. Pour cela, observez attentivement le fil du bois. Si aux angles, le bois change de direction en gardant le même décor, c'est qu'il s'agit de placage. Pensez également à regarder les endroits non visibles du meuble, le placage y est souvent plus grossier.

Vérifiez l'état du placage

Regardez s'il n'y a pas de cloche, c'est-à-dire un endroit où le placage se soulève, en tapotant rapidement les ongles de l'index et du majeur contre le bois. Lorsque vous constatez que certains endroits résonnent d'une façon bizarre par rapport au reste, méfiez-vous. En effet, le placage se désolidarise et le bois risque de se détériorer de manière irréversible.

Observez tiroirs et portes

Le meuble a-t-il été correctement entretenu ou restauré de façon superficielle ? Observez les points de fonctionnement, les tiroirs et les portes. Vérifiez que les jours sont réguliers, notamment autour des portes. Si une porte frotte, elle finira par abîmer le bois ou le placage. Faites aussi jouer les serrures. Un bruit rodé, sans grincement, est un signe que le meuble a été maintenu en bon état.

Loisirs

Audio-vidéo

Des disques vinyles bien alignés

Vous êtes l'heureuse propriétaire d'une belle collection de disques vinyles. Pour les ranger verticalement sans qu'ils glissent malencontreusement ou ne se déforment, tapissez l'étagère où ils sont posés de carton ondulé. Chaque disque restera ainsi bien à sa place.

Pour que les vinyles ne gondolent pas

Vous collectionnez les disques vinyles, mais certains d'entre eux se sont légèrement gondolés avec le temps. Pour leur redonner leur forme initiale, placez-les entre deux plaques de verre et laissez-les en plein soleil toute une journée. Laissez refroidir complètement les plaques de verre avant de retirer le disque. Vous aurez l'agréable surprise de le retrouver tout plat...

Installer des enceintes

Pour optimiser le son de votre chaîne hi-fi, il faut impérativement que la distance qui sépare ses deux enceintes ne dépasse pas 3 m. Veillez également à installer les deux baffles à la même hauteur. Enfin, n'oubliez pas que le son est stéréo et non mono : vos deux enceintes ne diffusent pas la même chose et sont donc complémentaires. Pour obtenir un résultat optimal, il est préférable de les orienter de façon convergente.

Écran TV poussiéreux

L'électricité statique attire la poussière sur l'écran. Nettoyez-le régulièrement avec un chiffon imprégné de jus de citron ; il sera propre et le restera plus longtemps.

La bonne distance pour regarder la télé

N'installez pas vos enfants trop près de la télévision. Prenez la mesure de la diagonale de l'écran et multipliez-la par 6. Le résultat donne la distance en mètres à laquelle ils peuvent regarder la télé sans danger pour leurs yeux.

Attention les yeux

Ne vous abîmez pas les yeux en regardant votre émission préférée. Placez une lampe qui éclaire le mur derrière votre écran de télévision.

Économie d'énergie

À la fin des programmes, ayez le réflexe d'éteindre complètement votre télévision et non de la laisser en veille. Elle consommera moins d'énergie.

Pas de hi-fi sur le tapis

Ne laissez pas votre matériel hi-fi posé directement sur un tapis ou la moquette... Les fibres risqueraient de boucher les orifices d'aération.

Un son parfait

Utilisez-vous vraiment votre lecteur DVD au maximum de ses possibilités ? Branchez-le sur votre chaîne hi-fi, vous pourrez ainsi profiter de ses amplis et du son stéréo.

Le cinéma chez soi

Si vous disposez d'un système home-cinéma, pensez à placer les amplis aux bons endroits (un derrière la place où vous vous asseyez habituellement pour regarder la télé et l'autre à l'opposé). En faisant l'obscurité dans la pièce, l'ambiance sera encore plus « cinéma » et vous aurez vraiment l'impression d'être devant un grand écran.

Passe-temps

Cartes à jouer rajeunies

Les cartes à jouer manquent parfois de glissant. Pour les rendre plus maniables, saupoudrez-les d'un peu de talc et elles reprendront un aspect neuf. Pensez à les essuyer avant de les réutiliser.

Réparer une balle de ping-pong

Il arrive qu'en pleine partie, la balle de ping-pong ait pris un vilain coup. Et comme par hasard... c'était la dernière ! Dans ce cas, plongez-la quelques minutes dans un bol d'eau bouillante. Il n'y paraîtra plus et la partie pourra se poursuivre...

Mots croisés bien écrits

Difficile de remplir une grille de mots croisés imprimée sur papier glacé : le crayon glisse sur la feuille. Avant de commencer à écrire, frottez donc la surface du jeu avec une gomme à encre. La mine marquera mieux et vous pourrez facilement effacer vos lettres en cas d'erreur.

Fabriquer un mobile de coquillages

Pour vous lancer dans la fabrication d'un mobile maison, quelques jolis coquillages ramassés sur la plage pendant vos dernières vacances, deux ou trois tiges de bois (bambou ou autres branches) et de la ficelle feront l'affaire. Selon votre patience et le butin dont vous disposez, vous obtiendrez un mobile plus ou moins compliqué. À vous d'être imaginative. La difficulté réside essentiellement dans l'équilibrage ; il vous faudra sans doute ajouter du poids ici ou là, glisser la ficelle légèrement à gauche ou au contraire plus à droite. Pour finir, vous garderez un souvenir de vacances doublé d'une œuvre unique.

trucs malins

CERF-VOLANT : UN ENGIN QUI VOLE AVEC TROIS FOIS RIEN

On a tous des sacs plastique ultralégers. Avec quelques baguettes de bambou, type tuteur, et un peu de ficelle, vous réaliserez un superbe engin.

- Découpez les sacs pour les mettre à plat (ôtez les poignées) ; cousez-les à la machine au point de zigzag pour former une surface de 45 cm (petits côtés) sur 70 cm (grands côtés).

- Ficelez deux bambous en croix, un grand de 80 cm et un plus petit de 60 cm.

- À l'aide de la ficelle, fixez votre « toile de plastique » sur l'armature de bambou en faisant de simples petits nœuds.

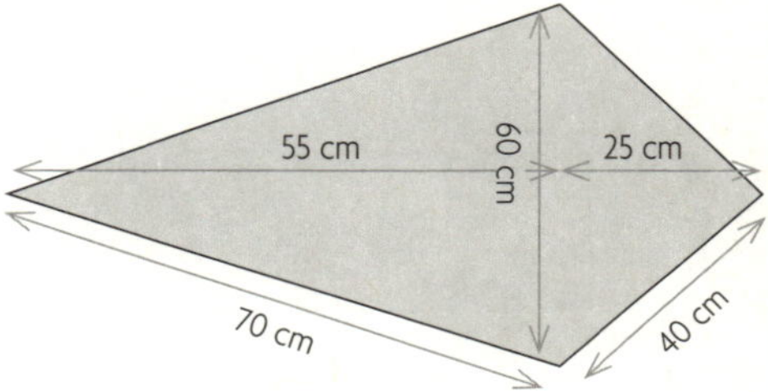

- Avec les poignées des sacs, fabriquez une longue queue.

Aquariums

Un logement fin prêt

Remplissez l'aquarium une semaine avant d'y mettre les poissons. De cette façon, le chlore de l'eau aura disparu.

Sans calcaire

Pour enlever les dépôts de calcaire au fond de l'aquarium, frottez énergiquement avec un morceau de sucre.

De nouveaux arrivants

Surveillez le pH de l'eau. Toutes les espèces ne sont pas au même régime, et l'eau doit avoir un taux d'acidité adapté. Renseignez-vous avant d'acheter de nouveaux poissons.

Le régime de vos poissons

Il est préférable de donner très peu de nourriture à la fois, quitte à nourrir ses poissons plusieurs fois par jour : on ne met dans l'aquarium que ce qu'ils vont consommer. Ce qu'ils ne mangent pas va se décomposer rapidement et peut être une source de maladies.

Tricot

Un travail à quatre aiguilles

Lorsque vous exécutez un tricot à quatre aiguilles, le plus difficile est de ne pas perdre les mailles en attente. Enfilez, à chaque extrémité des aiguilles, des rondelles découpées dans des chevilles de bricolage. Une solution économique beaucoup moins gênante que les bouchons.

Des pelotes de laine toujours propres

Le fil de laine, surtout s'il est de couleur claire, se salit facilement. Avec un couteau, coupez en deux une bouteille en plastique. Mettez votre pelote dans la partie supérieure, en laissant sortir le fil par le goulot et emboîtez les deux parties de la bouteille l'une dans l'autre. Votre pelote est protégée.

Détricoter dans les règles

Pour que la laine d'un vêtement détricoté soit facilement réutilisable, commencez par l'enrouler autour d'une bouteille d'eau minérale. Ensuite, mouillez abondamment la laine à l'eau froide et remplissez la bouteille d'eau chaude. Attendez le séchage complet. Quand il n'y a plus aucune trace d'humidité, remettez la laine en pelote. Elle est alors parfaitement défrisée.

Des pulls angora résistants

Les tricots en angora sont délicats. Prenez des précautions en les tricotant. Ajoutez au brin de laine angora un fil à coudre de la même couleur. Vos pulls garderont une tenue parfaite.

Faire des essais avant de procéder au surfilage

Vous venez de finir un gros pull au tricot et vous souhaitez l'essayer avant de le coudre. N'utilisez pas d'épingles à tête qui glissent et tombent. Remplacez-les par les piques en plastique utilisées pour les bigoudis. Plus longues, elles sont plus faciles à manier et tiennent beaucoup mieux sur le tricot que les épingles.

Laine sombre

Ne vous abîmez pas les yeux ! Lorsque vous tricotez une pelote noire, posez sur vos genoux un linge blanc : le contraste entre les deux fera paraître la laine plus claire qu'elle ne l'est. Et vous aurez moins de mal à compter les mailles !

Photo

Appareil photo en bonne santé

Si vous prenez l'avion avec un appareil photo à piles, ne laissez pas vos piles de rechange dans la soute. Elles se déchargent au contact du froid. Par ailleurs, si vous visitez un pays très humide, glissez un sachet de sel spécial, absorbant l'humidité dans le sac housse de votre appareil (on en trouve par exemple dans les sacs à main que l'on vient d'acheter ; conservez-les). À défaut, utilisez du riz ou des bouchons de tubes d'aspirine. Enfin, si vous ne prenez des photos que lorsque vous voyagez, veillez à ôter les piles de votre appareil à votre retour. À la longue, elles pourraient fuir et endommager les pièces voisines.

Diapositives protégées

Si vous avez encore des diapositives, sachez qu'elles ont tendance à souffrir de l'humidité. Pour les protéger, glissez un petit morceau de coton hydrophile dans les boîtes où vous les conservez.

Photos au flash : des tons plus doux

Les photos prises au flash ont souvent le défaut d'accentuer… les défauts. Pour des contours plus doux et un teint moins blafard, atténuez la blancheur de la lumière en collant un morceau de ruban adhésif opaque sur la lucarne du flash.

Recharger des piles en fin de vie

Lorsque des piles non-rechargeables sont en bout de course, on peut facilement prolonger leur durée de vie de quelques heures en les plaçant 15 minutes sur un radiateur allumé.

Sans poussière

Exposées à la lumière, les photos tendent à jaunir. Quand elles ne sont pas sous verre, elles se salissent et attirent la poussière : un peu d'alcool sur un coton leur redonnera leur jeunesse.

Rouleaux congelés

Si vous êtes une adepte de la photo argentique et que vous avez un stock de pellicules non utilisées, rangez-les au congélateur. Vous les sortirez au fur et à mesure de vos besoins. Pour les décongeler, laissez-les 1 heure à température ambiante avant de les utiliser.

Les conseils du photographe

Appareil photo numérique, les bons réflexes

• Prévoyez 2 cartes mémoire

Par exemple, 2 cartes de 256 Mo au lieu d'une carte de 512 Mo. Ainsi si vous en perdez une, il vous en restera une pour ne pas être prise au dépourvu. Par ailleurs, quand la première carte est remplie, vous pouvez utiliser la seconde et remettre à plus tard le déchargement de la première sur un ordinateur ou un disque dur autonome.

• Servez-vous de l'écran plutôt que du viseur

À la différence du viseur, l'écran reproduit fidèlement le cadrage et ce que vous obtiendrez quand la photo sera imprimée. De plus, l'écran n'épuise plus les batteries aussi vite qu'avant. Même avec l'écran allumé, n'importe quel appareil réalise au moins 200 clichés.

• Optez pour les piles rechargeables

Certains appareils ne sont vendus qu'avec des piles alcalines AA (ou LR6). Il est primordial d'acheter des accumulateurs rechargeables sinon l'achat de piles finira par vous ruiner ! Optez pour des accumulateurs dont la puissance atteint 2 000 milliampères heure (mAh) au minimum.

- **N'achetez pas un ordinateur surpuissant**

Un appareil d'entrée de gamme suffit pour le traitement des images les plus lourdes. L'option de l'ordinateur portable est à envisager, car vous pouvez l'emmener partout, comme votre appareil photo.

Portrait sans rides

Il est facile aujourd'hui de retoucher une photo numérique. Certains trucs peuvent servir au moment même où l'on photographie : ainsi, pour éviter que les rides soient trop visibles, il faut placer le sujet sous un éclairage frontal.

Réussir ses photos

Avec un appareil photo numérique, on peut tout se permettre pour réussir ses photos sauf abuser du flash dès que l'on se trouve dans un endroit un peu sombre. En effet, ces appareils photo ont la particularité de capter beaucoup mieux la lumière qu'un argentique.

Faire imprimer ses photos

Le problème avec la photo numérique, c'est que, souvent, l'appareil est plus performant que l'imprimante, et sortir une belle photo devient vite laborieux. Alors, développez vos photos via Internet. Il suffit d'aller sur un site spécialisé. Le principe est simple : vous téléchargez vos photos sur le site, vous commandez les tirages que vous recevrez ensuite par la poste. Coût : 0,11 € la photo en qualité premium (tarif dégressif selon le nombre de tirages) au format 11,5 × 15.

Envoyer une photo par le Net

Avant de procéder à un envoi, vérifiez que votre photo est au bon format. Enregistrez-la en .jpg, une résolution que l'on retrouve dans tous les appareils numériques. Elle permet d'avoir un bon ratio entre le poids de la photo et sa qualité. À qualité égale, une photo .jpg mettra 10 fois moins de temps à être envoyée par mail qu'une autre. En plus, le .jpg est un format que tous les ordinateurs peuvent lire, les PC comme les Mac.

L'album de famille numérique

Vous voulez faire partager à votre famille les progrès de votre nouveau-né. Seulement, vos parents sont à l'autre bout du monde. Aucun problème : créez un album photo en ligne que vous pourrez réactualiser au jour le jour. On en trouve sur de nombreux sites. Communiquez l'identifiant et le mot de passe à vos proches, qui pourront ainsi consulter votre album.

Optez pour une carte mémoire de grande capacité

L'importance du type de carte mémoire géré par l'appareil n'est pas un critère décisif quand on achète un appareil photo numérique. Certains types de carte sont plus chers que d'autres mais l'écart reste raisonnable. La seule raison qui pourrait vous orienter vers tel type plutôt qu'un autre, c'est que vous possédiez d'autres produits numériques (agenda électronique, téléphone portable) qui ont adopté la même carte mémoire. De fait, vous pourriez transférer ou échanger beaucoup plus facilement vos images. En revanche, il est impératif que vous achetiez une carte de forte capacité en même temps que votre appareil. En effet, les fabricants livrent avec l'appareil des cartes de capacité notoirement insuffisante. Plus votre appareil est richement doté en pixels, plus la carte doit être spacieuse. Pour un appareil de 5 millions de pixels, prévoyez une carte de 256 Mo au minimum. Pour un appareil de 8 millions de pixels, 512 Mo ne sont pas superflus.

Plus de pixels ne signifient pas une meilleure qualité d'image

Un appareil de 5 millions de pixels suffit à obtenir de beaux agrandissements au format poster, avec les services d'un professionnel du développement. De plus, les appareils avec beaucoup de pixels posent un problème : leur capteur, qui reçoit la lumière et produit les images, est petit et de ce fait, la densité de ses pixels est grande. Résultat, les photos risquent d'être affectées par des points parasites. Ce phénomène est perceptible sur des photos prises dans des endroits à faible luminosité. Pour cette raison, les appareils de 6 millions de pixels réalisent des images moins bonnes que les appareils à 5 millions de pixels. Les appareils de 7 et 8 millions de pixels, plus récents, se sont bonifiés dans ce domaine. La course aux pixels n'est pas près de s'arrêter.

Compensez le flou occasionné par le zoom

Sur les appareils numériques d'entrée de gamme, le grossissement standard d'un zoom s'établit à 3 fois. Il culmine à 15 fois sur les appareils les plus chers. Si vous optez pour un appareil photo muni d'un gros zoom, veillez à ce que celui-ci soit équipé d'un système de stabilisation optique ou apparié au capteur d'images. Ce dispositif compense vos tremblements et élimine le flou qu'ils pourraient occasionner, surtout quand vous zoomez fortement. Il améliore et accroît la netteté des photos prises dans des conditions de faible lumière. Évitez les systèmes de stabilisation numérique fleurissant sur certains appareils très récents car ils dégradent les images. Enfin, préférez les zooms qui débutent à 28 mm : ils sont conseillés pour les photos de paysage (le panorama est plus vaste), mais conviennent aussi dans une pièce, où l'on manque toujours de recul.

Promenades

Pique-nique réussi

De nombreux plats du pique-nique sont conservés au réfrigérateur jusqu'au dernier moment avec le risque de les oublier en partant. Pour être certain de tout emporter, collez un pense-bête sur la porte d'entrée.

À chaque chemin son symbole

Si vous vous promenez à la campagne ou en forêt, empruntez les chemins PR, « Promenade et randonnée », balisés par une barre jaune. Ces circuits en boucle peuvent être parcourus au cours de la journée. En revanche, sur un GR, « Grande randonnée » (une barre blanche sur une rouge), ou un GRP, « Grande randonnée pays » (une barre jaune sur une rouge), vous serez contrainte, au bout du chemin, de revenir sur vos pas.

Le coût des amendes à vélo

Conducteur de véhicule à part entière, un cycliste doit respecter les règles du Code de la route. Brûler un feu rouge, prendre un sens interdit ou rouler sur un trottoir peuvent lui coûter très cher. Le port d'un casque n'est pas obligatoire mais vivement recommandé. Pour en savoir plus, rendez-vous sur le site de la Préfecture de Police : www.prefecturedepolice.interieur.gouv.fr/Prevention/Securite-routiere/Cyclistes-et-conducteurs-de-deux-roues-motorises

Récolter des vers pour la pêche

Pour attraper facilement les vers de vase indispensables à la pêche, cherchez-les la nuit à l'aide d'une lampe torche recouverte d'un papier ou d'un chiffon rouge. Insensibles à cette couleur, ils se laisseront piéger sans problème.

Pause ski sans dangers

Afin de déjouer les plans des voleurs de skis aux terrasses de restaurants des bords de pistes, il suffit, au moment de la pause, de les séparer. En effet, si vous plantez chaque ski à un endroit différent, le voleur aura bien du mal à réunir la paire.

Un scooter de 50 cm³ peut suffire en ville

Plus vos trajets sont longs, plus la cylindrée doit être importante. En ville où la vitesse est limitée à 50 km/h, un 50 cm³ peut suffire. Si vous avez un permis voiture depuis plus de deux ans, vous avez droit à un 125 cm³, avec lequel vous pouvez faire de la route. Les 125 cm³ sont plus lourds et ont souvent des freins ABS (ou des répartiteurs). Cela signifie qu'un unique levier de freins est actionné en même temps sur les deux roues. Ce système est très sûr. Les scooters plus petits possèdent deux freins, avant et arrière, avec lesquels il faut jouer pour ne pas glisser.

L'équipement de base du conducteur de scooter

• Le casque protecteur et ouvert. La seule solution sécurisée : le semi-jet qui couvre la nuque et descend sur les mâchoires, tout en offrant un large champ de vision (de 110 à 170 €). Fuyez les casques fashion qui ne protègent absolument pas.

• Le pare-brise ou « bulle » qui agit comme un filtre et évite de nombreux désagréments : petits insectes, poussière, gaz de pots d'échappement (120 € environ). Quand il pleut, on a moins de visibilité mais il est vivement recommandé.

• La jupe pour la chaleur et la protection (de 120 à 170 €).

• L'antivol. Le plus costaud ? Un « U » et une chaîne. Il est indispensable de toujours attacher son scooter à un point fixe. C'est une garantie contre le vol.

ZOOM

Le vélo qu'il vous faut

Il existe sur le marché quatre grands types de vélo qui répondent à des usages très différents. Descriptif...

Le vélo urbain, confortable et pratique

• *Son type de terrain*

— Les trajets courts et les terrains relativement plats.

— Les trajets longs et les parcours sportifs (montées, descentes...).

• *Caractéristiques*

— Sur les itinéraires courts et plats, privilégiez un vélo avec 5 vitesses à l'arrière. Préférez des vitesses à poignées tournantes, plus maniables et donc plus sécurisantes.

— Pour les parcours longs et plus sportifs, optez pour un modèle qui vous permettra de démultiplier l'effort. Orientez-vous vers un vélo avec 5 à 7 vitesses à l'arrière et 2 ou 3 plateaux à l'avant qui facilitent le pédalage et minimisent la difficulté.

• *Son poids*

Environ 16 à 17 kg, il est plus lourd que les autres, car il est équipé (porte-bagages...).

• *Son prix*

De 170 à 230 € pour un modèle simple, jusqu'à 350 € pour un vélo plus complet.

Le vélo tout chemin, un polyvalent

• *Son type de terrain*

Les parcours mixtes, à savoir les trajets urbains un peu chaotiques (pavés ou routes en mauvais état) ou les activités de loisirs (balades en forêt, chemins tortueux...).

• *Caractéristiques*

Les pneus du VTC sont souvent des semi-slick, c'est-à-dire des pneus lisses et donc bien roulants au milieu, munis de crampons sur l'extérieur pour une meilleure adhérence aux terrains plus accidentés. Leur largeur équivaut à celle d'un pneu urbain. Ses roues sont grandes, assez fines et permettent donc un meilleur développement. Il y a moins d'énergie perdue au pédalage. Il possède au moins 7 vitesses à l'arrière et 3 plateaux à l'avant.

• *Son poids*

Environ 15 kg (non équipé) jusqu'à 16 ou 17 kg.

• *Son prix*

Entre 170 et 330 €.

Le vélo tout-terrain, un grand sportif

• *Son type de terrain*

Le VTT est conçu pour du tout-terrain. Si vous n'avez pas l'intention de faire de la montagne mais juste d'en faire un usage de loisir, inutile de dépenser des fortunes.

• *Caractéristiques*

Il est maniable, avec un centre de gravité plus bas. Les pneus sont larges, plus ou moins crantés. Il possède 7 vitesses à l'arrière et 3 plateaux à l'avant.

• *À vérifier*

— La fourche avant qui absorbe les chocs et permet une meilleure tenue de route. Suspendue, elle améliore le confort.

— Le cadre en acier est très résistant mais lourd ; celui en aluminium, plus cher, est plus léger.

• *Son poids*

De 15 à 16 kg pour les premiers prix ; 11 kg pour le haut de gamme.

• *Son prix*

120 € en acier avec fourche non suspendue, 330 € pour un VTT sport.

Le vélo de course ou de route

• *Son type de terrain*

Le vélo de course est le sport de plein air par excellence et son usage est exclusivement réservé à la route. Avec lui, pas de ville, pas de forêt, pas de confort.

• *Caractéristiques*

Il a de grandes roues résistantes, très fines (ainsi, elles n'accrochent pas la route et accroissent la vitesse).
Le cadre est moins haut que sur les anciens modèles, mais le confort n'est pas la priorité de ce genre de cycles. Il doit être léger et offre une position sportive (très penchée en avant).
Il a entre 8 et 10 vitesses à l'arrière et 2 plateaux à l'avant. Sur les vélos nouvelle génération, les leviers de freins permettent de changer les vitesses.

• *Son poids*

Un premier prix pèse de 12 à 13 kg, les plus chers descendent à 8 kg.

• *Son prix*

Entre 330 et 500 €.

Vacances

Croisière en voilier : les préparatifs

Si vous louez pour la première fois un voilier avec des amis, il y a des petites choses à savoir pour faciliter la traversée. Tout d'abord, ne prenez pas de valises, bien trop encombrantes, mais des sacs de voyage ou des sacs marins. Bannissez les escarpins et les chaussures à semelles de cuir. Prévoyez une paire de tennis à semelles blanches, confortables et qui ne tachent pas le pont. Emportez plusieurs petites serviettes éponge assez fines. Trop épaisses, elles se gorgent de sel et ne sèchent pas. N'oubliez pas les crèmes solaires à indice de protection élevé et les lunettes de soleil pour faire face à la réverbération du soleil sur l'eau. Et enfin, pensez au torchon, à l'essuie-tout, au sel, au poivre, à la moutarde, à l'huile et au vinaigre car les bateaux sont souvent vides. Pour le reste, demandez au loueur ou à votre skipper.

Le repassage sans fer

En voyage, on n'emporte généralement pas de fer à repasser. Cela n'empêche pas de vouloir rester élégante. Si vous disposez d'une salle d'eau, vous pourrez redonner de la tenue à vos vêtements en ouvrant le robinet d'eau chaude de la douche et en suspendant vos habits à proximité. La vapeur ainsi produite fera ainsi office de mini-pressing.

Passeport, demande en règle

Vous pouvez le demander à la mairie, à la préfecture, à la sous-préfecture de votre domicile ou, si vous habitez Paris, à l'antenne de police de la mairie de votre arrondissement (ou au centre de police). Vous devrez présenter un extrait de naissance avec filiation complète (ou le livret de famille de vos parents), ou votre livret de famille avec filiation complète. Il faut en outre remplir un formulaire de demande auprès du guichet d'accueil. Vous devrez aussi fournir deux photos d'identité récentes, un justificatif de domicile récent (avis d'imposition, facture EDF, etc.) et un timbre fiscal de 86 €. Si vous avez déjà une carte d'identité sécurisée, les démarches sont simplifiées. Sachez que le site www.action-visas.com vous fournit les demandes de visa à remplir, les tarifs et les renseignements relatifs aux démarches administratives pour se rendre dans n'importe quel pays. Une vraie mine d'informations !

Spécial USA

Depuis octobre 2004, les ressortissants français désirant séjourner aux États-Unis ne seront dispensés de visa que s'ils sont titulaires d'un passeport à lecture optique délivré avant le 26 octobre 2005 (modèle Delphine), ou d'un passeport délivré entre le 26 octobre 2005 et le 26 octobre 2006 (modèle Delphine comprenant une puce sur la couverture ou une photo numérique), ou un passeport électronique délivré à partir du 26 octobre 2006 (avec puce électronique ET photo numérique). Pour tout renseignement complémentaire, rendez-vous sur le site de l'ambassade des États-Unis : http://french.france.usembassy.gov

Voyager en Europe

La carte d'identité est obligatoire pour voyager dans les pays membres de la communauté européenne. Gratuite, vous pouvez la demander dans votre mairie. Munissez-vous d'un justificatif d'état-civil (pour une première demande), de deux photos d'identité et d'un justificatif de domicile.

Du sable dans le filtre de la voiture

Vous avez passé les vacances à la mer... À votre retour, lavez la voiture à fond et contrôlez le filtre à air. En effet, l'air marin et les embruns accélèrent l'oxydation et le sable bouche le filtre.

Cheveux à la plage

Au bord de la mer, oubliez l'usage de laques. Elles contiennent de l'alcool, ce qui n'est pas bon pour les cheveux déjà soumis à rude épreuve avec le sel, le soleil et le vent. Profitez de ces vacances pour les chouchouter avec des masques restructurants.

Tout par Internet

De nombreux sites proposent des vols ou des séjours « low cost », que vous soyez seule ou en famille. N'hésitez pas à aller sur les forums de discussion pour avoir des infos d'internautes expérimentés, surtout si vous partez loin. Une fois votre destination choisie, vous pouvez, toujours sur le Net, acheter un billet, réserver un hôtel, louer une voiture... De nombreux sites vous permettent de comparer les prix et de choisir vols et séjours, tout en vous proposant régulièrement des offres discount : www.easyjet.com, www.opodo.fr, www.lastminute.com, www.ebookers.com...

À la découverte du terroir

Le Net propose aussi une infinité de sites qui offrent des locations à la campagne, pour des durées d'un week-end, d'une semaine ou plus, avec séjours à la ferme, chambres d'hôtes, gîtes... Ce type d'hébergement donne l'occasion de connaître les coins de France les plus reculés et de découvrir à son rythme des richesses naturelles ou culturelles insoupçonnées. Gîtes de France, 56, rue Saint-Lazare 75009 Paris. Tél. : 01 49 70 75 75. Ouvert du lundi au vendredi de 9 h à 18 h, avec ou sans rendez-vous. Internet : www.gites-de-france.com

Le numéro de licence de l'agence de voyages est votre garantie

Vérifiez que votre agence a un numéro de licence, inscrit sur la brochure et sur le contrat (les sites Internet sérieux affichent aussi leur numéro). Cette licence, délivrée par le ministère du Tourisme, est assortie d'une caution versée par l'agence. Au cas où celle-ci détournerait votre argent, vous pourriez le récupérer. Et ce, d'autant plus vite que votre agence adhère à l'Association professionnelle de solidarité. Cette association vous permettra d'être remboursée entre le moment où vous achetez le billet et celui où devrait commencer le séjour. Une fois sur place, si votre agence fait partie d'un réseau, c'est le siège de ce réseau qui pourvoira à la défaillance de votre agence. Elle réglera aux professionnels les prestations que vous aviez payées mais qui ne leur ont pas été versées. Sans cette intervention, vous risquez de ne pas bénéficier de ces prestations, ou d'être obligée de les payer une seconde fois.

Vérifiez que votre identité est exacte

Après la délivrance des billets, vérifiez l'orthographe de vos nom et prénom. S'il y a une erreur, faites-la corriger ou vous risquez d'être refoulée par la police des frontières. Il sera impossible de faire rectifier l'erreur le lendemain. Et même si vous revenez le jour même, l'agence sera obligée de refaire un dossier pour changer le billet. Il se peut qu'il n'y ait plus de place ou que le billet ne soit plus au même prix, car la contrepartie des billets à prix attractif est qu'ils deviennent presque tous non modifiables et non remboursables à partir du moment où ils ont été émis. Vérifiez : c'est indiqué par NON REF (non-refund) pour non remboursable et NO CHG (no-changement) pour non modifiable. Conséquence : vous partez à New York du 1er au 16 janvier avec un billet valable un mois, la ville vous plaît, vous décidez de prolonger votre séjour. C'est impossible avec la mention NO CHG.

Pensez à l'assurance médicale

Avant d'en souscrire une, vérifiez si votre mutuelle ou votre Carte bleue ne couvre pas certains frais médicaux dans les pays européens. Sinon, prenez une assurance, car le moindre bobo à l'étranger peut vous coûter très cher. Si un problème de santé plus grave survient, vous bénéficierez, grâce à votre assurance, d'un rapatriement sanitaire effectué dans les meilleures conditions. Les cas les plus fréquents où l'assurance médicale entre en jeu ont lieu avant le départ. Si vous vous cassez une jambe avant de partir, vous serez remboursée de votre billet si vous êtes assurée. Mieux, si cela arrive à la personne avec laquelle vous deviez partir, et que vous annulez, vous aussi, vous serez remboursée.

Un 2-étoiles bien géré vaut mieux qu'un 3-étoiles

Avant de réserver, informez-vous sur l'hôtel et ceux des alentours. Quant aux étoiles, elles correspondent à des normes relatives à la surface de la chambre, de la salle de bains, des parties communes et du hall. Un bon hôtel 2-étoiles sera aussi confortable qu'un 3-étoiles médiocre dont le propriétaire n'a aucun souci de la clientèle. En prime, il coûtera généralement moins cher. Si vous recherchez un accueil chaleureux et simple, ne visez pas trop d'étoiles : plus il y en a, plus le personnel est tenu d'être réservé face aux clients. Sachez aussi qu'il n'y a aucune obligation en matière de confort de literie, comme d'isolement phonique. Et que les prix sont fixés librement par l'hôtelier. Méfiez-vous des sites Internet où n'importe qui peut donner son appréciation sur un hôtel. Les remarques, flatteuses ou non, peuvent être écrites par des hôteliers qui essaient d'attirer des clients ou de les dissuader d'aller chez un confrère.

Ne tardez pas pour réserver

Faites votre réservation au moins trois mois avant votre séjour, ainsi vous pourrez choisir la meilleure chambre. N'hésitez pas à demander si vous pouvez bénéficier d'un avantage : balcon, vue, lit à baldaquin, etc. N'oubliez pas de préciser si vous souhaitez une chambre sur cour, au calme. Au téléphone, indiquez le nombre de personnes, la date précise et l'heure probable de votre arrivée, et donnez votre numéro de carte bancaire. Si vous n'y tenez pas, réglez les arrhes par chèque. Pour assurer votre réservation, confirmez-la par écrit (e-mail, fax ou lettre), en joignant votre numéro de téléphone. Ainsi, si vous êtes en retard, l'hôtelier vous appellera pour s'assurer de votre venue. Sans nouvelles de votre part, il peut encaisser votre première nuit, à partir des coordonnées de votre carte bancaire. Si un enfant dort avec vous, le supplément est laissé à la discrétion de l'hôtelier, qui n'est pas tenu de consentir à un rabais. En revanche, il n'a pas le droit, pour des raisons de sécurité, de loger un couple avec 2 enfants ou plus dans la même chambre. Dans ce cas, il faut louer une seconde chambre. L'hôtelier peut tout à fait refuser d'héberger un animal. À partir de 2-étoiles, l'hôtel est tenu d'avoir un veilleur de nuit.

ZOOM

Thalasso : exigez un label de qualité pour votre séjour

Les centres en France sont tous de bon niveau.
Le top bénéficie du label Qualicert, délivré par un organisme indépendant depuis 1997.

Parmi les normes exigées…

- Le centre doit se situer en bord de mer.
- Une surveillance médicale permanente doit être assurée par une équipe professionnelle compétente. Les équipements spécialisés doivent être entretenus régulièrement afin d'offrir sécurité et hygiène.
- L'hydrothérapeute doit vérifier systématiquement au minimum une fois le bon déroulement des soins individuels.
- La préparation de l'enveloppement d'algues contient une haute concentration d'algues (80 %). Certains centres n'en contiennent que 10 %, le reste étant du kaolin, moins coûteux.
- Les bassins sont renouvelés à hauteur de 20 % d'eau de mer fraîche chaque jour. Certains centres se contentent d'un filtrage quotidien sans renouvellement.
- Les résultats du contrôle de l'eau sont affichés.
- Le temps du soin, qui ne comprend ni le déshabillage, ni le rhabillage, est affiché en cabine. Il est bon de l'indiquer car on perd la notion du temps en cabine, et des établissements qui veulent faire du chiffre peuvent être tentés de ne pas le respecter.
- Chaque peignoir est fait avec au moins 95 % de coton, ce qui permet de mieux le désinfecter lors du nettoyage.
- L'enquête de satisfaction des clients du mois précédent est consultable, ainsi que la liste des améliorations apportées par l'établissement.

En cas de vol dans votre chambre, portez plainte

Pour qu'il soit pris en charge, le vol doit avoir été commis par effraction. Veillez donc à bien fermer la porte et les fenêtres quand vous quittez votre chambre. S'il y a eu vol, portez immédiatement plainte au commissariat le plus proche. Les objets dérobés ne pourront être remboursés par l'assurance de l'hôtel, sur justificatifs ou factures, que dans la limite de 100 fois le prix de la chambre, et de seulement 50 fois si le vol a été commis dans votre voiture garée sur le parking de l'hôtel.

Bagages

Juste le nécessaire

On a tous tendance à emporter trop de choses en voyage. Résultat : des bagages trop lourds et des affaires qui restent au fond de la valise. Dans un premier temps, préparez tout ce dont vous croyez avoir besoin. Sélectionnez-en ensuite la moitié et remettez le reste dans l'armoire ! Essayez, vous verrez !

Profiter des espaces libres

Enroulez les chaussettes et les sous-vêtements de façon à former des petits cylindres que vous glisserez dans les espaces de la valise restés libres.

Des robes sans un pli

Vous avez peur que vos robes ne se froissent dans la valise ? Pliez chaque robe à la hauteur de la taille et glissez dans le pli une feuille de papier de soie.

Toujours sous la main

Mettez dans votre bagage à main ce qui est fragile, les objets de valeur ou ce qui risque de vous manquer : ne vous séparez ni de votre argent, ni de vos bijoux, et gardez avec vous vos médicaments. Et glissez-y une brosse à dents de voyage, bien pratique !

Des médicaments de base

En prévision du départ, munissez-vous de quelques médicaments qui couvrent les bobos les plus courants : coupures, maux de tête, nausées, insomnies, piqûres d'insectes, coups de soleil...

Bagages propres

Frottez les parties noircies et les marques de doigts avec une éponge douce imprégnée d'eau ammoniaquée. Certains sacs de voyage acceptent de passer en machine ; une précision qui est indiquée sur l'étiquette...

Protéger le cuir

Votre bagage est en cuir : dans ce cas, confectionnez une housse en toile ou en jute, qui fermera avec des liens. Bien protégée, votre précieuse valise n'aura pas à souffrir des mauvais traitements dans la soute à bagages.

Que faire si vos bagages sont perdus ou volés ?

Pour les vols secs (sans forfait), l'assurance bagages, contre la perte ou le vol, est comprise dans le prix du billet. De l'enregistrement à l'aéroport, jusqu'au moment où le client est censé les récupérer, les bagages sont sous la responsabilité de la compagnie. Pareil au retour. En cas de perte ou de vol, faites une déclaration immédiate, dans l'aéroport, sur le lieu où vous devez récupérer vos bagages. Vous serez remboursée par la compagnie selon un prix fixé par kilo de bagages, en sachant que ce remboursement est souvent lent.

Dans le cas d'un forfait, l'agent de voyages est obligé de proposer une assurance lors de l'achat, et le client doit spécifier s'il la prend ou non. Si vous la refusez, vos bagages sont juste assurés le temps du voyage en avion, mais vous n'avez aucun recours si la perte ou le vol ont lieu pendant votre séjour, hors aéroport. Si vous avez pris une assurance, celle-ci pourra vous rembourser les vêtements ou les produits de toilette que vous seriez amené à acheter. Dans un second temps, elle vous remboursera une partie de vos bagages, sur la base de justificatifs, comme les factures. Cela prend du temps. Les bijoux, les appareils photo et les objets de valeur doivent faire l'objet d'une assurance spécifique.

Index

B

C

G

H

P

Q

R

S

T

U

V

W

Y

Z

REMERCIEMENTS

L'Atelier des Chefs, Monsieur ARBEY, Monsieur BAGOT, Madame BOUSSARIE-LABONDE, Monsieur BOUSSENOT (Déménagements Boussenot), Monsieur BRIGNONE, Madame CANTIN, Madame CAVALLI, Monsieur CAZAT, Madame CLEMENT, Madame de GUNZBURG, Madame DUTOURNIER (Restaurant Au trou Gascon), Monsieur FERYN (Maison Pou), Monsieur GODIN, Monsieur GRAVIER, Monsieur GUENARD (Restaurant Aux Lyonnais), Monsieur KAYSER, Madame KHOUDAVONG, Madame KUNE (Agence Jesuisunique), Monsieur LAZARTIGUE, Monsieur LY, Madame MADON, Madame MAIGNIEN, MARTINE (Institut Opalis), Monsieur MAZET, Monsieur MINASSIAN (La cordonnerie 188), Monsieur MORIN, Monsieur MULOT, Docteur NEULAT (Dermatologue), Monsieur OLIVIER (Le bonheur est au jardin), Monsieur OLIVIER (Restaurant La Table des Oliviers – Paris), Madame OLLITRAULT, Monsieur PANEK (Restaurant Ambassade d'Auvergne), Monsieur PHILIPPEAU, Monsieur REY, Monsieur RISSER (Horticulture et Jardins), Madame ROBERTS, Madame ROBIC, Monsieur ROGER (Manoir de Bois en Ardres), Monsieur et Madame ROUX, Madame SANZ, Monsieur SIMON, Madame SELMI (Caron), Monsieur VASTEL (École Boulle – Paris), Monsieur VIALA, Monsieur VILLEDIEUX (Sélectour) et Monsieur WARASCHITZ.

Directrice éditoriale *Femme actuelle* : Maryse Bonnet

Éditions Prisma
Direction : Pierre-Olivier Bonfillon
Directrice éditoriale : Françoise Kerlo
Responsable d'édition : Valérie Langrognet
Responsable de production : Alexandre Zimmowitch
Illustrations : J.-L. Bordier, S. Peynet, M. Sinier

Prépresse : Nord Compo

ISBN : 978-2-8104-0233-5
Dépôt légal : avril 2012

Imprimé par Cayfosa – Impresia Ibérica (Espagne)